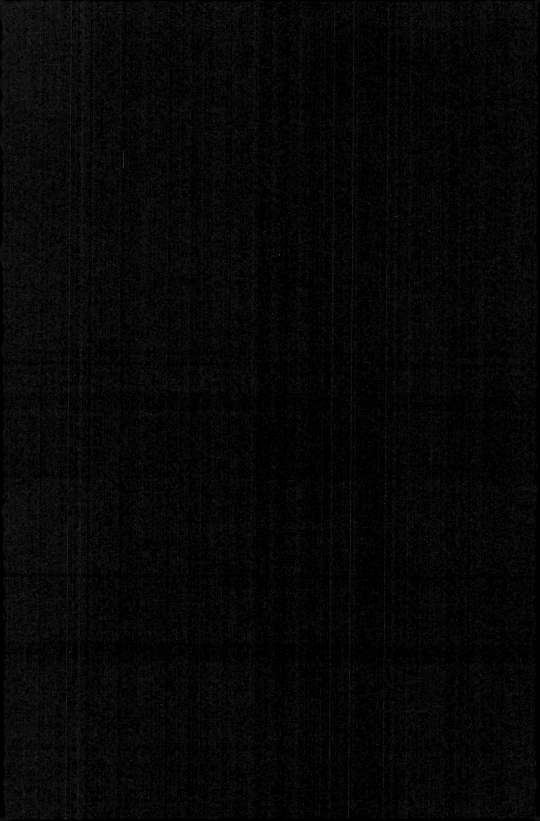

영원한 로고스

KATA IΩANNHN

신약성서 헬라어 원전 강해 시리즈 4 — 요한복음

영원한 로고스 KATA ΙΩΑΝΝΗΝ
<개정판>

2024년 7월 11일 처음 펴냄
2024년 11월 15일 개정판 1쇄 찍음

지은이 | 진철
펴낸이 | 김영호
펴낸곳 | 도서출판 동연
주   소 | 서울시 마포구 월드컵로 163-3
전   화 | 02-335-2630
팩   스 | 02-335-2640
이메일 | yh4321@gmail.com
인스타그램 | dongyeon_press

ISBN 978-89-6447-059-6 04230
ISBN 978-89-6447-893-6 04230(신약성서 헬라어 원전 강해 시리즈)

| 개정판 |

신약성서 헬라어 원전 강해 시리즈 4

요한복음

영원한
로고스

KATA IΩANNHN

진철 지음

John

4

동연

한신의 스승
장일조 교수님과 김경재 교수님께

머 리 말

"굼벵이도 구르는 재주는 있다"라는 말이 있습니다. 그것은 칭찬이 아니라 조롱의 말일 것입니다. 오죽 재주가 없으면 구르는 것을 칭찬하겠습니까? 내가 굼벵이 이야기를 하는 것은 내 인생이 굼벵이와 비슷하기 때문입니다.

엄밀하게 말해서 나는 신학을 체계적으로 공부한 사람이 아닙니다. 한신 3학년 1학기에서 학교생활이 끝났기 때문입니다. 학문적으로 검증이 되지 않은 그런 사람이 원전 강해서를 낸다는 것은 나 스스로 생각해 봐도 말이 안 되는 황당한 일입니다. 아마도 나를 아는 분들 역시 모두 기이하게 여기실 것입니다. 한신 3학년 1학기에 감옥을 가서 2년 6개월 있었고, 노동운동 바람이 불어서 공장 노동자 생활을 5년 했습니다. 그러다가 뒤늦게 정신 차리고 교회에 돌아와 개척교회를 시작했는데, 그것도 말이 안 되는 것이 나는 어느 교회 어느 선배 목사님으로부터 단 하루도 목회를 배워본 적이 없기 때문입니다. 당연히 목회가 제대로 될 일이 없지요. 그야말로 죄 없는 처자식만 죽을 고생시키는 일입니다. 그나마 하나님의 은혜로 혼자서 언어들을 공부하고 나서야 학교 선생님들 가르침의 소중함을 깨닫게 되었습니다. 그러나 또한 이것보다 어리석은 게 또 어디 있겠습니까? 뒤늦게 땅을 치고 후회해 봐야 청개구리의 눈물이지요. 그야말로 뭐 하나 제대로 하는 게 없는 돌팔이 인생입니다.

물론 나의 글들도 마찬가지입니다. 학문적으로 검증된 것이 아니니까요. 그래서 나는 책을 내는데 상당한 시간 주저하고 망설였습니다. 혹시 나의 글이 신학이라는 학문의 신성한 영역을 모독하는 것이 되지 않을까 두려웠던 것입니다. 그러나 뒤늦게 공부하게 하시고 글을 쓰게 하신 그분께서 주변 사람들을 움직여 책을 내게 만드셨습니다. 그중에서 가장 중요한 인물은 나의 오랜 친구인 김현수 목사입니다. 그는 나의 책들이 나오는 모든 과정에 구체적으로 관련되어 있습니다. 아무리 맛있는 포도주가 만들어지면 무슨 소용입니까? 그것을 담는 그릇이 없으면 사람들에게 그 즐거움을 어떻게 전달하겠습니까? 그와 나는 그런 관계입니다. 물론 이 일에 관해서 말이지요. 그도 자신의 영역에서는 세상에 즐거움을 주는 달콤한 포도주 역할을 하겠지요. 어쨌든 그는 나에게는 하나님께서 붙여주신 천사와 같은 존재입니다. 내가 분명히 말할 수 있는 것은 그가 없었다면 신약성서 헬라어 원전 강해시리즈는 세상에 나올 수 없었을 거라는 것입니다.

우리 한신 75학번 동기들 중에 다섯 명이 유신 말기 긴급조치 9호로 감옥에 갔습니다. 그중에 하나는 죽고, 하나는 지금 암과 싸우고 있습니다.

그 다섯 명 중의 우두머리는 김하범입니다. 그는 지난번 마가복음 강해 『마가를 따라』 출판기념회에서 축사를 맡았는데, 그의 축사는 예술의 경지에 오른 그의 문학적 천재성을 보여주었습니다. 그는 나의 글에 대해 이렇게 말했습니다: "친절하지는 않지만 불쾌하지 않고, 데면데면하지만 애정이 담긴 그 사이 어딘가를 그는 거침없이 나아가고 있었습니다."

이 정도면 가히 언어의 마술사라고 해야 할 것입니다. 데면데면하다는 말은 일 처리가 꼼꼼하지 못하고 엉성하다는 뜻입니다. 그때 나는 속으로 뜨끔했습니다. 왜냐하면 그의 예리한 통찰력은 나의 돌 팔이성을 간파하고 있었기 때문입니다. 그러나 돌팔이면 어떻고 금 팔이면 어떻습니까? 어차피 나의 목적은 체계적인 신학책을 쓰는 것 이 아니고, 내가 만난 예수 그리스도의 위대성을 증거하는 것이니까 요. 나는 나의 글에서 항상 그분을 "영광의 본체"라고 소개합니다. 그것은 20년 전 히브리어로 시편을 읽으면서 만난 여호와 하나님에 대한 나의 신앙고백의 표현입니다. 그리고 신약성경의 예수님은 바 로 그분과 동일한 영광의 하나님이십니다. 굼벵이 같은 내 인생 남은 날 동안 최대의 목표와 사명은 영원한 영광의 본체이신 그분을 세상 에 소개하는 것입니다.

이번 출간되는 요한복음 강해에서는 그분을 "영원한 로고스"로 고백하고 있습니다. 요한은 나사렛 예수를 '성육신하신 영원한 로고 스'라고 말하면서 예수의 초월성과 신성을 강조합니다. 그러나 그의 신학적 방법론은 철저히 내재적이고 변증법적입니다. 요한복음은 나사렛 예수의 범접할 수 없는 신적 위엄을 강조하는 공관복음서와는 다른 반체제 신학의 등장을 보여주고 있습니다. 그러므로 요한복음 의 예수는 다정다감하고 친근하며 인간적입니다. 그것은 더 이상 독 단적인 도그마 신학으로 기독교 선교를 하기 어려운 어떤 시대상을 보여줍니다. 그런 점에서 요한복음은 인간의 이성으로 모든 것을 해 체시키는 이 해체 시대의 기독교 선교에 어떤 방향성을 제시할 수 있는 책이라 하겠습니다.

2024. 10.

진철

차 례

머리말 … 5

일러두기

성경 구절은 독일성서공회(academic-bible.com)의 '헬라어 성경'에서 인용하였습니다.

영원한 로고스

요한복음 1:1-3

1절

Ἐν ἀρχῇ ἦν ὁ λόγος, καὶ ὁ λόγος ἦν πρὸς τὸν θεόν, καὶ θεὸς ἦν ὁ λόγος.

태초에 말씀이 있었다. 그리고 그 말씀은 하나님을 향하여 있었다. 그리고 그 말씀은 하나님이었다.

2절

οὗτος ἦν ἐν ἀρχῇ πρὸς τὸν θεόν.

이분은 태초에 하나님을 향하여 있었다.

3절

πάντα δι᾽ αὐτοῦ ἐγένετο, καὶ χωρὶς αὐτοῦ ἐγένετο οὐδὲ ἕν. ὃ γέγονεν

모든 것은 그를 통하여 생겨났다. 그리고 그를 떠나서는 하나도 생겨난 것이 없다. 생겨난 것은,

해설

　요한복음은 십자가에 못 박혀 죽고 부활한 나사렛 예수에 대한 신학적 해석이다. 요한에게 나사렛 예수는 태초부터 영원한 신비 속에 있는 로고스다. 그러나 이 로고스는 헬라적 무인격적 보편성의 원리가 아니라, 삼위일체 인격적 사랑의 교제 속에 계시는 영원한 신이며 창조의 근원이다. 여기서 우리는 삼위일체 하나님의 인격적 사랑의 에너지가 만물의 창조의 근원임을 알 수 있다.

하나님의 생명

요한복음 1:4-5

4절

ἐν αὐτῷ ζωὴ ἦν, καὶ ἡ ζωὴ ἦν τὸ φῶς τῶν ἀνθρώπων·

그 안에 생명이 있었다. 그리고 그 생명은 사람들의 빛이었다.

5절

καὶ τὸ φῶς ἐν τῇ σκοτίᾳ φαίνει, καὶ ἡ σκοτία αὐτὸ οὐ κατέλαβεν.

그리고 그 빛은 어둠 속에 비치고 있다. 그러나 어두움은 그것을 깨닫지 못했다.

해설

　태초부터 계시는 영원한 로고스 안에는 하나님의 생명의 본질이 들어있다. 그것은 삼위일체 하나님의 아가페 사랑이다. 이 하나님의 아가페 사랑이 우리 영혼의 빛이다.

　그리고 하나님의 사랑의 빛은 지금도 온 우주 만물을 비추고 있다. 그러나 어둠의 세상은 그 빛을 깨닫지 못하고 여전히 어둠 속에 있다. 그것은 세상이 하나님의 사랑 대신에 사탄의 욕망을 따르고 있기 때문이다.

세례요한의 임무

요한복음 1:6-8

6절

Ἐγένετο ἄνθρωπος, ἀπεσταλμένος παρὰ θεοῦ, ὄνομα αὐτῷ
Ἰωάννης·

하나님께로부터 보내심을 받은 사람이 있었는데, 그의 이름은 요한
이다.

7절

οὗτος ἦλθεν εἰς μαρτυρίαν ἵνα μαρτυρήσῃ περὶ τοῦ φωτός, ἵνα πάντε
ς πιστεύσωσιν δι᾽ αὐτοῦ.

이 사람이 온 것은 증거를 위한 것이었다. 그것은 그가 빛에 대하여 증거하
여, 모든 사람이 자기를 통하여 믿게 하려는 것이었다.

8절

οὐκ ἦν ἐκεῖνος τὸ φῶς, ἀλλ᾽ ἵνα μαρτυρήσῃ περὶ τοῦ φωτός.

저 사람은 빛이 아니었다. 다만 그는 빛에 대하여 증거하려는 것이었다.

해설

　나사렛 예수는 태초부터 계시는 로고스이시며, 삼위일체 사랑의 교제 속에 있는 영원한 하나님이시며, 만물의 창조의 근원이시다. 반면에 세례요한은 영원한 로고스를 증거하기 위해 보내심을 받은 한 인간일 뿐이다. 그러므로 나사렛 예수는 세례요한과 감히 비교할 수 없는 위대한 존재다.

　이것을 강조하는 이유는 나사렛 예수파와 세례요한파가 대결하고 있었다는 증거다. 세례요한의 추종 세력들은 마땅히 영원한 로고스이신 나사렛 예수에게 무릎 꿇어야 했다. 그러나 아직도 나사렛 예수에게 돌아서지 않고 경쟁하는 자들이 남아 있었던 것이다.

세상에 오신 로고스

요한복음 1:9-13

9절

Ἦν τὸ φῶς τὸ ἀληθινόν, ὃ φωτίζει πάντα ἄνθρωπον, ἐρχόμενον εἰς τὸν κόσμον.

참 빛이 있었는데, 그 빛은 모든 사람을 비추고 있으며, 세상을 향하여 오고 있다.

10절

ἐν τῷ κόσμῳ ἦν, καὶ ὁ κόσμος δι᾽ αὐτοῦ ἐγένετο, καὶ ὁ κόσμος αὐτὸν οὐκ ἔγνω.

그분이 세상에 계셨고, 세상은 그분을 통하여 생겨났으나, 세상은 그분을 알지 못했다.

11절

εἰς τὰ ἴδια ἦλθεν, καὶ οἱ ἴδιοι αὐτὸν οὐ παρέλαβον.

그분이 자기의 사람들에게 오셨으나, 자기의 사람들은 그분을 환영하지 않았다.

12절

ὅσοι δὲ ἔλαβον αὐτόν, ἔδωκεν αὐτοῖς ἐξουσίαν τέκνα θεοῦ γενέσθαι, τοῖς πιστεύουσιν εἰς τὸ ὄνομα αὐτοῦ,

그러나 그분을 영접하는 사람들, 곧 그분의 이름을 믿는 사람들에게는 하나님의 자녀들이 되는 권세를 주셨는데,

13절

οἳ οὐκ ἐξ αἱμάτων οὐδὲ ἐκ θελήματος σαρκὸς οὐδὲ ἐκ θελήματος ἀνδρὸς ἀλλ᾽ ἐκ θεοῦ ἐγεννήθησαν.

그들은 혈통으로나 육체의 뜻으로나 사람의 뜻으로가 아니라 오직 하나님께로부터 태어났다.

해설

태초부터 계시는 로고스는 자기의 피조물인 세상을 찾아온다. 그러나 세상은 자신의 창조자인 로고스를 알아보지 못한다. 그만큼 세상은 깊은 흑암 속에 잠겨있다. 그것은 사탄이 거짓으로 세상을 속이며 지배하고 있기 때문이다. 로고스는 자기 백성인 유대인들에게도 환영받지 못하는 수모를 당한다. 그는 그들이 기다리고 있던 왕이 아니었다. 그들은 우주적 구원의 보편성을 가지고 오는 왕이 아니라, 자기들의 제국건설이라는 민족적 야망을 충족시켜 줄 메시아를 기다리고 있었다. 그들은 온 세상의 죄를 짊어지고 속죄의 죽임을 당하는 유월절 어린 양이 아니라, 천지를 진동시키며 세상을 굴복시킬 메시아를 기다리고 있었다. 그는 자기 백성에게 철저하게 짓밟히고 쫓겨난다.

이 세상에 이보다 더 비참한 일이 어디 있을까! 자기 백성에게서 배신당하고 쫓겨난 그는 수치와 능멸의 상징이 되었다. 그는 무가치하고 쓸모없는 역사의 쓰레기로 버려졌다. 그런데 그를 알아보고 자신들의 왕으로 모시는 사람들이 있었다. 그들은 그가 만물의 창조자이시며, 만물을 비추는 참 빛이심을 알아보았다.

그 지식은 세상에서 오는 것이 아니다. 그 지식은 하나님께로부터 오는 초월적이며 계시적인 지식이다. 그들은 세상에 속한 자들이 아니다. 그들은 하나님께로부터 태어난 자들이다. 그들은 하나님께서 만세 전에 자신의 영광의 본체 속에 품고 계시다가 말씀과 성령으로 출산하신 자녀들이다.

성육신

요한복음 1:14-18

14절

Καὶ ὁ λόγος σὰρξ ἐγένετο καὶ ἐσκήνωσεν ἐν ἡμῖν, καὶ ἐθεασάμεθα τὴν δόξαν αὐτοῦ, δόξαν ὡς μονογενοῦς παρὰ πατρός, πλήρης χάριτος καὶ ἀληθείας.

그리고 말씀이 육체가 되었고 우리들 속에 천막을 치셨다. 그리고 우리가 그분의 영광을 바라보았는데, 그것은 아버지께로부터 홀로 태어나신 분의 영광이었고, 은혜와 진리가 충만한 영광이었다.

15절

Ἰωάννης μαρτυρεῖ περὶ αὐτοῦ καὶ κέκραγεν λέγων· οὗτος ἦν ὃν εἶπον· ὁ ὀπίσω μου ἐρχόμενος ἔμπροσθέν μου γέγονεν, ὅτι πρῶτός μου ἦν.

요한은 그분에 대하여 증거한다. 그리고 외치며 말했었다. "이분은 내가 말했던 바로 그분이다. 나의 뒤에 오시는 분이 나보다 앞선 것은 그분이 나보다 먼저 계셨기 때문이다."

16절

ὅτι ἐκ τοῦ πληρώματος αὐτοῦ ἡμεῖς πάντες ἐλάβομεν καὶ χάριν ἀντὶ χάριτος·

우리 모두가 그분의 충만함으로부터 받았으니 곧 은혜를 대신한 은혜다.

17절

ὅτι ὁ νόμος διὰ Μωϋσέως ἐδόθη, ἡ χάρις καὶ ἡ ἀλήθεια διὰ Ἰησοῦ Χριστοῦ ἐγένετο.

이는 율법은 모세를 통하여 주어졌고, 은혜와 진리는 예수 그리스도를 통하여 생겼기 때문이다.

18절

Θεὸν οὐδεὶς ἑώρακεν πώποτε· μονογενὴς θεὸς ὁ ὢν εἰς τὸν κόλπον τοῦ πατρὸς ἐκεῖνος ἐξηγήσατο.

하나님을 그 누구도 여태까지 본 적이 없다. 그러나 아버지의 품에 계시는 홀로 태어나신 하나님 저분이 자세히 나타내셨다.

해설

말씀(로고스)이 육체(사르크스)가 되었다는 것은 하나님의 자기부정이며, 하나님의 창조 질서가 깨지는 사건이다. 그것은 그만큼 세상이 구제 불능의 상태에 빠져 있기 때문이다. 성육신은 그러한 세상을 향한 하나님의 성실성에서 생겨난 사랑의 지혜다. 로고스가 육체가 되어 역사 속에 천막을 치셨다는 것은 그분의 육체가 영원한 성전인 것의 표현이다.

σκηνη(스케네), 장막, 천막
σκηνος(스케노스), 장막, 천막, 거처, 집, 육체(상징적으로)
σκηνοω(스케노오), 장막을 치다, 천막을 치다, 거주하다

육체로 나타난 로고스는 영원한 영광으로 가득 찬 성전이다. 그것은 그분의 육체가 하나님의 영원한 생명의 본질인 성령을 담고 있는 그릇이기 때문이다. 그러므로 그의 육체의 모든 세포 속에는 성령이 숨 쉬고 있다. 그리고 그 능력이 그분의 육체를 통해 흘러나와 표적을 일으킨다.

그러므로 중요한 것은 그분의 육체를 통해 일어나는 기적이 아니라 그분의 실체다. 그분은 육체로 세상에 나타난 영광의 본체시며, 아버지께로부터 홀로 태어나신 아들이다. 그분이 세상에 오신 목적은 하늘에 계시는 자신의 아버지를 보여주기 위함이다. 에덴동산에서 아담과 하와가 쫓겨난 후 하나님의 얼굴을 본 사람은 없다. 하나님

의 은혜와 사랑의 품을 버리고 자신의 힘으로 자신의 왕국을 건설하겠다고 선언한 인간은 더 이상 하나님과 함께 살 수 없었고, 하나님의 영광의 얼굴을 볼 수 없게 되었다. 그것이 인류의 원초적 불행이다.

사탄의 발톱 아래 잡혀있는 인간은 자신의 힘으로는 스스로를 구원할 수 없다. 모세의 율법으로도, 헬라의 철학으로도, 인간의 그 어떤 자의적 종교로도 세상은 구원받을 수 없다. 만약 세상에 구원의 길이 있었다면 하나님의 아들이 세상에 육체로 나타나 십자가 대속의 죽음을 맛보지 않았을 것이다. 모세의 율법은 죄를 죄로 인식하게 한다는 점에서 하나님의 은혜의 선물이다. 그러나 모세의 율법은 죄를 근본적으로 없애는 능력은 없다. 그런 점에서 율법은 무능력하다. 로고스의 성육신은 무능력하고 불완전한 율법을 밀어내고, 근본적이고도 완전한 구원을 위한 하나님의 은혜의 선물이다.

위대한 선배

요한복음 1:19-28

19절

Καὶ αὕτη ἐστὶν ἡ μαρτυρία τοῦ Ἰωάννου, ὅτε ἀπέστειλαν πρὸς αὐτὸν οἱ Ἰουδαῖοι ἐξ Ἱεροσολύμων ἱερεῖς καὶ Λευίτας ἵνα ἐρωτήσωσιν αὐτόν· σὺ τίς εἶ;

그리고 이것은 유대인들이 예루살렘으로부터 제사장들과 레위인들을 보내어 "당신은 누구냐?"라고 질문했을 때 요한의 증거다.

20절

καὶ ὡμολόγησεν καὶ οὐκ ἠρνήσατο, καὶ ὡμολόγησεν ὅτι ἐγὼ οὐκ εἰμὶ ὁ χριστός.

그리고 그는 고백하며 부인하지 않았다. 그리고 그는 "나는 그리스도가 아니다"라고 고백했다.

21절

καὶ ἠρώτησαν αὐτόν· τί οὖν; σὺ Ἠλίας εἶ; καὶ λέγει· οὐκ εἰμί. ὁ προφήτης εἶ σύ; καὶ ἀπεκρίθη· οὔ.

그러자 그들이 그에게 물었다. "그러면 무엇이냐? 당신은 엘리야냐?",

"나는 아니다", "당신은 그 선지자냐?" 그러자 그가 대답했다. "아니다."

22절

εἶπαν οὖν αὐτῷ· τίς εἶ; ἵνα ἀπόκρισιν δῶμεν τοῖς πέμψασιν ἡμᾶς· τί λέγεις περὶ σεαυτοῦ;

그러므로 그들이 그에게 말했다. "우리를 보낸 사람들에게 답변을 주기 위해서인데, 당신은 자신에 대해 무엇이라고 말하는가?"

23절

ἔφη·
ἐγὼ φωνὴ βοῶντος ἐν τῇ ἐρήμῳ·
εὐθύνατε τὴν ὁδὸν κυρίου,
καθὼς εἶπεν Ἠσαΐας ὁ προφήτης.

그가 엄숙히 말했다.
"나는 선지자 이사야가 말한 것처럼, 주님의 길을 곧게 만들라고 광야에서 외치는 자의 소리다."

24절

Καὶ ἀπεσταλμένοι ἦσαν ἐκ τῶν Φαρισαίων.

그런데 보냄을 받은 사람들은 바리새파에 속한 사람들이었다.

25절

καὶ ἠρώτησαν αὐτὸν καὶ εἶπαν αὐτῷ· τί οὖν βαπτίζεις εἰ σὺ οὐκ εἶ ὁ χριστὸς οὐδὲ Ἠλίας οὐδὲ ὁ προφήτης;

그리고 그들은 그에게 질문하며 그에게 말했다. "당신은 그리스도도 아니고 엘리야도 아니고 그 선지자도 아니면서 왜 세례를 주고 있느냐?"

26절

ἀπεκρίθη αὐτοῖς ὁ Ἰωάννης λέγων· ἐγὼ βαπτίζω ἐν ὕδατι· μέσος ὑμῶν ἕστηκεν ὃν ὑμεῖς οὐκ οἴδατε,

요한이 그들에게 대답하며 말했다. "나는 물로 세례를 베풀고 있다. 그런데 당신들 가운데 당신들이 알지 못하는 분이 서 있다.

27절

ὁ ὀπίσω μου ἐρχόμενος, οὗ οὐκ εἰμὶ ἐγὼ ἄξιος ἵνα λύσω αὐτοῦ τὸν ἱμάντα τοῦ ὑποδήματος.

그분은 내 뒤에 오시는 분인데, 나는 그분의 신발 끈을 풀어 드리기에 합당하지 않다."

28절

ταῦτα ἐν Βηθανίᾳ ἐγένετο πέραν τοῦ Ἰορδάνου, ὅπου ἦν ὁ Ἰωάννης βαπτίζων.

이 일들은 요단강 건너편 베다니에서 일어난 일인데, 거기서 요한이 세례를 베풀고 있었다.

해설

세례요한은 나사렛 예수의 선배다. 세례요한은 나사렛 예수를 위해 기름진 밥상을 차려주고 황금길을 깔아 놓는다. 나사렛 예수는 그 밥상을 받아 마음껏 먹고 마시며 즐긴다. 나사렛 예수는 세례요한이 깔아 놓은 황금길을 따라 자신의 영광의 길을 간다. 그것은 나사렛 예수가 태초부터 계시는 영원한 로고스이며 창조의 근원이신 초월적 전능자이기 때문이다. 만약 세례요한이 엉뚱한 정치적 야심을 품고 스스로 메시아를 칭했다면 나사렛 예수의 길은 험악했을 것이다. 그러나 세례요한은 하나님께서 자신에게 정해주신 한계를 넘어가지 않고, 맡겨주신 사명에 충실했다. 그는 나사렛 예수에 대해 메시아 증언을 해주었을 뿐만 아니라 자기 제자들을 나사렛 예수에게 넘겨주어 나사렛 예수의 구속 사역이 빠르게 완성되도록 도와주었다.

세례요한이 유대 광야에 나타나 회개하고 하나님 나라를 준비하라고 외쳤을 때, 온 이스라엘이 구름떼같이 그를 향하여 몰려나와 자신들의 죄를 고백하며 세례를 받는다. 이것은 구약의 마지막 선지자 말라기 이후 수백 년 동안 잠잠했던 이스라엘에 종말론적 메시아의 등장을 알리는 역사적 순간이었다. 당연히 유대인들은 세례요한을 메시아로 생각하고 그의 회개 운동에 참여했다. 세례요한의 회개 운동은 강력한 세력을 갖추고 있었다.

그렇게 온 나라가 종말론적 구원의 분위기 속에 흥분하며 술렁거릴 때 예루살렘에 있는 바리새파 지도층이 제사장들과 레위인들을 보내어 그가 메시아인지 질문한다. 그것은 세례요한이 그 시대에 유대민족의 대망인 종말론적 메시아로 인식되고 있었다는 증거다. 그러나 세례요한은 자신이 메시아가 아니라고 단칼에 그어버린다. 그뿐만 아니라 자기는 엘리야도 아니고, 모세가 예언한 그 선지자도 아니라고 선언함으로써 자기에 대한 유대민족의 기대에 찬물을 끼얹는다. 그는 자신이 오직 주님의 길을 예비하는 광야의 소리일 뿐이며, 오고 계시는 메시아의 신발 끈을 풀어 드릴 자격도 없는 비천한 존재라고 말함으로써 도래할 메시아의 위대성과 함께 그에 대한 기대를 한껏 부풀려 놓는다.

많은 사람이 허영심과 탐욕의 덫에 걸려들어 진리의 길에서 이탈한다. 그러나 요한은 그런 정치적 야망의 덫에 걸려들지 않는다. 그는 하나님께서 정해주신 위치에서, 하나님께서 주신 한계를 넘어가지 않고 자기에게 맡겨진 사명에 충실했던 위대한 선지자였다.

하나님의 어린양

요한복음 1:29-34

29절

Τῇ ἐπαύριον βλέπει τὸν Ἰησοῦν ἐρχόμενον πρὸς αὐτὸν καὶ λέγει·
Ἴδε ὁ ἀμνὸς τοῦ θεοῦ ὁ αἴρων τὴν ἁμαρτίαν τοῦ κόσμου.

다음날 그는 예수께서 자기를 향하여 오고 있는 것을 보고 말한다. "보라,
세상의 죄를 짊어지고 있는 하나님의 어린 양이로다!

30절

οὗτός ἐστιν ὑπὲρ οὗ ἐγὼ εἶπον· ὀπίσω μου ἔρχεται ἀνὴρ ὃς ἔμπροσθ
έν μου γέγονεν, ὅτι πρῶτός μου ἦν.

이분은 내가 그분에 대하여, '내 뒤에 나보다 앞선 분이 오고 계시는데,
그분은 나보다 먼저 계신 분이시다'라고 내가 말했던 바로 그분이다.

31절

κἀγὼ οὐκ ᾔδειν αὐτόν, ἀλλ᾽ ἵνα φανερωθῇ τῷ Ἰσραὴλ διὰ τοῦτο
ἦλθον ἐγὼ ἐν ὕδατι βαπτίζων.

나도 그분을 알지 못했다. 그러나 그분이 이스라엘에 드러나게 되는 이것
을 위하여 나는 물로 세례를 베풀러 왔다."

32절

Καὶ ἐμαρτύρησεν Ἰωάννης λέγων ὅτι τεθέαμαι τὸ πνεῦμα καταβαῖνον ὡς περιστερὰν ἐξ οὐρανοῦ καὶ ἔμεινεν ἐπ᾽ αὐτόν.

그리고 요한은 증거하며 말했다. "나는 성령이 비둘기처럼 하늘에서 내려오는 것을 보았다. 그리고 성령은 그분 위에 머물러 있었다.

33절

κἀγὼ οὐκ ᾔδειν αὐτόν, ἀλλ᾽ ὁ πέμψας με βαπτίζειν ἐν ὕδατι ἐκεῖνός μοι εἶπεν· ἐφ᾽ ὃν ἂν ἴδῃς τὸ πνεῦμα καταβαῖνον καὶ μένον ἐπ᾽ αὐτόν, οὗτός ἐστιν ὁ βαπτίζων ἐν πνεύματι ἁγίῳ.

나도 그분을 알지 못했다. 물로 세례를 베풀라고 나를 보내신 저분이 나에게 말씀하셨다. '네가 어떤 사람 위에 성령이 내려와서 머물러 있는 것을 보면, 이 사람이 바로 성령으로 세례를 베푸는 자다.'

34절

κἀγὼ ἑώρακα καὶ μεμαρτύρηκα ὅτι οὗτός ἐστιν ὁ υἱὸς τοῦ θεοῦ.

그리고 나는 보았고 이분이 하나님의 아들이라고 증거했다."

해설

세례요한은 나사렛 예수에 대하여 세 가지 결정적 증언을 하였다.

첫째는, 세상의 죄를 지고 있는 하나님의 어린 양

둘째는, 성령으로 세례를 베푸실 분

셋째는, 하나님의 아들

이 세 가지는 하나를 지시하고 있다. 그것은 나사렛 예수의 십자가 죽음이다. 하나님의 어린 양은 도살당할 것이고, 성령은 도살당할 어린 양의 몸에서 흘러나올 것이고, 아들은 십자가 대속의 죽음을 통해 아버지를 영화롭게 할 것이기 때문이다.

그리고 이것은 유대인들의 정치적 기대를 좌절시키는 걸림돌이 될 것이다.

변증법적 신학의 등장

요한복음 1:35-42

35절

Τῇ ἐπαύριον πάλιν εἱστήκει ὁ Ἰωάννης καὶ ἐκ τῶν μαθητῶν αὐτοῦ δύο

다음날 다시 요한과 그의 제자들 중에 둘이 서 있었다.

36절

καὶ ἐμβλέψας τῷ Ἰησοῦ περιπατοῦντι λέγει· ἴδε ὁ ἀμνὸς τοῦ θεοῦ.

그리고 예수께서 거니는 것을 보고 그가 말한다. "보라, 하나님의 어린 양이로다!"

37절

καὶ ἤκουσαν οἱ δύο μαθηταὶ αὐτοῦ λαλοῦντος καὶ ἠκολούθησαν τῷ Ἰησοῦ.

그리고 두 제자가 그가 이야기하는 것을 듣고 예수를 따라갔다.

38절

στραφεὶς δὲ ὁ Ἰησοῦς καὶ θεασάμενος αὐτοὺς ἀκολουθοῦντας λέγει αὐτοῖς· τί ζητεῖτε; οἱ δὲ εἶπαν αὐτῷ· ῥαββί, ὃ λέγεται μεθερμηνευόμενον διδάσκαλε, ποῦ μένεις;

그러자 예수께서 돌아서서 그들이 자기를 따라오는 것을 보고 그들에게 말했다. "무엇을 구하느냐?" 그러자 그들이 그에게 말했다. "선생님, 어디에 머무시나요?"

39절

λέγει αὐτοῖς· ἔρχεσθε καὶ ὄψεσθε. ἦλθαν οὖν καὶ εἶδαν ποῦ μένει καὶ παρ' αὐτῷ ἔμειναν τὴν ἡμέραν ἐκείνην· ὥρα ἦν ὡς δεκάτη.

그가 그들에게 말한다. "와서 보라." 그러자 그들은 가서 그가 머무는 곳을 보고 그의 곁에서 저 날을 머물렀다. 시간은 10시쯤 되었다.

40절

Ἦν Ἀνδρέας ὁ ἀδελφὸς Σίμωνος Πέτρου εἷς ἐκ τῶν δύο τῶν ἀκουσάντων παρὰ Ἰωάννου καὶ ἀκολουθησάντων αὐτῷ·

요한의 말을 듣고 그를 따라간 둘 중의 하나는 시몬 베드로의 형제 안드레였다.

41절

εὑρίσκει οὗτος πρῶτον τὸν ἀδελφὸν τὸν ἴδιον Σίμωνα καὶ λέγει αὐτῷ· εὑρήκαμεν τὸν Μεσσίαν, ὅ ἐστιν μεθερμηνευόμενον χριστός·

이 사람은 먼저 자기의 형제인 시몬을 찾아 그에게 말했다. "우리가 메시아를 만났다." 메시아는 그리스도라고 번역된다.

42절

ἤγαγεν αὐτὸν πρὸς τὸν Ἰησοῦν. ἐμβλέψας αὐτῷ ὁ Ἰησοῦς εἶπεν· σὺ εἶ Σίμων ὁ υἱὸς Ἰωάννου, σὺ κληθήσῃ Κηφᾶς, ὃ ἑρμηνεύεται Πέτρος.

안드레는 그를 예수를 향하여 데려갔다. 예수는 그를 자세히 살펴본 후 말했다. "너는 요한의 아들 시몬이구나. 너는 케파스라고 불릴 것이다." 케파스는 바위라는 뜻이다.

해설

　이 본문은 나사렛 예수의 첫 번째 제자들이 세례요한의 심복들이었다는 놀라운 사실을 전해주고 있다. 공관복음서는 나사렛 예수께서 갈릴리 바닷가에서 어부들을 첫 번째 제자들로 부르시는 것으로 시작한다. 그러나 요한복음의 저자는 "이 사람들아 그게 그렇게 된 게 아니야. 사실은 나사렛 예수의 하나님 나라 운동은 이렇게 시작된 거야"라는 식으로 말하고 있다. 그것은 조직의 속사정을 잘 알고 있는 내부인만이 할 수 있는 이야기다. 요한복음의 증언은 나사렛 예수의 하나님 나라 운동의 모태는 세례요한이라는 것이다. 나사렛 예수의 하나님 나라 운동은 세례요한의 종말론적 메시아 대망 운동에서 시작하여 바리새파, 사두개파, 유대 민족주의, 헬라 철학, 로마 권력 등과의 변증법적 대결을 통해 세계적인 운동으로 성장해 갔던 것이다.

　공관복음서의 예수가 압도적인 신적 능력과 권세를 가진 초월적 존재로 묘사되어 있다면, 요한복음의 예수는 인간적이며 변증법적인 발전 과정을 통해 완성되어 가는 역사적 존재다. 이것은 전혀 새로운 신학적 관점의 등장이다. 안드레와 다른 제자는 세례요한과 함께 서서 대화하던 중 나사렛 예수에 대한 세례요한의 증언을 들으면서 예수에 대한 신학적 지식을 갖게 되고, 나중에는 확고한 메시아 신앙으로 발전하는 변증법적 인식의 과정을 거친다. 그들이 나사렛 예수의 제자가 되는 과정 역시 예수의 신적 부르심에 대한 실존적 결단으로 되는 것이 아니다. 그들은 세례요한의 증언을 듣고 예수를 따라다니다가, 예수와 대화를 시작하고 그가 거하는 장소에 찾아가 직접 확인하고 함께 머물면서 예수의 실체를 확인하는 변증법적 인식 과정을 거쳐 예수의 제자가 된다. 베드로가 예수의 제자가 되는 과정 역시 나사렛 예수의 부르심에 대한 실존적 응답이 아니라, 메시아를 만났다는 안드레와의 대화와 설득을 통해 예수에게로 인도된다. 나사렛 예수는 베드로를 유심히 관찰한 후, 그가 바위같이 한결같은 성품의 소유자임을 확인하는 과정을 거쳐 스승과 제자의 관계로 발전한다.

세례요한은 의도적으로 나사렛 예수에 대해 증언함으로써 자신의 최측근 제자들을 예수에게 넘겨준다. 그것은 세례요한의 자기부정을 통한 새로운 운동으로 발전 과정이다. 나사렛 예수의 제자들은 예수의 부르심에 대한 응답으로서 무에서 창조된 것이 아니라, 세례요한의 하나님 나라 운동에 참여하고 있었던 구 운동권 세력에서 새로운 운동권으로 넘어오는 변증법적 발전 과정을 통해 얻은 사람들이다. 그들은 더 이상 세례요한 곁에 머물러 있어야 할 이유가 없었다. 왜냐하면 세례요한이 나사렛 예수를 자기보다 더 위대한 하나님의 아들이라고 증언했기 때문에 그들이 세례요한을 버리고 예수에게로 가는 것은 인식의 필연적 발전 과정이다. 그렇게 해서 세례요한의 제자였던 안드레와 다른 제자는 나사렛 예수에게로 넘어가 첫 번째 제자들이 되었다.

요한복음에는 베드로가 동생의 전도를 받고 예수의 제자가 된 인물로 묘사되고 있다. 즉, 나사렛 예수에 대한 최초의 메시아 신앙고백의 주인공은 베드로가 아닌 안드레다. 베드로는 그렇게 대단한 인물이 아니라는 것이다. 요한복음에는 더 이상 종말론적 긴장이나 압도적인 카리스마를 통한 신적 질서나 권위 같은 것은 없다. 그런 것이 통하지 않는 시대가 된 것이다. 이것은 하나의 신학의 발전 과정이다.

믿음은 외적인 표적이 아니라 내면적 인식의 변증법적 과정을 통해 확신으로 발전해 간다. 믿음은 초월적 힘에 굴복하는 것이 아니라 인간의 해방된 주체성에 의한 인식의 필연성으로 바뀐다.

야곱의 사닥다리

요한복음 1:43-51

43절

Τῇ ἐπαύριον ἠθέλησεν ἐξελθεῖν εἰς τὴν Γαλιλαίαν καὶ εὑρίσκει Φίλιππον. καὶ λέγει αὐτῷ ὁ Ἰησοῦς· ἀκολούθει μοι.

다음날 그는 갈릴리로 나가기를 원했다. 그리고 빌립을 만난다. 그리고 예수는 그에게 말한다. "나를 따르라."

44절

ἦν δὲ ὁ Φίλιππος ἀπὸ Βηθσαϊδά, ἐκ τῆς πόλεως Ἀνδρέου καὶ Πέτρου.

그런데 빌립은 안드레와 베드로의 도시인 벳새다 출신이었다.

45절

εὑρίσκει Φίλιππος τὸν Ναθαναὴλ καὶ λέγει αὐτῷ· ὃν ἔγραψεν Μωϋσῆς ἐν τῷ νόμῳ καὶ οἱ προφῆται εὑρήκαμεν, Ἰησοῦν υἱὸν τοῦ Ἰωσὴφ τὸν ἀπὸ Ναζαρέτ.

빌립은 나타나엘을 만나 그에게 말한다. "율법에 모세와 선지자들이 기록한 그분을 만났는데, 그분은 나사렛 출신으로 요셉의 아들이다."

46절

καὶ εἶπεν αὐτῷ Ναθαναήλ· ἐκ Ναζαρὲτ δύναταί τι ἀγαθὸν εἶναι; λέγε
ι αὐτῷ ὁ Φίλιππος· ἔρχου καὶ ἴδε.

그러자 나타나엘이 그에게 말했다. "나사렛에서 무슨 선한 것이 있겠는
가?" 빌립은 그에게 말했다. "와서 보라."

47절

Εἶδεν ὁ Ἰησοῦς τὸν Ναθαναὴλ ἐρχόμενον πρὸς αὐτὸν καὶ λέγει περὶ
αὐτοῦ· ἴδε ἀληθῶς Ἰσραηλίτης ἐν ᾧ δόλος οὐκ ἔστιν.

예수는 나타나엘이 자기를 향하여 오는 것을 보고 그에 대하여 말한다.
"보라, 진실로 그 속에 거짓이 없는 이스라엘 사람이다."

48절

λέγει αὐτῷ Ναθαναήλ· πόθεν με γινώσκεις; ἀπεκρίθη Ἰησοῦς καὶ
εἶπεν αὐτῷ· πρὸ τοῦ σε Φίλιππον φωνῆσαι ὄντα ὑπὸ τὴν συκῆν εἶδόν
σε.

나타나엘이 그에게 말한다. "어떻게 나를 아십니까?" 예수께서 대답하며
말했다. "빌립이 너를 부르기 전에 네가 무화과나무 아래에 있는 것을
나는 보았다."

49절

ἀπεκρίθη αὐτῷ Ναθαναήλ· ῥαββί, σὺ εἶ ὁ υἱὸς τοῦ θεοῦ, σὺ βασιλ
εὺς εἶ τοῦ Ἰσραήλ.

나타나엘이 그에게 대답했다. "랍비여, 당신은 하나님의 아들이시며,

이스라엘의 왕이십니다."

50절

ἀπεκρίθη Ἰησοῦς καὶ εἶπεν αὐτῷ· ὅτι εἶπόν σοι ὅτι εἶδόν σε ὑποκάτω
τῆς συκῆς, πιστεύεις; μείζω τούτων ὄψῃ.

예수께서 대답하며 그에게 말했다. "내가 무화과나무 아래에서 너를 보
았다고 말했기 때문에 믿느냐? 이보다 더 큰 것을 네가 볼 것이다."

51절

καὶ λέγει αὐτῷ· ἀμὴν ἀμὴν λέγω ὑμῖν, ὄψεσθε τὸν οὐρανὸν ἀνεῳγ
ότα καὶ τοὺς ἀγγέλους τοῦ θεοῦ ἀναβαίνοντας καὶ καταβαίνοντας ἐπὶ
τὸν υἱὸν τοῦ ἀνθρώπου.

그리고 그에게 말한다. "내가 진실로 진실로 너희에게 말하건대, 너희들
은 하늘이 열린 것과 하나님의 천사들이 사람의 아들 위에 오르락내리락
하는 것을 볼 것이다."

태초부터 계시는 로고스인 나사렛 예수는 세례요한의 도움으로 세 명의 제자를 얻는다. 그들은 모두 세례요한의 회개 운동에 참여하고 있었던 사람들이다. 나사렛 예수는 그들과 함께 갈릴리로 떠나는 길에 빌립을 찾아 그를 제자로 부른다. 공관복음서와는 달리 요한복음에서는 예수의 부르심을 받고 제자가 된 사람은 빌립 한 사람뿐이다. 빌립은 안드레와 베드로 형제와 같은 벳새다 출신인데, 그 역시 세례요한의 운동에 참여하고 있었다. 나사렛 예수의 부르심을 받은 빌립은 그를 율법에 기록된 종말론적 메시아로 인식한다. 빌립은 이 신학적 지식을 율법을 통해 갖게 되는데, 그는 율법에 정통한 사람이었다.

빌립은 자기 친구 나타나엘을 전도하는데, 빌립과 나타나엘은 세례요한의 하나님 나라 운동에 참여하고 있었던 유대교 랍비들이었던 것으로 보인다. 빌립이 나타나엘을 예수께 데려왔을 때 예수는 그를 보자마자 그 속에 거짓이 없는 진정한 이스라엘 사람인 것을 알아봄으로써 로고스적 예지력을 발휘한다. 나사렛 예수는 빌립이 나타나엘을 부르기 전에 그가 무화과나무 아래에서 기도하는 것을 보고 있던 것이다. 나사렛 예수의 예지력에 깜짝 놀란 나타나엘은 예수를 랍비라고 부르며, "당신은 하나님의 아들이시며, 이스라엘의 왕이십니다"라는 신앙고백을 한다.

그러자 나사렛 예수는 야곱의 사다리 이야기를 한다. 야곱은 벧엘에서 돌베개를 베고 잠을 자다가 땅에서 하늘 끝까지 펼쳐진 사다리를 보게 되는데 그 꼭대기에는 하나님이 서 계시고 하나님의 천사들이 오르락내리락하고 있었다. 그 야곱의 사다리는 인간의 힘으로는 올라갈 수 없는 까마득한 길이다. 그것은 육체를 입고 세상에 오신 로고스가 고난의 십자가를 지고 개척해야 할 구원의 길이다. 하나님의 천사들이 오르락내리락하는 것은 연약한 육체 속에서 힘든 투쟁의 길을 가고 있는 로고스를 돕기 위해서인데, 그 로고스는 세상 죄를 짊어지고 있는 하나님의 어린 양이다.

로고스의 영광과 겸손
요한복음 2:1-12

1절

Καὶ τῇ ἡμέρᾳ τῇ τρίτῃ γάμος ἐγένετο ἐν Κανὰ τῆς Γαλιλαίας, καὶ ἦν ἡ μήτηρ τοῦ Ἰησοῦ ἐκεῖ·

그리고 셋째 날 갈릴리의 가나에서 결혼식이 있었다. 그리고 예수의 어머니도 거기에 있었다.

2절

ἐκλήθη δὲ καὶ ὁ Ἰησοῦς καὶ οἱ μαθηταὶ αὐτοῦ εἰς τὸν γάμον.

그런데 예수와 그의 제자들도 결혼식에 초청받았다.

3절

καὶ ὑστερήσαντος οἴνου λέγει ἡ μήτηρ τοῦ Ἰησοῦ πρὸς αὐτόν· οἶνον οὐκ ἔχουσιν.

그리고 포도주가 부족해지자 예수의 어머니가 그를 향하여 말한다. "사람들이 포도주를 가지고 있지 않다."

4절

῎καὶ λέγει αὐτῇ ὁ Ἰησοῦς· τί ἐμοὶ καὶ σοί, γύναι; οὔπω ἥκει ἡ ὥρα μου.

그러자 예수가 그녀에게 말한다. "나와 당신에게 무슨 일입니까? 여자여. 아직 나의 시간이 오지 않았습니다."

5절

λέγει ἡ μήτηρ αὐτοῦ τοῖς διακόνοις· ὅ τι ἂν λέγῃ ὑμῖν ποιήσατε.

그의 어머니가 하인들에게 말한다. "그가 너희에게 무엇을 말하든지 그대로 행하라."

6절

ἦσαν δὲ ἐκεῖ λίθιναι ὑδρίαι ἓξ κατὰ τὸν καθαρισμὸν τῶν Ἰουδαίων κείμεναι, χωροῦσαι ἀνὰ μετρητὰς δύο ἢ τρεῖς.

그런데 거기에 유대인들의 정결 예법을 따라 각각 두세 말 들어가는 돌로 된 물항아리가 여섯 개 놓여 있었다.

7절

λέγει αὐτοῖς ὁ Ἰησοῦς· γεμίσατε τὰς ὑδρίας ὕδατος. καὶ ἐγέμισαν αὐτὰς ἕως ἄνω.

예수가 그들에게 말한다. "항아리들에 물을 채우라." 그러자 그들이 그것들을 꼭대기까지 가득 채웠다.

8절

καὶ λέγει αὐτοῖς· ἀντλήσατε νῦν καὶ φέρετε τῷ ἀρχιτρικλίνῳ· οἱ δὲ ἤνεγκαν.

그리고 그는 그들에게 말한다. "이제 길어서 연회장에게 가져다주어라." 그러자 그들이 가져다주었다.

9절

ὡς δὲ ἐγεύσατο ὁ ἀρχιτρίκλινος τὸ ὕδωρ οἶνον γεγενημένον καὶ οὐκ ᾔδει πόθεν ἐστίν, οἱ δὲ διάκονοι ᾔδεισαν οἱ ἠντληκότες τὸ ὕδωρ, φωνεῖ τὸν νυμφίον ὁ ἀρχιτρίκλινος

그런데 연회장이 포도주가 된 물을 맛보았을 때 그것이 어디서 온 것인지 몰랐다. 그러나 물을 길어온 하인들은 알고 있었다. 연회장은 신랑을 불러,

10절

καὶ λέγει αὐτῷ· πᾶς ἄνθρωπος πρῶτον τὸν καλὸν οἶνον τίθησιν καὶ ὅταν μεθυσθῶσιν τὸν ἐλάσσω· σὺ τετήρηκας τὸν καλὸν οἶνον ἕως ἄρτι.

그에게 말한다. "모든 사람이 먼저 좋은 포도주를 내어놓는다. 그리고 사람들이 취했을 때 나쁜 것을 내놓는데, 당신은 지금까지 좋은 것을 간직해 두었다."

11절

Ταύτην ἐποίησεν ἀρχὴν τῶν σημείων ὁ Ἰησοῦς ἐν Κανὰ τῆς Γαλιλαί ας καὶ ἐφανέρωσεν τὴν δόξαν αὐτοῦ, καὶ ἐπίστευσαν εἰς αὐτὸν οἱ μαθητ αὶ αὐτοῦ.

예수는 갈릴리의 가나에서 이것을 표적들의 시작으로 행하여 자기의 영광을 드러냈다. 그리고 그의 제자들은 그를 믿었다.

12절

Μετὰ τοῦτο κατέβη εἰς Καφαρναοὺμ αὐτὸς καὶ ἡ μήτηρ αὐτοῦ καὶ οἱ ἀδελφοὶ αὐτοῦ καὶ οἱ μαθηταὶ αὐτοῦ καὶ ἐκεῖ ἔμειναν οὐ πολλὰς ἡμέρας.

이 일 후에 그와 그의 어머니와 그의 형제들과 그의 제자들은 가버나움으로 내려갔다. 그리고 그들은 많지 않은 날들을 거기서 머물렀다.

해설

　　로고스는 항상 관계 속에 있다. 아버지와의 관계, 물질과의 관계, 사람들과의 관계⋯. 로고스는 움직이는 때가 있다. 아버지의 명령이 떨어졌을 때, 사람들이 믿음의 복종을 보여주었을 때, 성령에 감동되었을 때⋯.

　　예수의 어머니는 나사렛 예수를 태초부터 계시는 로고스로 인식하지 않고, 자기의 몸에서 태어난 육신의 아들로 생각 없이 다가가다가 나사렛 예수에게 일격을 맞는다. 그러나 마리아는 재빨리 정신을 차리고 예수를 영광의 로고스로 인식하고 태도를 바꾸어 납작 엎드린다. 그러자 로고스는 자기의 영광을 드러내기 시작한다. 하인들이 로고스의 명령에 복종하여 행동할 때 물이 포도주로 바뀌는 기적이 일어난다. 이로써 나사렛 예수는 물질의 화학적 성분을 바꿀 수 있는 초월적 전능자로 자신을 계시한다. 제자들은 물질세계를 지배하는 로고스의 영광을 보고 나사렛 예수를 믿는다. 그러나 나사렛 예수는 자신을 영광의 로고스로 계시한 후 다시 육신의 자리로 돌아온다. 그는 어머니와 동생들과 제자들과 함께 나사렛에서 가버나움으로 이사한다. 육신을 입은 로고스는 세상에서 고단한 길을 간다. 한 어머니의 아들로서, 동생들의 형으로서, 제자들의 스승으로서 역사의 한 부분을 겸손히 받아들인다. 그것은 로고스의 본래적 영광보다 더 위대한 것이다. 그는 십자가에 죽기까지 그 겸손의 길을 간다.

로고스와 성전

요한복음 2:13-22

13절

Καὶ ἐγγὺς ἦν τὸ πάσχα τῶν Ἰουδαίων, καὶ ἀνέβη εἰς Ἰεροσόλυμα ὁ Ἰησοῦς.

그리고 유대인들의 유월절이 가까이 왔다. 그래서 예수는 예루살렘으로 올라갔다.

14절

Καὶ εὗρεν ἐν τῷ ἱερῷ τοὺς πωλοῦντας βόας καὶ πρόβατα καὶ περιστε ρὰς καὶ τοὺς κερματιστὰς καθημένους,

그리고 그는 성전에서 소들과 양들과 비둘기들을 파는 자들과 환전상들이 앉아 있는 것을 보았다.

15절

καὶ ποιήσας φραγέλλιον ἐκ σχοινίων πάντας ἐξέβαλεν ἐκ τοῦ ἱεροῦ τά τε πρόβατα καὶ τοὺς βόας, καὶ τῶν κολλυβιστῶν ἐξέχεεν τὸ κέρμα καὶ τὰς τραπέζας ἀνέτρεψεν,

그리고 그는 끈으로 채찍을 만들어 성전에서 모든 양들과 소들을 다 쫓아내고, 환전상들의 동전들을 쏟아버리고 탁자들을 둘러엎었다.

16절

καὶ τοῖς τὰς περιστερὰς πωλοῦσιν εἶπεν· ἄρατε ταῦτα ἐντεῦθεν, μὴ ποιεῖτε τὸν οἶκον τοῦ πατρός μου οἶκον ἐμπορίου.

그리고 비둘기들을 파는 사람들에게 말했다. "이것들을 여기서 치워라. 내 아버지의 집을 장사하는 집으로 만들지 말라."

17절

ἐμνήσθησαν οἱ μαθηταὶ αὐτοῦ ὅτι γεγραμμένον ἐστίν· ὁ ζῆλος τοῦ οἴκου σου καταφάγεταί με.

그의 제자들은, '내 아버지의 집을 향한 열심이 나를 삼켰다'라고 기록된 것을 기억했다.

18절

Ἀπεκρίθησαν οὖν οἱ Ἰουδαῖοι καὶ εἶπαν αὐτῷ· τί σημεῖον δεικνύεις ἡμῖν ὅτι ταῦτα ποιεῖς;

그러므로 유대인들이 반박하며 그에게 말했다. "당신이 이 일들을 행하니 우리에게 무슨 표적을 보여주겠느냐?"

19절

ἀπεκρίθη Ἰησοῦς καὶ εἶπεν αὐτοῖς· λύσατε τὸν ναὸν τοῦτον καὶ ἐν τρισὶν ἡμέραις ἐγερῶ αὐτόν.

예수가 대답하며 그들에게 말했다. "이 성전을 허물어라. 그러면 3일 안에 내가 그것을 일으킬 것이다."

20절

εἶπαν οὖν οἱ Ἰουδαῖοι· τεσσεράκοντα καὶ ἓξ ἔτεσιν οἰκοδομήθη ὁ ναὸς οὗτος, καὶ σὺ ἐν τρισὶν ἡμέραις ἐγερεῖς αὐτόν;

그러자 유대인들이 말했다. "이 성전은 46년 동안 지어졌다. 그런데 당신이 그것을 3일 안에 일으킨다는 것이냐?"

21절

ἐκεῖνος δὲ ἔλεγεν περὶ τοῦ ναοῦ τοῦ σώματος αὐτοῦ.

그런데 저분은 자기의 몸인 성전에 대해 말하고 있었다.

22절

ὅτε οὖν ἠγέρθη ἐκ νεκρῶν, ἐμνήσθησαν οἱ μαθηταὶ αὐτοῦ ὅτι τοῦτο ἔλεγεν, καὶ ἐπίστευσαν τῇ γραφῇ καὶ τῷ λόγῳ ὃν εἶπεν ὁ Ἰησοῦς.

그러므로 그가 죽은 자들 가운데서 일으켜졌을 때, 그의 제자들은 그가 이것을 말하고 있었던 것을 기억했다. 그리고 성경과 예수가 말한 그 말씀을 믿었다.

해설

　나사렛 예수는 종교 권력과 결탁한 독점 상인들을 성전에서 몰아내는데, 그것은 그의 죽음의 길을 재촉하는 행동이었다. 로고스는 논리적 초연함 속에서 세계를 관조하는 우주적 이성이 아니라, 분노하고 투쟁하며 참여하는 역사적 실체다. 그는 천사들을 동원하여 초월적인 능력으로 불의의 세력을 응징하는 대신에, 자신의 두발로 성전을 찾아가 둘러보고 직접 자기 손으로 채찍을 만들어 짐승들을 쫓아내고, 환전상들의 탁자를 둘러엎고 동전들을 쏟아버린다. 그것은 그의 몸이 영원한 성전이기 때문이다. 그에게 성전을 더럽히는 것은 자기 몸을 더럽히는 것이다. 그러므로 그의 성전 청소는 자기 자신에 대한 사랑이다. 나사렛 예수의 행동은 우리에게 주체성을 요구하고 있다. 왜냐하면 우리의 몸도 성령께서 거하시는 성전이기 때문이다.

　그의 성전 청소는 유대 종교 권력에 대한 도전이었는데, 요한복음은 공관복음서와는 달리 이 사건을 나사렛 예수의 활동 초기에 일어난 것으로 기록하고 있다. 그것은 나사렛 예수의 성전 청소가 중요한 의미를 지닌 사건임을 강조하는 것이다. 요한복음의 나사렛 예수는 처음부터 종말론적 반체제 혁명가로 등장하고 있는데, 이것은 육신을 입고 세상에 오신 영원한 로고스에게는 필연적 운명이다.

로고스의 예지력

요한복음 2:23-25

23절

Ὡς δὲ ἦν ἐν τοῖς Ἱεροσολύμοις ἐν τῷ πάσχα ἐν τῇ ἑορτῇ, πολλοὶ ἐπίστευσαν εἰς τὸ ὄνομα αὐτοῦ θεωροῦντες αὐτοῦ τὰ σημεῖα ἃ ἐποίει·

그런데 그가 유월절 명절에 예루살렘에 있을 때, 많은 사람이 그가 행하고 있던 그의 표적들을 보고서 그의 이름을 믿었다.

24절

αὐτὸς δὲ Ἰησοῦς οὐκ ἐπίστευεν αὐτὸν αὐτοῖς διὰ τὸ αὐτὸν γινώσκειν πάντας

그러나 예수는 자신이 모든 것을 알기 때문에 그들에게 자신을 의탁하지 않았다.

25절

καὶ ὅτι οὐ χρείαν εἶχεν ἵνα τις μαρτυρήσῃ περὶ τοῦ ἀνθρώπου· αὐτὸς γὰρ ἐγίνωσκεν τί ἦν ἐν τῷ ἀνθρώπῳ.

그리고 누가 사람에 대하여 증거할 필요가 없었다. 왜냐하면 그 자신이 사람 속에 무엇이 있는지 알고 있었기 때문이다.

해설

요한복음의 신학적 방법론은 철저히 변증법적이다. 그 변증법은 말씀과 육체, 초월성과 역사성, 신성과 인성의 변증법이다. 나사렛 예수는 태초부터 계시는 로고스, 영원한 하나님, 만물의 창조의 근원이다.

그러나 세상에 육체로 오신 로고스는 세례요한에게서 메시아 증언을 받고, 세례요한의 제자들을 넘겨받아 하나님 나라 운동을 시작하는 운동권 후배로 묘사되고 있다. 그는 가나의 혼인 잔치에서 물을 포도주로 만드는 기적을 행하여 자신의 영광을 계시한 후에는 다시 어머니와 동생들과 제자들과 함께 이삿짐을 싸 들고 가버나움으로 내려가는 고단하고 연약한 육신으로 돌아온다. 그는 유월절 축제 때 예루살렘에 올라가 성전 청소를 감행함으로써 자기의 몸이 영원한 성전이라는 것을 계시한다. 영원한 로고스는 세상에서는 불의에 분노하고 투쟁하며 고난당하는 역사적 실체로 변신한다. 그런 점에서 요한복음의 예수는 공관복음서보다 훨씬 더 인간적이고 역사적이고 투쟁적이고 변증법적이다.

본문은 나사렛 예수의 로고스적 예지능력을 증언하고 있다. 그런데 그의 초월적 신성을 계시하고 있는 이 이야기는 나사렛 예수가 성전 청소를 감행하는 반체제 혁명가의 모습을 보여준 후 덧붙여진 에필로그와 같은 역할을 하고 있다. 그것은 나사렛 예수의 신성과 인성의 균형을 맞추기 위해 의도적으로 보충된 것으로 보인다. 그것은 가나 혼인 잔치에서 영광의 계시 사건 후에 가버나움으로 이사하는 나사렛 예수의 모습을 에필로그 식으로 덧붙인 것과 마찬가지로, 그의 신성과 인성을 조화시키려는 의도를 보여주고 있다.

숨겨진 코드

요한복음 3:1-15

1절

Ἦν δὲ ἄνθρωπος ἐκ τῶν Φαρισαίων, Νικόδημος ὄνομα αὐτῷ, ἄρχω
ν τῶν Ἰουδαίων·

그런데 바리새인 중에 니코데모스라는 사람이 있었는데, 그는 유대인들
의 지도자였다.

2절

οὗτος ἦλθεν πρὸς αὐτὸν νυκτὸς καὶ εἶπεν αὐτῷ· ῥαββί, οἴδαμεν
ὅτι ἀπὸ θεοῦ ἐλήλυθας διδάσκαλος· οὐδεὶς γὰρ δύναται ταῦτα τὰ σημεῖα
ποιεῖν ἃ σὺ ποιεῖς, ἐὰν μὴ ᾖ ὁ θεὸς μετ᾽ αὐτοῦ.

이 사람이 밤중에 그를 향하여 와서 그에게 말했다. "선생님, 우리는 당신
이 하나님께로부터 오신 선생님이심을 알고 있습니다. 왜냐하면 하나님
께서 그와 함께 계시지 않으면, 그 누구도 당신께서 행하고 계시는 이
표적들을 행할 수 없기 때문입니다."

3절

ἀπεκρίθη Ἰησοῦς καὶ εἶπεν αὐτῷ· ἀμὴν ἀμὴν λέγω σοι, ἐὰν μή τις γεννηθῇ ἄνωθεν, οὐ δύναται ἰδεῖν τὴν βασιλείαν τοῦ θεοῦ.

예수가 대답하며 그에게 말했다. "만약 누가 위로부터 태어나지 않으면, 그는 하나님의 나라를 볼 수 없다."

4절

Λέγει πρὸς αὐτὸν ὁ Νικόδημος· πῶς δύναται ἄνθρωπος γεννηθῆναι γέρων ὤν; μὴ δύναται εἰς τὴν κοιλίαν τῆς μητρὸς αὐτοῦ δεύτερον εἰσελθεῖν καὶ γεννηθῆναι;

니코데모스가 그를 향하여 말한다. "나이 든 사람이 어떻게 태어날 수 있습니까? 자기 어머니의 뱃속에 두 번째 들어가서 태어날 수 있다는 겁니까?"

5절

ἀπεκρίθη Ἰησοῦς· ἀμὴν ἀμὴν λέγω σοι, ἐὰν μή τις γεννηθῇ ἐξ ὕδατος καὶ πνεύματος, οὐ δύναται εἰσελθεῖν εἰς τὴν βασιλείαν τοῦ θεοῦ.

예수가 대답했다. "내가 진실로 진실로 너에게 말하건대 어떤 사람이 물과 성령으로 태어나지 않으면 그는 하나님의 나라에 들어갈 수 없다.

6절

τὸ γεγεννημένον ἐκ τῆς σαρκὸς σάρξ ἐστιν, καὶ τὸ γεγεννημένον ἐκ τοῦ πνεύματος πνεῦμά ἐστιν.

육체에서 태어나는 것은 육체다. 그리고 영에서 태어나는 것은 영이다.

7절

μὴ θαυμάσῃς ὅτι εἶπόν σοι· δεῖ ὑμᾶς γεννηθῆναι ἄνωθεν.

너는 내가 너희들이 위로부터 태어나야 한다고 말한 것 때문에 놀라지
말라.

8절

τὸ πνεῦμα ὅπου θέλει πνεῖ καὶ τὴν φωνὴν αὐτοῦ ἀκούεις, ἀλλ᾽ οὐκ
οἶδας πόθεν ἔρχεται καὶ ποῦ ὑπάγει· οὕτως ἐστὶν πᾶς ὁ γεγεννημένος
ἐκ τοῦ πνεύματος.

바람은 자기가 원하는 곳으로 불고 너는 그 소리를 듣지만, 그것이 어디서
와서 어디로 가는지 너는 모른다. 영에서 태어난 모든 사람은 이와 같다."

9절

Ἀπεκρίθη Νικόδημος καὶ εἶπεν αὐτῷ· πῶς δύναται ταῦτα γενέσθαι;

니코데모스가 대답하며 그에게 말했다. "어떻게 이 일들이 일어날 수
있습니까?"

10절

ἀπεκρίθη Ἰησοῦς καὶ εἶπεν αὐτῷ· σὺ εἶ ὁ διδάσκαλος τοῦ Ἰσραὴλ
καὶ ταῦτα οὐ γινώσκεις;

예수가 대답하며 그에게 말했다. "너는 이스라엘의 선생이면서 이것들
을 알지 못하느냐?

11절

ἀμὴν ἀμὴν λέγω σοι ὅτι ὃ οἴδαμεν λαλοῦμεν καὶ ὃ ἑωράκαμεν μαρτυροῦμεν, καὶ τὴν μαρτυρίαν ἡμῶν οὐ λαμβάνετε.

내가 진실로 진실로 너에게 말하건대 우리는 알고 있는 것을 이야기하고 있고 우리가 목격한 것을 증거하고 있으나 너희는 우리의 증거를 받아들이지 않고 있다.

12절

εἰ τὰ ἐπίγεια εἶπον ὑμῖν καὶ οὐ πιστεύετε, πῶς ἐὰν εἴπω ὑμῖν τὰ ἐπουράνια πιστεύσετε;

만약 내가 땅의 일들을 너희에게 말했어도 너희가 믿지 않는다면, 만약 내가 하늘의 일들을 너희에게 말하면 너희가 어떻게 믿겠느냐?

13절

καὶ οὐδεὶς ἀναβέβηκεν εἰς τὸν οὐρανὸν εἰ μὴ ὁ ἐκ τοῦ οὐρανοῦ καταβάς, ὁ υἱὸς τοῦ ἀνθρώπου.

그리고 하늘에서 내려온 자인 사람의 아들 외에는 그 누구도 하늘에 올라갔던 사람이 없다.

14절

Καὶ καθὼς Μωϋσῆς ὕψωσεν τὸν ὄφιν ἐν τῇ ἐρήμῳ, οὕτως ὑψωθῆναι δεῖ τὸν υἱὸν τοῦ ἀνθρώπου,

그리고 모세가 광야에서 뱀을 들어 올린 것처럼, 사람의 아들도 들려 올려져야 한다.

15절

ἵνα πᾶς ὁ πιστεύων ἐν αὐτῷ ἔχη ζωὴν αἰώνιον.

이는 그를 믿는 모든 사람이 영원한 생명을 얻게 하려는 것이다."

해설

요한복음은 곳곳에 비밀 코드를 숨겨놓고 있다. 그 코드는 로고스의 죽음이다. 하나님의 어린 양, 야곱의 사다리, 포도주가 되는 물, 무너지는 성전, 사람의 아들의 들려 올려짐 등이다.

산헤드린 공의회 회원 중 바리새파에 속한 니고데모라는 유대교 지도자는 밤중에 몰래 예수를 찾아와서 놀라운 이야기를 한다. 그것은 바리새인들이 예수를 하나님께서 보내신 위대한 선생으로 알고 있다는 것이다. 바리새인들은 나사렛 예수를 포섭하기 위하여 니고데모를 보낸 것이다. 그러나 나사렛 예수는 그 의도를 간파하고 니고데모에게 진리의 길을 가르치면서 오히려 그를 자기 제자로 만든다.

예수는 사람은 위로부터 태어나지 않으면 하나님의 나라를 볼 수 없고, 물과 성령으로 태어나지 않으면 하나님의 나라에 들어갈 수 없다고 단호하게 말한다. 위로부터 태어난다는 것은 하늘에서 내려온 자를 믿는 것이다. 하늘에서 내려온 유일한 자는 성육신하신 로고스밖에 없다. 하나님 나라는 율법을 지킴으로 들어가는 것이 아니라 하늘에서 내려온 자를 믿음으로 들어가는 것이다. 그런데 하늘에서 내려온 자는 모세가 광야에서 뱀을 들어 올린 것처럼 들려 올려져야 한다. 그것은 로고스의 죽음을 가리킨다.

돌항아리 속에 있던 물은 하인들의 손에 의해서 들려 연회장에게 운반될 때 포도주로 변한다. 이것은 예수의 십자가 죽음을 통한 성령의 임재를 계시하고 있다. 성령세례는 로고스의 죽음을 통해서 온다. 돌로 지어진 성전이 무너질 때 하늘에서 영원한 신비의 성전이 내려온다. 그 영원한 성전은 부활한 로고스의 몸이다. 세상 죄를 짊어지고 있는 하나님의 어린 양은 도살당해야 한다. 그래야 하늘가는 구원의 사다리가 세워진다. 영생의 길은 로고스의 죽음을 통해서 열린다. 이 모든 것은 육체를 입고 세상에 오신 로고스가 자기 자신의 죽음에 대해 말하고 있는 로고스의 자기 증언이다.

또 하나의 에필로그

요한복음 3:16-21

16절

οὕτως γὰρ ἠγάπησεν ὁ θεὸς τὸν κόσμον, ὥστε τὸν υἱὸν τὸν μονογενῆ ἔδωκεν, ἵνα πᾶς ὁ πιστεύων εἰς αὐτὸν μὴ ἀπόληται ἀλλ᾽ ἔχῃ ζωὴν αἰώνιον.

하나님께서 세상을 이처럼 사랑하셔서, 홀로 태어나신 아들을 주셨으니, 이는 그를 믿는 모든 사람이 멸망당하지 않고 대신에 영원한 생명을 얻게 하려는 것이다.

17절

οὐ γὰρ ἀπέστειλεν ὁ θεὸς τὸν υἱὸν εἰς τὸν κόσμον ἵνα κρίνῃ τὸν κόσμον, ἀλλ᾽ ἵνα σωθῇ ὁ κόσμος δι᾽ αὐτοῦ.

하나님께서 아들을 세상에 보내신 것은 세상을 심판하시려는 것이 아니고 대신에 그를 통하여 세상이 구원받게 하려는 것이다.

18절

ὁ πιστεύων εἰς αὐτὸν οὐ κρίνεται· ὁ δὲ μὴ πιστεύων ἤδη κέκριται, ὅτι μὴ πεπίστευκεν εἰς τὸ ὄνομα τοῦ μονογενοῦς υἱοῦ τοῦ θεοῦ.

그를 믿는 사람은 심판받지 않는다. 그러나 믿지 않는 사람은 이미 심판을 받았다. 왜냐하면 그가 하나님의 홀로 태어나신 아들을 믿지 않았기 때문이다.

19절

αὕτη δέ ἐστιν ἡ κρίσις ὅτι τὸ φῶς ἐλήλυθεν εἰς τὸν κόσμον καὶ ἠγάπησαν οἱ ἄνθρωποι μᾶλλον τὸ σκότος ἢ τὸ φῶς· ἦν γὰρ αὐτῶν πονηρὰ τὰ ἔργα.

그런데 심판은 이것이니 곧 빛이 세상에 왔지만, 사람들이 빛보다 어두움을 더 사랑한 것이다. 왜냐하면 그들의 행위들이 악하기 때문이다.

20절

πᾶς γὰρ ὁ φαῦλα πράσσων μισεῖ τὸ φῶς καὶ οὐκ ἔρχεται πρὸς τὸ φῶς, ἵνα μὴ ἐλεγχθῇ τὰ ἔργα αὐτοῦ·

썩은 짓을 저지르는 모든 사람은 빛을 미워하고 빛을 향하여 오지 않는다. 그것은 자기의 행위들이 드러나지 않게 하려는 것이다.

21절

ὁ δὲ ποιῶν τὴν ἀλήθειαν ἔρχεται πρὸς τὸ φῶς, ἵνα φανερωθῇ αὐτοῦ τὰ ἔργα ὅτι ἐν θεῷ ἐστιν εἰργασμένα.

그러나 진리를 행하는 사람은 자기의 행위들이 드러나게 하려고 빛을 향하여 온다. 왜냐하면 그것들이 하나님 안에서 행해졌기 때문이다.

해설

　　요한복음을 관통하고 있는 주제는 로고스의 죽음이다. 로고스는
말과 행동을 통하여 자기의 죽음을 계시한다.

　　예수님은 밤중에 자기를 찾아온 니고데모에게 구원의 길을 가르
친다. 그 구원의 길은 하늘에서 내려온 자를 믿는 것인데, 그는 반드시
높이 올려져야 한다.

　　본문은 그 높이 올려지는 자가 누구이며, 그가 높이 올려지는 이유
가 무엇인지를 설명한다. 높이 들려 올려지는 자는 하나님께서 세상
의 구원을 위해 주신 아들인데, 영원한 생명과 심판은 그 아들과의
관계에 달려 있다. 그 아들을 믿는 사람은 심판을 면제받는다. 왜냐하
면 그는 빛을 향하여 용감하게 나와서 그 찬란한 영광의 빛 속으로
들어갔기 때문이다. 그러나 믿지 않는 사람은 이미 심판받았다. 왜냐
하면 그는 자기가 저지른 더러운 짓들이 폭로되는 것이 두려워서 빛을
향하여 나오지 않고 어둠 속에 숨었기 때문이다. 여기서 구원은 빛을
향한 용기와 정직성이고, 심판은 두려움과 거짓이다.

세례요한과의 경쟁

요한복음 3:22-30

22절

Μετὰ ταῦτα ἦλθεν ὁ Ἰησοῦς καὶ οἱ μαθηταὶ αὐτοῦ εἰς τὴν Ἰουδαίαν γῆν καὶ ἐκεῖ διέτριβεν μετ' αὐτῶν καὶ ἐβάπτιζεν.

이 일들 후에 예수와 그의 제자들은 유대 땅으로 갔다. 그리고 그는 거기서 그들과 함께 시간을 보내면서 세례를 베풀고 있었다.

23절

Ἦν δὲ καὶ ὁ Ἰωάννης βαπτίζων ἐν Αἰνὼν ἐγγὺς τοῦ Σαλείμ, ὅτι ὕδατα πολλὰ ἦν ἐκεῖ, καὶ παρεγίνοντο καὶ ἐβαπτίζοντο·

그런데 요한도 살레임에서 가까운 애논에서 세례를 베풀고 있었다. 왜냐 하면 거기에 물이 많았기 때문이다. 그리고 사람들이 와서 세례를 받고 있었다.

24절

οὔπω γὰρ ἦν βεβλημένος εἰς τὴν φυλακὴν ὁ Ἰωάννης.

왜냐하면 요한이 아직 감옥에 던져진 상태가 아니었기 때문이다.

25절

Ἐγένετο οὖν ζήτησις ἐκ τῶν μαθητῶν Ἰωάννου μετὰ Ἰουδαίου περὶ καθαρισμοῦ.

그러므로 요한의 제자들 중에서 유대인과 정결에 대한 논쟁이 일어났다.

26절

καὶ ἦλθον πρὸς τὸν Ἰωάννην καὶ εἶπαν αὐτῷ· ῥαββί, ὃς ἦν μετὰ σοῦ πέραν τοῦ Ἰορδάνου, ᾧ σὺ μεμαρτύρηκας, ἴδε οὗτος βαπτίζει καὶ πάντες ἔρχονται πρὸς αὐτόν.

그리고 사람들이 요한을 향하여 와서 그에게 말했다. "랍비여, 당신과 함께 요단 건너편에 있었고, 당신께서 증거했던 그 사람, 보세요 바로 그 사람이 세례를 베풀고 있어요. 그리고 사람들이 그를 향하여 가서 세례를 받고 있어요!"

27절

Ἀπεκρίθη Ἰωάννης καὶ εἶπεν· οὐ δύναται ἄνθρωπος λαμβάνειν οὐδὲ ἓν ἐὰν μὴ ᾖ δεδομένον αὐτῷ ἐκ τοῦ οὐρανοῦ.

요한이 대답하며 말했다. "사람은 하늘로부터 주어진 바가 아니면 하나도 받을 수 없다.

28절

αὐτοὶ ὑμεῖς μοι μαρτυρεῖτε ὅτι εἶπον ὅτι οὐκ εἰμὶ ἐγὼ ὁ χριστός, ἀλλ᾽ ὅτι ἀπεσταλμένος εἰμὶ ἔμπροσθεν ἐκείνου.

너희 자신들은 내가 '나는 그리스도가 아니고, 다만 저분 앞에 보내심을 받은 자'라고 말했다는 사실을 나에게 증거해야 한다.

29절

ὁ ἔχων τὴν νύμφην νυμφίος ἐστίν· ὁ δὲ φίλος τοῦ νυμφίου ὁ ἑστηκὼς καὶ ἀκούων αὐτοῦ χαρᾷ χαίρει διὰ τὴν φωνὴν τοῦ νυμφίου. αὕτη οὖν ἡ χαρὰ ἡ ἐμὴ πεπλήρωται.

신부를 취하는 자는 신랑이다. 그런데 서서 신랑의 음성을 듣는 신랑의 친구는 신랑의 음성 때문에 기뻐하고 기뻐한다. 그러므로 나의 이 기쁨은 이미 성취되었다.

30절

ἐκεῖνον δεῖ αὐξάνειν, ἐμὲ δὲ ἐλαττοῦσθαι.

저분은 커져야 한다. 그러나 나는 작아져야 한다."

해설

성육신하신 로고스는 이 땅에서 철저히 변증법적인 과정을 통해 자신의 목표를 향해 나아간다. 세례요한으로부터 제자들을 넘겨받은 나사렛 예수는 세례요한과 경쟁하며 대결하는 가운데 세력을 키워간다. 이 세상에 오신 하나님의 아들이 한낱 세례요한과 같은 선지자와 경쟁하고 있었다는 얘기는 충격적이다. 그러나 그것은 로고스의 성육신이 얼마나 철저히 역사적인 것이었는지를 증거하는 자료다.

요한복음의 예수는 처음부터 완벽한 존재로 나타나 압도적인 권능으로 만물을 지배하는 초월적 전능자가 아니다. 오히려 철저히 변증법적 발전 과정을 통해 완성되어 가는 역사적 실체다. 나사렛 예수의 운동의 모태는 세례요한의 하나님 나라 운동이었고, 그 영향권 안에서 시작하고, 상당한 기간 그 영향권 안에 머물러 있었다. 나사렛 예수의 하나님 나라 운동은 세례요한에서 시작하여 거기서 제자를 얻고 세력을 형성하고 세례요한과 경쟁하는 가운데 마침내 세례요한을 뛰어넘는 단계로 발전해 갔던 것이다. 그것은 바리새파와의 관계도 마찬가지다. 니고데모의 증언에 의하면 바리새인들은 나사렛 예수를 하나님께서 보내신 위대한 율법선생으로 생각하고 있었다는 것이다. 나사렛 예수의 운동은 처음부터 바리새파와 근본적으로 다르거나 적대적인 관계에서 시작된 것이 아니다. 나사렛 예수의 하나님 나라 운동은 세례요한뿐 아니라 바리새파 운동력까지도 흡수하고 통합하면서 성장했던 것이다. 그리고 이 변증법적 운동성이야말로 기독교의 매력이며 능력의 원천이다.

나사렛 예수파와 세례요한파가 심각하게 경쟁하며 대결할 때 결정적인 역할을 한 인물은 세례요한이다. 세례요한은 처음부터 나사렛 예수에게 메시아 증언을 해주었고, 자신의 심복들을 예수에게 보냈고, 예수의 세력이 커져서 자신의 세력을 위협하는 정도로 성장했을 때도 끝까지 나사렛 예수를 지지하고 도와주었다. 예수는 찬란한 영광의 빛을 뿜어야 하고, 자기는 그 영광의 빛 앞에서 조용히 사라져야 할 존재라는 것을 정확하게 인식하고 있었다. 그는 자신에게 맡겨진 한계와 사명에 충실했는데, 이것이 그의 위대성이다. 왜냐하면 대부분의 사람은 세례요한과 같은 힘과 명성을 얻으면 하나님을 배반하고 자신의 왕국을 건설하기 때문이다.

요한복음의 변증법적 신학은 견고한 신학적 도그마를 무너뜨리는 반체제 신학인데, 이러한 신학 혁명이 일어나게 된 역사적 배경이 궁금하다.

만물 위에 계시는 분

요한복음 3:31-36

31절

Ὁ ἄνωθεν ἐρχόμενος ἐπάνω πάντων ἐστίν· ὁ ὢν ἐκ τῆς γῆς ἐκ τῆς γῆς ἐστιν καὶ ἐκ τῆς γῆς λαλεῖ. ὁ ἐκ τοῦ οὐρανοῦ ἐρχόμενος ἐπάνω πάντων ἐστίν·

하늘에서 오는 자는 만물 위에 계신다. 땅에서 오는 자는 땅에 속하고 땅의 것을 이야기한다. 하늘에서 오는 자는 만물 위에 계신다.

32절

ὃ ἑώρακεν καὶ ἤκουσεν τοῦτο μαρτυρεῖ, καὶ τὴν μαρτυρίαν αὐτοῦ οὐδεὶς λαμβάνει.

그는 그가 보고 들은 이것을 증거한다. 그러나 어느 누구도 그의 증언을 받아들이지 않는다.

33절

ὁ λαβὼν αὐτοῦ τὴν μαρτυρίαν ἐσφράγισεν ὅτι ὁ θεὸς ἀληθής ἐστιν.

그의 증언을 받아들인 사람은 하나님이 진실하다고 도장 찍은 것이다.

34절

ὃν γὰρ ἀπέστειλεν ὁ θεὸς τὰ ῥήματα τοῦ θεοῦ λαλεῖ, οὐ γὰρ ἐκ μέτρου δίδωσιν τὸ πνεῦμα.

하나님께서 보내신 자는 하나님의 말씀들을 이야기하는데, 이는 하나님께서 성령을 한량없이 주시기 때문이다.

35절

ὁ πατὴρ ἀγαπᾷ τὸν υἱὸν καὶ πάντα δέδωκεν ἐν τῇ χειρὶ αὐτοῦ.

아버지께서 아들을 사랑하셔서 만물을 그의 손에 주셨다.

36절

ὁ πιστεύων εἰς τὸν υἱὸν ἔχει ζωὴν αἰώνιον· ὁ δὲ ἀπειθῶν τῷ υἱῷ οὐκ ὄψεται ζωήν, ἀλλ᾽ ἡ ὀργὴ τοῦ θεοῦ μένει ἐπ᾽ αὐτόν.

아들을 믿는 자는 영원한 생명을 가지고 있다. 그러나 아들에게 불순종하는 자는 생명을 볼 수 없고 대신에 하나님의 진노가 그 사람 위에 머물러 있다.

요한복음의 헬라어는 서툴고 부자연스럽다. 바울의 글과 비교하면 유치원생 같은 느낌을 준다. 그래서 불트만같은 신학자는 요한복음은 다른 언어로 쓰인 것을 헬라어로 번역한 것이라고 주장한다. 그러나 요한복음의 신학은 상당히 깊이가 있고 혁신적이다.

요한복음은 변증법적 내재신학이라는 전혀 새로운 관점을 보여준다. 그것은 어떤 한 시대가 종말을 고하고 붕괴하고 있다는 증거다. 기존의 방식으로는 더 이상 기독교 선교를 할 수 없는 시대적 한계상황에 도달한 것이다. 그러한 시대의 요구에 맞게 요한복음서 기자는 대담하고도 혁신적인 시도를 감행하고 있다.

그것은 나사렛 예수의 신성과 인성, 초월성과 역사성의 변증법이다. 그중에서도 강조되는 것은 예수의 인간성, 역사성, 육체성이다. 그리고 그의 신성과 초월성은 그것을 조명해 주는 보조기능으로 작용하고 있다.

나사렛 예수는 태초부터 계시는 로고스, 영원하신 하나님, 만물의 창조의 근원이신 초월적 전능자다. 그러나 그는 천상의 신적 영광 속에 머물러 계시는 분이 아니라 육체를 입고 세상에 와서 변증법적 발전 과정을 거쳐서 자신의 목표를 향해 나아가는 역사적 실체다. 그런 점에서 요한복음은 마태, 마가, 누가의 초월적 신성을 강조하는 주류신학에 반기를 드는 반체제 신학이다.

본문은 또다시 요한복음서 기자의 에필로그다. 세례요한과의 대결과 경쟁이라는 로고스의 인간성과 역사성을 세밀하게 언급한 후 다시 로고스의 신성과 초월성으로 돌아간다.

　나사렛 예수는 하늘에서 오시는 분, 만물 위에 계시는 분, 하늘에서 보고 들은 것을 세상에 와서 증언하시는 분, 아버지의 사랑을 받고 만물을 지배하는 권세를 받으신 분, 아버지께서 성령을 한량없이 주시는 분, 하나님의 말씀을 하시는 분이다.

　이로써 그리스도의 인성과 신성은 다시 조화와 균형을 이루게 된다.

예수와 수가성 여인

요한복음 4:1-42

1절

Ὡς οὖν ἔγνω ὁ Ἰησοῦς ὅτι ἤκουσαν οἱ Φαρισαῖοι ὅτι Ἰησοῦς πλείονα ς μαθητὰς ποιεῖ καὶ βαπτίζει ἢ Ἰωάννης

그러므로 예수께서 바리새인들이 예수가 요한보다 더 많은 제자들을 만들고 세례를 주고 있다는 사실을 들었다는 것을 알고

2절

– καίτοιγε Ἰησοῦς αὐτὸς οὐκ ἐβάπτιζεν ἀλλ᾽ οἱ μαθηταὶ αὐτοῦ –

– 그러나 예수가 직접 세례를 주고 있었던 것이 아니라 그의 제자들이 –

3절

ἀφῆκεν τὴν Ἰουδαίαν καὶ ἀπῆλθεν πάλιν εἰς τὴν Γαλιλαίαν.

유대를 떠나 다시 갈릴리로 떠났다.

4절

Ἔδει δὲ αὐτὸν διέρχεσθαι διὰ τῆς Σαμαρείας.

그런데 그는 사마리아를 통과해야 했다.

5절

Ἔρχεται οὖν εἰς πόλιν τῆς Σαμαρείας λεγομένην Συχὰρ πλησίον τοῦ χωρίου ὃ ἔδωκεν Ἰακὼβ τῷ Ἰωσὴφ τῷ υἱῷ αὐτοῦ·

그리하여 그는 야곱이 자기의 아들 요셉에게 준 땅에서 가까운 쉬카르라 불리는 사마리아의 도시로 갔다.

6절

ἦν δὲ ἐκεῖ πηγὴ τοῦ Ἰακώβ. ὁ οὖν Ἰησοῦς κεκοπιακὼς ἐκ τῆς ὁδοιπορ ίας ἐκαθέζετο οὕτως ἐπὶ τῇ πηγῇ· ὥρα ἦν ὡς ἕκτη.

그런데 거기에 야곱의 우물이 있었다. 그러므로 여행으로 피곤했던 예수는 우물가에 그렇게 앉아 있었다. 시간은 6시쯤 되었다.

7절

Ἔρχεται γυνὴ ἐκ τῆς Σαμαρείας ἀντλῆσαι ὕδωρ. λέγει αὐτῇ ὁ Ἰησοῦς· δός μοι πεῖν·

사마리아 여자가 물을 길으러 온다. 예수는 그녀에게 말한다. "나에게 마실 것을 주라."

8절

οἱ γὰρ μαθηταὶ αὐτοῦ ἀπεληλύθεισαν εἰς τὴν πόλιν ἵνα τροφὰς ἀγορ άσωσιν.

왜냐하면 그의 제자들은 음식을 사러 도시로 떠났기 때문이다.

9절

λέγει οὖν αὐτῷ ἡ γυνὴ ἡ Σαμαρῖτις· πῶς σὺ Ἰουδαῖος ὢν παρ' ἐμοῦ
πεῖν αἰτεῖς γυναικὸς Σαμαρίτιδος οὔσης; οὐ γὰρ συγχρῶνται Ἰουδαῖοι
Σαμαρίταις.

그러자 사마리아 여자가 그에게 말한다. "어떻게 유대인인 당신이 사마
리아 여자인 나에게 마실 것을 요구하느냐?" 왜냐하면 유대인들은 사마
리아 사람들과 상종하지 않기 때문이다.

10절

ἀπεκρίθη Ἰησοῦς καὶ εἶπεν αὐτῇ· εἰ ᾔδεις τὴν δωρεὰν τοῦ θεοῦ καὶ
τίς ἐστιν ὁ λέγων σοι· δός μοι πεῖν, σὺ ἂν ᾔτησας αὐτὸν καὶ ἔδωκεν
ἄν σοι ὕδωρ ζῶν.

예수가 대답하며 그녀에게 말했다. "만약 당신이 하나님의 선물과 당신
에게 '나에게 마실 것을 주라'고 말하는 자가 누구인지 알았다면, 당신은
진정 그에게 구했을 것이고 그는 진정 당신에게 생수를 주었을 것이다."

11절

Λέγει αὐτῷ ἡ γυνή· κύριε, οὔτε ἄντλημα ἔχεις καὶ τὸ φρέαρ ἐστὶν
βαθύ· πόθεν οὖν ἔχεις τὸ ὕδωρ τὸ ζῶν;

여자가 그에게 말한다. "주여, 당신은 두레박도 없고 우물은 깊다. 그런데
어디서 생수를 얻겠느냐?

12절

μὴ σὺ μείζων εἶ τοῦ πατρὸς ἡμῶν Ἰακώβ, ὃς ἔδωκεν ἡμῖν τὸ φρέαρ καὶ αὐτὸς ἐξ αὐτοῦ ἔπιεν καὶ οἱ υἱοὶ αὐτοῦ καὶ τὰ θρέμματα αὐτοῦ;

우리에게 우물을 주었고 그 자신과 그의 아들들과 그의 가축들도 거기서 마신 우리 조상 야곱보다 당신이 더 위대하냐?"

13절

ἀπεκρίθη Ἰησοῦς καὶ εἶπεν αὐτῇ· πᾶς ὁ πίνων ἐκ τοῦ ὕδατος τούτου διψήσει πάλιν·

예수가 대답하며 그녀에게 말했다. "이 물을 마시는 모든 사람은 다시 목마를 것이다.

14절

ὃς δ᾽ ἂν πίῃ ἐκ τοῦ ὕδατος οὗ ἐγὼ δώσω αὐτῷ, οὐ μὴ διψήσει εἰς τὸν αἰῶνα, ἀλλὰ τὸ ὕδωρ ὃ δώσω αὐτῷ γενήσεται ἐν αὐτῷ πηγὴ ὕδατος ἀλλομένου εἰς ζωὴν αἰώνιον.

그러나 내가 그에게 줄 물을 마시는 사람은 결코 영원히 목마르지 않을 것이다. 대신에 그 속에서 영원한 생명을 향하여 솟아나는 샘물이 될 것이다."

15절

Λέγει πρὸς αὐτὸν ἡ γυνή· κύριε, δός μοι τοῦτο τὸ ὕδωρ, ἵνα μὴ διψῶ μηδὲ διέρχωμαι ἐνθάδε ἀντλεῖν.

여자가 그를 향하여 말한다. "주여, 나에게 이 물을 주어서 내가 목마르지도 않고 여기에 물길으러 다니지도 않게 하라."

16절

λέγει αὐτῇ· ὕπαγε φώνησον τὸν ἄνδρα σου καὶ ἐλθὲ ἐνθάδε.

그가 그녀에게 말한다. "가서 당신의 남편을 여기로 불러와라."

17절

ἀπεκρίθη ἡ γυνὴ καὶ εἶπεν αὐτῷ· οὐκ ἔχω ἄνδρα. λέγει αὐτῇ ὁ Ἰησοῦς· καλῶς εἶπας ὅτι ἄνδρα οὐκ ἔχω·

여자가 대답하며 그에게 말했다. "나는 남편이 없다." 예수가 그녀에게 말한다. "당신이 '나는 남편이 없다'라고 잘 말했다.

18절

πέντε γὰρ ἄνδρας ἔσχες καὶ νῦν ὃν ἔχεις οὐκ ἔστιν σου ἀνήρ· τοῦτο ἀληθὲς εἴρηκας.

왜냐하면 당신은 다섯 남편을 가졌었고 지금 있는 남자도 당신의 남편이 아니니, 당신이 이것을 참되게 말했다."

19절

Λέγει αὐτῷ ἡ γυνή· κύριε, θεωρῶ ὅτι προφήτης εἶ σύ.

여자가 그에게 말한다. "주여, 내가 보니 당신은 예언자다.

20절

οἱ πατέρες ἡμῶν ἐν τῷ ὄρει τούτῳ προσεκύνησαν· καὶ ὑμεῖς λέγετε ὅτι ἐν Ἱεροσολύμοις ἐστὶν ὁ τόπος ὅπου προσκυνεῖν δεῖ.

우리 조상들은 이 산에서 예배드렸다. 그런데 당신들은 예배드려야 할 장소가 예루살렘에 있다고 말한다."

21절

λέγει αὐτῇ ὁ Ἰησοῦς· πίστευέ μοι, γύναι, ὅτι ἔρχεται ὥρα ὅτε οὔτε
ἐν τῷ ὄρει τούτῳ οὔτε ἐν Ἱεροσολύμοις προσκυνήσετε τῷ πατρί.

예수가 그녀에게 말한다. "나를 믿으라, 여자여. 왜냐하면 당신들이 이
산에서도 아니고 예루살렘에서도 아니고 아버지께 예배드릴 시간이
온다.

22절

ὑμεῖς προσκυνεῖτε ὃ οὐκ οἴδατε· ἡμεῖς προσκυνοῦμεν ὃ οἴδαμεν,
ὅτι ἡ σωτηρία ἐκ τῶν Ἰουδαίων ἐστίν.

당신들은 알지 못하는 것을 예배하고 있다. 우리는 알고 있는 것을 예배하
고 있다. 왜냐하면 구원은 유대인들에게서 나오기 때문이다.

23절

ἀλλ᾽ ἔρχεται ὥρα καὶ νῦν ἐστιν, ὅτε οἱ ἀληθινοὶ προσκυνηταὶ προσκ
υνήσουσιν τῷ πατρὶ ἐν πνεύματι καὶ ἀληθείᾳ· καὶ γὰρ ὁ πατὴρ τοιούτου
ς ζητεῖ τοὺς προσκυνοῦντας αὐτόν.

그러나 참된 예배자들은 영과 진리로 아버지께 예배드릴 시간이 오는데
바로 지금이다. 그리고 아버지께서는 이렇게 자기를 예배하는 자들을
찾으신다.

24절

πνεῦμα ὁ θεός, καὶ τοὺς προσκυνοῦντας αὐτὸν ἐν πνεύματι καὶ ἀληθ
είᾳ δεῖ προσκυνεῖν.

하나님은 영이시다. 그리고 그를 예배하는 사람들은 반드시 영과 진리로
예배드려야 한다."

25절

Λέγει αὐτῷ ἡ γυνή· οἶδα ὅτι Μεσσίας ἔρχεται ὁ λεγόμενος χριστός·
ὅταν ἔλθῃ ἐκεῖνος, ἀναγγελεῖ ἡμῖν ἅπαντα.

여자가 그에게 말한다. "그리스도라 하는 메시아가 오고 계신다는 것을
나는 알고 있다. 그분이 오실 때 그가 우리에게 모든 것을 알려주실 것이
다."

26절

λέγει αὐτῇ ὁ Ἰησοῦς· ἐγώ εἰμι, ὁ λαλῶν σοι.

예수가 그녀에게 말한다. "당신과 함께 이야기하고 있는 내가 그다."

27절

Καὶ ἐπὶ τούτῳ ἦλθαν οἱ μαθηταὶ αὐτοῦ καὶ ἐθαύμαζον ὅτι μετὰ γυναι
κὸς ἐλάλει· οὐδεὶς μέντοι εἶπεν· τί ζητεῖς ἢ τί λαλεῖς μετ᾽ αὐτῆς;

그리고 바로 그때 그의 제자들이 왔다. 그리고 그가 여자와 이야기하고
있는 것을 이상하게 여겼다. 그러나 그 누구도 "무엇을 찾고 계십니까"
혹은 "여자와 함께 무엇을 이야기하고 계십니까"라고 말하지 않았다.

28절

ἀφῆκεν οὖν τὴν ὑδρίαν αὐτῆς ἡ γυνὴ καὶ ἀπῆλθεν εἰς τὴν πόλιν καὶ λέγει τοῖς ἀνθρώποις·

그런데 여자는 자기의 물항아리를 버려두고 도시로 떠나 사람들에게 말한다.

29절

δεῦτε ἴδετε ἄνθρωπον ὃς εἶπέν μοι πάντα ὅσα ἐποίησα, μήτι οὗτός ἐστιν ὁ χριστός;

"와서 내가 행한 모든 것들을 나에게 말한 사람을 보라! 이 사람이 그리스 도가 아니냐?"

30절

ἐξῆλθον ἐκ τῆς πόλεως καὶ ἤρχοντο πρὸς αὐτόν.

그러자 사람들이 도시에서 나와서 그를 향하여 오고 있었다.

31절

Ἐν τῷ μεταξὺ ἠρώτων αὐτὸν οἱ μαθηταὶ λέγοντες· ῥαββί, φάγε.

그 사이에 제자들이 그에게 요구하며 말했다. "선생님, 잡수세요."

32절

ἔλεγον οὖν οἱ μαθηταὶ πρὸς ἀλλήλους· μή τις ἤνεγκεν αὐτῷ φαγεῖν;

그러자 그가 그들에게 말했다. "나는 너희들이 모르는 먹을 양식을 가지고 있다."

33절

ελεγον ουν οἱ μαθηται προς αλλήλους, Μη τις ηνεγκεν αυτω φανειν;

그러자 제자들은 서로 말했다. "누가 그에게 먹을 것을 가져다주었단 말인가?"

34절

λέγει αὐτοῖς ὁ Ἰησοῦς· ἐμὸν βρῶμά ἐστιν ἵνα ποιήσω τὸ θέλημα τοῦ πέμψαντός με καὶ τελειώσω αὐτοῦ τὸ ἔργον.

예수가 그들에게 말한다. "나의 양식은 나를 보내신 분의 뜻을 행하고 그분의 일을 완성하는 것이다.

35절

οὐχ ὑμεῖς λέγετε ὅτι ἔτι τετράμηνός ἐστιν καὶ ὁ θερισμὸς ἔρχεται; ἰδοὺ λέγω ὑμῖν, ἐπάρατε τοὺς ὀφθαλμοὺς ὑμῶν καὶ θεάσασθε τὰς χώρας ὅτι λευκαί εἰσιν πρὸς θερισμόν. ἤδη

아직 넉 달이 있어야 추수가 온다고 너희들은 말하고 있지 않느냐? 너희들의 눈을 들어 땅을 보라. 벌써 추수를 향하여 하얗게 되었다.

36절

ὁ θερίζων μισθὸν λαμβάνει καὶ συνάγει καρπὸν εἰς ζωὴν αἰώνιον, ἵνα ὁ σπείρων ὁμοῦ χαίρῃ καὶ ὁ θερίζων.

추수하는 자는 품삯을 받고 영원한 생명을 향하여 열매를 거두어들이고 있다. 그리하여 씨를 뿌리는 자와 추수하는 자가 함께 기뻐한다.

37절

ὁ θερίζων μισθὸν λαμβάνει καὶ συνάγει καρπὸν εἰς ζωὴν αἰώνιον, ἵνα ὁ σπείρων ὁμοῦ χαίρῃ καὶ ὁ θερίζων.

그러므로 '씨를 뿌리는 자가 다르고 추수하는 자가 다르다'는 말씀이 참되도다.

38절

ἐγὼ ἀπέστειλα ὑμᾶς θερίζειν ὃ οὐχ ὑμεῖς κεκοπιάκατε· ἄλλοι κεκοπιάκασιν καὶ ὑμεῖς εἰς τὸν κόπον αὐτῶν εἰσεληλύθατε.

나는 너희가 수고하지 않은 것을 추수하라고 너희를 보냈다. 다른 사람들은 고생했고 너희는 그들의 수고에 들어갔다."

39절

Ἐκ δὲ τῆς πόλεως ἐκείνης πολλοὶ ἐπίστευσαν εἰς αὐτὸν τῶν Σαμαριτῶν διὰ τὸν λόγον τῆς γυναικὸς μαρτυρούσης ὅτι εἶπέν μοι πάντα ἃ ἐποίησα.

그런데 저 도시에서 많은 사마리아 사람들이 그 여자가 "그분이 내가 행한 모든 것을 나에게 말했다"라고 증거하는 말 때문에 그를 믿었다.

40절

ὡς οὖν ἦλθον πρὸς αὐτὸν οἱ Σαμαρῖται, ἠρώτων αὐτὸν μεῖναι παρ' αὐτοῖς· καὶ ἔμεινεν ἐκεῖ δύο ἡμέρας.

그러므로 사마리아 사람들이 그를 향하여 와서 자기들과 함께 머물러 달라고 그에게 부탁했다. 그리고 그는 거기서 이틀을 머무르고 있었다.

41절

καὶ πολλῷ πλείους ἐπίστευσαν διὰ τὸν λόγον αὐτοῦ,

그리고 그들은 그의 말씀 때문에 더욱더 많이 믿었다.

42절

τῇ τε γυναικὶ ἔλεγον ὅτι οὐκέτι διὰ τὴν σὴν λαλιὰν πιστεύομεν, αὐτοὶ γὰρ ἀκηκόαμεν καὶ οἴδαμεν ὅτι οὗτός ἐστιν ἀληθῶς ὁ σωτὴρ τοῦ κόσμου.

그리고 그들은 그 여자에게 말하고 있었다. "우리는 더 이상 당신의 이야기 때문에 믿지 않는다. 왜냐하면 우리 자신들이 듣고 이분이 세상의 구원자라는 것을 알았기 때문이다."

해설

세례요한의 회개 운동에서 시작된 나사렛 예수의 운동 세력은 드디어 세례요한파를 압도할 정도로 성장하게 된다. 이것을 알게 된 바리새파는 긴장하며 나사렛 예수파를 예의주시한다. 위기의식을 느낀 예수는 제자들을 데리고 갈릴리로 물러난다. 갈릴리를 향하여 길을 떠난 예수의 일행은 사마리아를 통과하다가 수가성에 도착한다. 제자들이 빵을 사러 간 사이에 예수는 여행에 지쳐 피곤한 몸으로 우물가에 앉아 쉬고 있었다.

그때 수가성에서 한 여자가 물항아리를 메고 나타났는데, 그녀는 야곱의 후손이었다. 그러나 그녀는 육체의 정욕에 끌려다니며 사는 바람둥이였다. 그녀는 남편을 무려 다섯 번이나 갈아치우고 여섯 번째 남자와 같이 살고 있었다. 예수는 육신의 정욕에 끌려다니며 죄의 노예로 살고 있는 그녀를 측은히 여기고 그녀의 영혼을 구원하기 위해 대화를 시작한다. 그러나 그녀는 오히려 예수가 자기를 유혹한다고 생각하고 교묘한 말장난을 늘어놓으며 수작을 부린다. 예수는 영적인 말을 이해하지 못하고 철저히 육적인 생각에 젖어있는 여자에게 성령의 검을 빼 들어 그 여자의 육체 속에 감추어진 은밀한 죄악들을 드러낸다. 생전 처음 만난 유대인 앞에 자신의 부끄러운 숨겨진 비밀이 낱낱이 드러나자, 여자는 그때야 정신을 차리고 예수와 영적인 대화를 시작한다.

그녀는 예수를 거룩한 선지자로 인정하면서 자신이 메시아를 기다리고 있는 하나님의 딸이라는 것을 밝힌다. 그때 예수는 여자에게 자신이 온 세상을 구원하러 온 영광의 메시아이심을 밝힌다. 우물가에서 메시아를 만난 사마리아 여자는 물항아리도 버리고 자존심도 버리고 열심히 예수를 전하기 시작한다. 그녀의 열성적인 전도로 그 동네 사람들은 모두 예수를 믿고 구원받게 된다. 나사렛 예수는 온 세상을 구원하러 오신 구원자이신데, 그에게는 세상이 구원의 추수를 간절히 기다리는 밭이다. 우리가 하나님의 나라의 일을 하려면 예수의 눈을 가져야 한다.

세상을 품는 신학

요한복음의 신학은 성육신의 신학이다. 그것은 다른 말로 세상을 품는 신학이다. 그것을 압축한 것이 요한복음 3장 16절이다.

**하나님께서 이처럼 세상을 사랑하셔서 홀로 태어나신 아들을 주셨으니,
이는 그를 믿는 모든 사람이 멸망하지 않고 영원한 생명을 얻게 하려는
것이다.**

이것은 혁명적 선언이다. 이것은 하나님께서 자신을 배신하고 반역과 죄악의 소굴이 된 세상을 더 이상 정죄하지 않고 사랑으로 품겠다는 화해의 선언이다. 이것은 율법 시대의 종말이다. 하나님은 창조주의 사랑으로 세상을 품는다. 그것은 세상을 향한 하나님의 사랑의 성실성이다.

나사렛 예수는 하나님의 사랑의 성실성을 보여주기 위해 세상에 오신 영광의 아들이다. 그는 세상에 있는 모든 것을 사랑으로 품고 십자가 대속의 죽음을 향하여 나아간다. 그의 성육신은 로고스의 신성과 초월성과 영원성을 버리고 유한성의 세계와 역사의 일부분이 되는 것이다. 그는 세계의 물질성, 육체의 연약성, 정신의 한계성 속에 온다. 그는 세상 속에 있는 모든 것을 품고 세상의 법칙을 따라 움직인

다. 그는 세계-내-존재로 역사 속에서 운동하며 변증법적 발전 과정을 통해 자신의 목표를 향해 나아간다. 그는 세상 속에 있는 모든 것을 사랑으로 품고 전진한다.

세례요한의 증언, 제자들과의 여행, 신랑 신부의 결혼식, 어머니에 대한 사랑, 형제들과의 우애, 무식한 바리새파 신학자와의 토론, 여행의 피곤함, 죄 많은 여자의 어리석은 생각, 사마리아 사람들의 요구도….

그는 육체의 연약함 속에 모든 것을 품고 세계와 역사의 일부분으로 존재하고, 그 운동법칙에 순응한다.

세상은 그에게 사랑의 대상이다. 세상에 오신 로고스는 모든 것과 따뜻한 사랑의 관계를 갖는다. 그는 세상의 모든 차별과 장벽을 자신의 연약한 육체로 품으며 온몸으로 부수고 전진한다. 그는 창조주의 사랑으로 탐욕스러운 세상의 질서를 전복하고 창조의 질서를 회복한다. 성육신하신 로고스 안에 이미 만물의 창조 질서는 회복되어 있다. 그것이 바로 하나님의 나라다. 세상은 하나님의 사랑의 에너지로 창조된 사랑의 공간이기에 다시 본래의 모습으로 돌아가야 한다. 그것을 성취할 수 있는 것은 하늘에서 내려오시는 하나님의 사랑의 아들밖에 없다. 하나님의 아들의 십자가와 부활은 옛 세상의 종말이며 새 하늘과 새 땅의 시작이다.

예수가 원하는 것

요한복음 4:43-54

43절

Μετὰ δὲ τὰς δύο ἡμέρας ἐξῆλθεν ἐκεῖθεν εἰς τὴν Γαλιλαίαν·

그런데 이틀 후 그는 거기에서 갈릴리로 나갔다.

44절

αὐτὸς γὰρ Ἰησοῦς ἐμαρτύρησεν ὅτι προφήτης ἐν τῇ ἰδίᾳ πατρίδι τιμὴν οὐκ ἔχει.

그러나 예수 자신은 '선지자는 자기의 고향에서 존경받지 못한다'고 증거했다.

45절

ὅτε οὖν ἦλθεν εἰς τὴν Γαλιλαίαν, ἐδέξαντο αὐτὸν οἱ Γαλιλαῖοι πάντα ἑωρακότες ὅσα ἐποίησεν ἐν Ἰεροσολύμοις ἐν τῇ ἑορτῇ, καὶ αὐτοὶ γὰρ ἦλθον εἰς τὴν ἑορτήν.

그러므로 그가 갈릴리로 갔을 때 명절에 그가 예루살렘에서 행한 모든 것을 보았던 갈릴리 사람들이 그를 환영했다. 왜냐하면 그들도 명절에 갔기 때문이다.

46절

Ἦλθεν οὖν πάλιν εἰς τὴν Κανὰ τῆς Γαλιλαίας, ὅπου ἐποίησεν τὸ ὕδωρ οἶνον. Καὶ ἦν τις βασιλικὸς οὗ ὁ υἱὸς ἠσθένει ἐν Καφαρναούμ.

그는 다시 물을 포도주로 만들었던 갈릴리 가나로 갔다. 그리고 자기의 아들이 가버나움에 병들어 있던 어떤 왕의 신하가 있었다.

47절

οὗτος ἀκούσας ὅτι Ἰησοῦς ἥκει ἐκ τῆς Ἰουδαίας εἰς τὴν Γαλιλαίαν ἀπῆλθεν πρὸς αὐτὸν καὶ ἠρώτα ἵνα καταβῇ καὶ ἰάσηται αὐτοῦ τὸν υἱόν, ἤμελλεν γὰρ ἀποθνῄσκειν.

이 사람은 예수가 유대에서 갈릴리로 왔다는 것을 듣고 그를 향하여 와서 내려가서 자기의 아들을 고쳐 달라고 요구했다. 왜냐하면 그의 아들이 죽어가고 있었기 때문이다.

48절

εἶπεν οὖν ὁ Ἰησοῦς πρὸς αὐτόν· ἐὰν μὴ σημεῖα καὶ τέρατα ἴδητε, οὐ μὴ πιστεύσητε.

그러자 예수가 그를 향하여 말했다. "너희들은 표적과 기사를 보지 않으면 결코 믿지 않을 것이다."

49절

λέγει πρὸς αὐτὸν ὁ βασιλικός· κύριε, κατάβηθι πρὶν ἀποθανεῖν τὸ παιδίον μου.

왕의 신하가 그를 향하여 말한다. "주님, 내 아이가 죽기 전에 내려가

세요."

50절

λέγει αὐτῷ ὁ Ἰησοῦς· πορεύου, ὁ υἱός σου ζῇ. Ἐπίστευσεν ὁ ἄνθρωπ
ος τῷ λόγῳ ὃν εἶπεν αὐτῷ ὁ Ἰησοῦς καὶ ἐπορεύετο.

예수가 그에게 말한다. "가라, 네 아들이 살아났다." 그 사람은 예수가
자기에게 말한 그 말씀을 믿고 갔다.

51절

ἤδη δὲ αὐτοῦ καταβαίνοντος οἱ δοῦλοι αὐτοῦ ὑπήντησαν αὐτῷ λέγ
οντες ὅτι ὁ παῖς αὐτοῦ ζῇ.

그런데 아직 그가 내려가고 있을 때 그의 종들이 그를 마중 나와 그에게
그의 아이가 살아났다고 말했다.

52절

ἐπύθετο οὖν τὴν ὥραν παρ᾽ αὐτῶν ἐν ᾗ κομψότερον ἔσχεν· εἶπαν
οὖν αὐτῷ ὅτι ἐχθὲς ὥραν ἑβδόμην ἀφῆκεν αὐτὸν ὁ πυρετός.

그러므로 그는 그들에게 자기 아들이 회복된 시간을 물어보았다. 그러자
그들은 "어제 7시에 열병이 그를 떠났다"라고 그에게 말했다.

53절

ἔγνω οὖν ὁ πατὴρ ὅτι ἐν ἐκείνῃ τῇ ὥρᾳ ἐν ᾗ εἶπεν αὐτῷ ὁ Ἰησοῦς·
ὁ υἱός σου ζῇ, καὶ ἐπίστευσεν αὐτὸς καὶ ἡ οἰκία αὐτοῦ ὅλη.

그러므로 아버지는 그것이 예수가 그에게 "너의 아들은 살아났다"라고

말한 저 시간임을 알고, 그 자신과 그의 온 집이 믿었다.

54절

Τοῦτο δὲ πάλιν δεύτερον σημεῖον ἐποίησεν ὁ Ἰησοῦς ἐλθὼν ἐκ τῆς Ἰουδαίας εἰς τὴν Γαλιλαίαν.

그런데 예수는 유대에서 갈릴리로 온 후 이것을 다시 두 번째 표적으로 행했다.

해설

바리새인들을 피해 제자들과 함께 갈릴리 가나로 내려간 나사렛 예수는 가버나움에서 죽어가고 있는 왕의 신하의 아들을 말씀으로 살려내심으로 자신을 시간과 공간을 지배하는 초월적 전능자로 계시한다. 그러나 그것은 요한복음에서 중요한 의미를 갖지 못한다. 왜냐하면 요한복음은 이미 서두에 나사렛 예수의 실체를 밝혀 놓았기 때문이다. 그는 태초부터 계시는 로고스이며, 영원하신 하나님이시며, 만물의 창조의 근원이시다.

대신에 나사렛 예수는 표적을 보지 않으면 믿지 않는 유대인들의 완악함을 책망한다. 그것은 옛 이스라엘의 조상들이 여호와께 들었던 것과 똑같은 말씀이다. 그들은 하나님의 표적만 열심히 따라다녔지, 하나님을 사랑하는 법을 알지 못했다. 그래서 하나님은 예레미야 선지자를 통해 그들을 센스없는 백성이라고 말씀하시며 탄식하셨다. 하나님이 간절히 원하시는 것은 표적을 따라다니는 군중이 아니라, 하나님과의 인격적 사랑의 교제 속에서 하나님의 생명에 참여하는 사람이다.

충돌의 시작

요한복음 5:1-18

1절

Μετὰ ταῦτα ἦν ἑορτὴ τῶν Ἰουδαίων καὶ ἀνέβη Ἰησοῦς εἰς Ἱεροσόλ
υμα.

이 일들 후 유대인들의 명절이 있었고 예수는 예루살렘에 올라갔다.

2절

Ἔστιν δὲ ἐν τοῖς Ἱεροσολύμοις ἐπὶ τῇ προβατικῇ κολυμβήθρα ἡ ἐπιλ
εγομένη Ἑβραϊστὶ Βηθζαθὰ πέντε στοὰς ἔχουσα.

그런데 예루살렘 양의 문 곁에 다섯 개의 기둥을 가지고 있는 히브리어로
베데스다라 불리는 물웅덩이가 있었다.

3절

ἐν ταύταις κατέκειτο πλῆθος τῶν ἀσθενούντων, τυφλῶν, χωλῶν,
ξηρῶν.

그 기둥들 속에 연약한 자들, 소경들, 불구자들, 마른 자들의 무리가 누워
있었다.

4절 없음

5절

ἦν δέ τις ἄνθρωπος ἐκεῖ τριάκοντα καὶ ὀκτὼ ἔτη ἔχων ἐν τῇ ἀσθενείᾳ
αὐτοῦ·

그런데 거기에 어떤 사람이 있었는데 그는 38년을 자기의 연약함 속에
보내고 있었다.

6절

τοῦτον ἰδὼν ὁ Ἰησοῦς κατακείμενον καὶ γνοὺς ὅτι πολὺν ἤδη χρόνον
ἔχει, λέγει αὐτῷ· θέλεις ὑγιὴς γενέσθαι;

예수는 이 사람이 누워 있는 것을 보고서 그가 벌써 오래된 것을 알고
그에게 말한다. "네가 건강하게 되기를 원하느냐?"

7절

ἀπεκρίθη αὐτῷ ὁ ἀσθενῶν· κύριε, ἄνθρωπον οὐκ ἔχω ἵνα ὅταν ταρα
χθῇ τὸ ὕδωρ βάλῃ με εἰς τὴν κολυμβήθραν· ἐν ᾧ δὲ ἔρχομαι ἐγώ, ἄλλος
πρὸ ἐμοῦ καταβαίνει.

그 사람이 그에게 대답했다. "주여, 나는 물이 흔들렸을 때 나를 물웅덩이
에 던질 사람이 없습니다. 그래서 내가 가는 동안 다른 사람들이 나보다
먼저 내려갑니다."

8절

λέγει αὐτῷ ὁ Ἰησοῦς· ἔγειρε ἆρον τὸν κράβαττόν σου καὶ περιπάτει.

예수가 그에게 말한다. "일어나 너의 침상을 들고 걸어가라."

9절

καὶ εὐθέως ἐγένετο ὑγιὴς ὁ ἄνθρωπος καὶ ἦρεν τὸν κράβαττον αὐτο
ῦ καὶ περιεπάτει. Ἦν δὲ σάββατον ἐν ἐκείνῃ τῇ ἡμέρᾳ.

그러자 그 사람은 즉시 건강해져서 자기의 침상을 들고 걸어 다니고 있었
다. 그런데 저 날은 안식일이었다.

10절

Ἔλεγον οὖν οἱ Ἰουδαῖοι τῷ τεθεραπευμένῳ· σάββατόν ἐστιν, καὶ οὐκ
ἔξεστίν σοι ἆραι τὸν κράβαττόν σου.

그러므로 유대인들이 고침 받은 사람에게 말하고 있었다. "안식일이다.
그러므로 너의 침상을 들고 가는 것은 너에게 합당하지 않다."

11절

ὁ δὲ ἀπεκρίθη αὐτοῖς· ὁ ποιήσας με ὑγιῆ ἐκεῖνός μοι εἶπεν· ἆρον
τὸν κράβαττόν σου καὶ περιπάτει.

그러자 그가 그들에게 대답했다. "나를 건강하게 만든 저 사람이 나에게,
'너의 침상을 들고 걸어가라'라고 말했다."

12절

ἠρώτησαν αὐτόν· τίς ἐστιν ὁ ἄνθρωπος ὁ εἰπών σοι· ἆρον καὶ περιπά
τει;

그들이 그에게 물었다. "너에게 '들고 가라'고 말한 사람이 누구냐?"

13절

ὁ δὲ ἰαθεὶς οὐκ ᾔδει τίς ἐστιν, ὁ γὰρ Ἰησοῦς ἐξένευσεν ὄχλου ὄντος ἐν τῷ τόπῳ.

그러나 고침 받은 사람은 그가 누구인지 알지 못했다. 왜냐하면 예수는 그 장소에 군중이 있으므로 다른 곳으로 피했기 때문이다.

14절

μετὰ ταῦτα εὑρίσκει αὐτὸν ὁ Ἰησοῦς ἐν τῷ ἱερῷ καὶ εἶπεν αὐτῷ· ἴδε ὑγιὴς γέγονας, μηκέτι ἁμάρτανε, ἵνα μὴ χεῖρόν σοί τι γένηται.

이 일들 후에 예수는 성전에서 그를 발견한다. 그리고 그에게 말했다. "보라, 너는 건강하게 되었다. 너에게 더 나쁜 일이 생기지 않도록 더 이상 죄를 짓지 말라."

15절

ἀπῆλθεν ὁ ἄνθρωπος καὶ ἀνήγγειλεν τοῖς Ἰουδαίοις ὅτι Ἰησοῦς ἐστιν ὁ ποιήσας αὐτὸν ὑγιῆ.

그 사람은 떠나서 자기를 건강하게 만든 사람이 예수라는 것을 유대인들에게 알렸다.

16절

καὶ διὰ τοῦτο ἐδίωκον οἱ Ἰουδαῖοι τὸν Ἰησοῦν, ὅτι ταῦτα ἐποίει ἐν σαββάτῳ.

그리고 이 때문에 유대인들은 예수를 핍박하고 있었는데, 이는 그가 안식일에 이 일들을 행하고 있었기 때문이다.

17절

Ὁ δὲ Ἰησοῦς ἀπεκρίνατο αὐτοῖς· ὁ πατήρ μου ἕως ἄρτι ἐργάζεται κἀγὼ ἐργάζομαι·

그러자 예수가 그들에게 대답했다. "나의 아버지께서 지금까지 일하고 계시니 나도 일한다."

18절

διὰ τοῦτο οὖν μᾶλλον ἐζήτουν αὐτὸν οἱ Ἰουδαῖοι ἀποκτεῖναι, ὅτι οὐ μόνον ἔλυεν τὸ σάββατον, ἀλλὰ καὶ πατέρα ἴδιον ἔλεγεν τὸν θεὸν ἴσον ἑαυτὸν ποιῶν τῷ θεῷ.

이 때문에 유대인들은 그를 더욱 죽이려고 했다. 이는 그가 안식일을 무너뜨리고 있을 뿐 아니라, 하나님을 자기의 아버지라고 말함으로써 자기를 하나님과 동등한 존재로 만들고 있었기 때문이다.

해설

   나사렛 예수는 38년 된 병자를 고쳐줌으로써 자신을 세상에 영원한 안식을 주기 위해 나타난 종말론적 구원자로 계시한다. 그러나 유대인들은 오히려 이 사건을 유대교에 대한 반체제 운동으로 규정하고 병 고침을 받은 사람을 추궁한다. 그러자 그는 두려움에 사로잡혀 안식일을 무너뜨린 사람은 예수라고 일러바친다. 그는 썩어 없어질 육신의 생명을 위해 하나님의 영원한 생명을 버린 어리석은 자다. 이 일로 나사렛 예수는 유대교의 적이 된다. 그러나 나사렛 예수는 유대교의 협박에 굴복하지 않는다. 그는 더 나아가 하나님을 자신의 아버지라 부르면서 자신의 신성을 주장한다. 그러자 유대인들은 나사렛 예수를 신을 참칭하는 이단의 괴수로 판정하고 그를 제거하기로 결심한다. 이것으로 나사렛 예수의 운명은 결정된다.

성육신의 비밀

요한복음 5:19-30

19절

Ἀπεκρίνατο οὖν ὁ Ἰησοῦς καὶ ἔλεγεν αὐτοῖς· ἀμὴν ἀμὴν λέγω ὑμῖν, οὐ δύναται ὁ υἱὸς ποιεῖν ἀφ᾽ ἑαυτοῦ οὐδὲν ἐὰν μή τι βλέπῃ τὸν πατέρα ποιοῦντα· ἃ γὰρ ἂν ἐκεῖνος ποιῇ, ταῦτα καὶ ὁ υἱὸς ὁμοίως ποιεῖ.

그러므로 예수가 대답하며 그들에게 말하고 있었다. "진실로 진실로 내가 너희에게 말한다. 만약 아들이 아버지께서 행하는 것을 보지 않으면, 그는 스스로 아무것도 할 수 없다. 참으로 저분이 하시는 이것들을 아들도 똑같이 행한다.

20절

ὁ γὰρ πατὴρ φιλεῖ τὸν υἱὸν καὶ πάντα δείκνυσιν αὐτῷ ἃ αὐτὸς ποιεῖ, καὶ μείζονα τούτων δείξει αὐτῷ ἔργα, ἵνα ὑμεῖς θαυμάζητε.

참으로 아버지께서 아들을 사랑하셔서 자신이 행하시는 모든 것들을 그에게 보여주신다. 그리고 그에게 이것들보다 더 큰 일들을 보여주실 것이다. 그리하여 너희들은 깜짝 놀라게 될 것이다.

21절

ὥσπερ γὰρ ὁ πατὴρ ἐγείρει τοὺς νεκροὺς καὶ ζῳοποιεῖ, οὕτως καὶ ὁ υἱὸς οὓς θέλει ζῳοποιεῖ.

참으로 아버지께서 죽은 자들을 일으키시고 살리시는 것처럼, 아들도 자기가 원하는 자들을 살린다.

22절

οὐδὲ γὰρ ὁ πατὴρ κρίνει οὐδένα, ἀλλὰ τὴν κρίσιν πᾶσαν δέδωκεν τῷ υἱῷ,

참으로 아버지께서는 아무도 심판하시지 않고, 대신 아들에게 모든 심판을 주셨다.

23절

ἵνα πάντες τιμῶσιν τὸν υἱὸν καθὼς τιμῶσιν τὸν πατέρα. ὁ μὴ τιμῶν τὸν υἱὸν οὐ τιμᾷ τὸν πατέρα τὸν πέμψαντα αὐτόν.

그것은 모든 사람이 아버지를 존경하는 것처럼 아들을 존경하게 하려는 것이다. 아들을 존경하지 않는 사람은 그를 보내신 아버지를 존경하지 않는다.

24절

Ἀμὴν ἀμὴν λέγω ὑμῖν ὅτι ὁ τὸν λόγον μου ἀκούων καὶ πιστεύων τῷ πέμψαντί με ἔχει ζωὴν αἰώνιον καὶ εἰς κρίσιν οὐκ ἔρχεται, ἀλλὰ μεταβέβηκεν ἐκ τοῦ θανάτου εἰς τὴν ζωήν.

진실로 진실로 내가 너희에게 말하건대 나의 말을 듣고 나를 보내신 분을 믿는 사람은 영원한 생명을 얻는다. 그리고 심판으로 가지 않는다. 대신에 그는 죽음에서 생명으로 이미 옮겨졌다.

25절

ἀμὴν ἀμὴν λέγω ὑμῖν ὅτι ἔρχεται ὥρα καὶ νῦν ἐστιν ὅτε οἱ νεκροὶ ἀκούσουσιν τῆς φωνῆς τοῦ υἱοῦ τοῦ θεοῦ καὶ οἱ ἀκούσαντες ζήσουσιν.

내가 진실로 진실로 너희에게 말하건대 죽은 자들이 하나님의 아들의 음성을 들을 시간이 지금이다. 그리고 들은 자들은 살아날 것이다.

26절

ὥσπερ γὰρ ὁ πατὴρ ἔχει ζωὴν ἐν ἑαυτῷ, οὕτως καὶ τῷ υἱῷ ἔδωκεν ζωὴν ἔχειν ἐν ἑαυτῷ.

참으로 아버지께서 자신 안에 생명을 가지고 계신 것처럼, 이처럼 아들에게도 그 자신 안에 생명을 갖도록 주셨다.

27절

καὶ ἐξουσίαν ἔδωκεν αὐτῷ κρίσιν ποιεῖν, ὅτι υἱὸς ἀνθρώπου ἐστίν.

그리고 그에게 심판을 행하는 권세를 주셨는데, 그것은 그가 사람의 아들이기 때문이다.

28절

μὴ θαυμάζετε τοῦτο, ὅτι ἔρχεται ὥρα ἐν ᾗ πάντες οἱ ἐν τοῖς μνημείοις ἀκούσουσιν τῆς φωνῆς αὐτοῦ

너희는 이것들을 이상하게 생각하지 말라. 그것은 무덤 속에 있는 모든 사람들이 그의 음성을 들을 시간이 오고 있기 때문이다.

29절

καὶ ἐκπορεύσονται οἱ τὰ ἀγαθὰ ποιήσαντες εἰς ἀνάστασιν ζωῆς, οἱ δὲ τὰ φαῦλα πράξαντες εἰς ἀνάστασιν κρίσεως.

그리고 착한 일들을 행한 자들은 생명의 부활로, 그러나 썩은 짓들을 저지른 자들은 심판의 부활로 나올 것이다.

30절

Οὐ δύναμαι ἐγὼ ποιεῖν ἀπ᾽ ἐμαυτοῦ οὐδέν· καθὼς ἀκούω κρίνω, καὶ ἡ κρίσις ἡ ἐμὴ δικαία ἐστίν, ὅτι οὐ ζητῶ τὸ θέλημα τὸ ἐμὸν ἀλλὰ τὸ θέλημα τοῦ πέμψαντός με.

나는 아무것도 스스로 할 수 없다. 나는 듣는 대로 심판한다. 그리고 나의 심판은 의롭다. 왜냐하면 나는 나의 뜻이 아니라 나를 보내신 분의 뜻을 추구하기 때문이다."

해설

　천상의 세계에서 아버지와 아들은 인격적 사랑의 교제 속에 있다. 아버지는 모든 것을 아들에게 보여주시고, 아들은 세상에 와서 똑같이 행한다. 그러므로 아들을 보는 사람은 아버지를 보는 것이다. 아버지께서는 아들에게 심판하는 권세를 주셨는데, 그것은 아들이 천상의 영광을 버리고 성육신했기 때문이다. 성육신의 목적은 십자가 대속의 죽음이다. 아들은 십자가 대속의 죽음으로 하늘과 땅의 모든 권세를 상속받는다. 아들은 말씀으로 만물의 창조의 근원이 되셨지만, 이제는 육체로 새 하늘과 새 땅을 창조한다. 우주 만물의 에너지가 아들의 육체 속에 응축되었다가 다시 새로운 폭발을 통해 새로운 세계가 펼쳐진다. 그것은 아들의 살과 피로 창조되었으며, 아들의 영이 만물 안에서 숨 쉬는 새로운 물질세계다.

　그리스도는 만물이시요 만물 안에 계시다(골로새서 3:11).
　῎τὰ πάντα και εν πασιν ὁ Χριστός.

　그리하여 그리스도의 몸 안에서 하나님과 인간과 물질세계는 화해한다. 새 하늘과 새 땅에 들어가는 길은 십자가에 못 박혀 죽은 아들의 몸이다.
　그것은 더 이상 말씀의 신학이 아니라 몸의 신학이다. 성육신의 비밀은 몸의 신학이다.

유대인들의 불신앙

요한복음 5:31-47

31절

Ἐὰν ἐγὼ μαρτυρῶ περὶ ἐμαυτοῦ, ἡ μαρτυρία μου οὐκ ἔστιν ἀληθής·

"만약 내가 나 자신에 대하여 증거한다면, 나의 증언은 참되지 않다.

32절

ἄλλος ἐστὶν ὁ μαρτυρῶν περὶ ἐμοῦ, καὶ οἶδα ὅτι ἀληθής ἐστιν ἡ μαρτυρία ἣν μαρτυρεῖ περὶ ἐμοῦ.

나에 대하여 증거하시는 분은 다른 분이다. 그리고 나는 그분이 나에 대하여 증거하시는 그 증언이 참되다는 것을 알고 있다.

33절

ὑμεῖς ἀπεστάλκατε πρὸς Ἰωάννην, καὶ μεμαρτύρηκεν τῇ ἀληθείᾳ·

너희들은 요한을 향하여 (사람들을) 보냈었다. 그리고 그는 진리에 대해 증언했었다.

34절

ἐγὼ δὲ οὐ παρὰ ἀνθρώπου τὴν μαρτυρίαν λαμβάνω, ἀλλὰ ταῦτα λέγω ἵνα ὑμεῖς σωθῆτε.

그러나 나는 사람으로부터 증거를 취하지 않는다. 대신에 내가 이것들을
너희에게 말하는 것은 너희들이 구원받게 하기 위함이다.

35절

ἐκεῖνος ἦν ὁ λύχνος ὁ καιόμενος καὶ φαίνων, ὑμεῖς δὲ ἠθελήσατε
ἀγαλλιαθῆναι πρὸς ὥραν ἐν τῷ φωτὶ αὐτοῦ.

저 사람은 켜져서 비추는 등불이었다. 그러나 너희들은 그의 빛 속에서
잠시 즐기기를 원했다.

36절

Ἐγὼ δὲ ἔχω τὴν μαρτυρίαν μείζω τοῦ Ἰωάννου· τὰ γὰρ ἔργα ἃ δέδωκ
ἐν μοι ὁ πατὴρ ἵνα τελειώσω αὐτά, αὐτὰ τὰ ἔργα ἃ ποιῶ μαρτυρεῖ περὶ
ἐμοῦ ὅτι ὁ πατήρ με ἀπέσταλκεν.

그러나 나는 요한의 것보다 더 큰 증거를 가지고 있다. 왜냐하면 아버지께
서 내가 그것들을 완성하라고 나에게 주신 그 일들, 곧 내가 행하고 있는
바로 그 일들이 아버지께서 나를 보내셨다는 것을 나에 대하여 증거하고
있기 때문이다.

37절

καὶ ὁ πέμψας με πατὴρ ἐκεῖνος μεμαρτύρηκεν περὶ ἐμοῦ. οὔτε φωνὴ
ν αὐτοῦ πώποτε ἀκηκόατε οὔτε εἶδος αὐτοῦ ἑωράκατε,

그리고 나를 보내신 아버지 저분이 나에 대하여 증거하셨다. 너희들은
여태까지 그분의 음성을 들은 적도 없고 그분의 모습을 본 적도 없다.

38절

καὶ τὸν λόγον αὐτοῦ οὐκ ἔχετε ἐν ὑμῖν μένοντα, ὅτι ὃν ἀπέστειλεν ἐκεῖνος, τούτῳ ὑμεῖς οὐ πιστεύετε.

그리고 너희들은 그분의 말씀이 너희들 안에 거하도록 하지 않았다. 그래서 너희들은 저분이 보내신 이를 믿지 않고 있는 것이다.

39절

ἐραυνᾶτε τὰς γραφάς, ὅτι ὑμεῖς δοκεῖτε ἐν αὐταῖς ζωὴν αἰώνιον ἔχειν· καὶ ἐκεῖναί εἰσιν αἱ μαρτυροῦσαι περὶ ἐμοῦ·

너희들은 성경 속에서 영원한 생명을 얻는다고 생각하기 때문에 성경을 연구하고 있다. 그러나 저것들은 나에 대하여 증거하고 있는 것들이다.

40절

καὶ οὐ θέλετε ἐλθεῖν πρός με ἵνα ζωὴν ἔχητε.

그러나 너희들은 생명을 얻기 위해 나를 향하여 오려고 하지 않는다.

41절

Δόξαν παρὰ ἀνθρώπων οὐ λαμβάνω,

나는 사람들에게서 영광을 취하지 않는다.

42절

ἀλλ᾽ ἔγνωκα ὑμᾶς ὅτι τὴν ἀγάπην τοῦ θεοῦ οὐκ ἔχετε ἐν ἑαυτοῖς.

대신에 나는 너희들이 너희들 자신 안에 하나님의 사랑을 갖고 있지 않다는 것을 알고 있다.

43절

ἐγὼ ἐλήλυθα ἐν τῷ ὀνόματι τοῦ πατρός μου, καὶ οὐ λαμβάνετέ με· ἐὰν ἄλλος ἔλθῃ ἐν τῷ ὀνόματι τῷ ἰδίῳ, ἐκεῖνον λήμψεσθε.

나는 내 아버지의 이름으로 왔다. 그러나 너희들은 나를 영접하지 않고 있다. 만약 다른 사람이 자기의 이름으로 온다면 너희들은 그를 영접할 것이다.

44절

πῶς δύνασθε ὑμεῖς πιστεῦσαι δόξαν παρὰ ἀλλήλων λαμβάνοντες, καὶ τὴν δόξαν τὴν παρὰ τοῦ μόνου θεοῦ οὐ ζητεῖτε;

너희들은 서로 영광을 취하고 유일하신 하나님께로부터 오는 영광을 추구하지 않으면서 어떻게 믿을 수 있겠느냐?

45절

Μὴ δοκεῖτε ὅτι ἐγὼ κατηγορήσω ὑμῶν πρὸς τὸν πατέρα· ἔστιν ὁ κατηγορῶν ὑμῶν Μωϋσῆς, εἰς ὃν ὑμεῖς ἠλπίκατε.

너희들은 내가 아버지를 향하여 너희들을 고발하기 위해 왔다고 생각하지 말라. 너희들을 고발하는 자는 너희들이 기대했던 모세다.

46절

εἰ γὰρ ἐπιστεύετε Μωϋσεῖ, ἐπιστεύετε ἂν ἐμοί· περὶ γὰρ ἐμοῦ ἐκεῖνο ς ἔγραψεν.

만약 너희들이 모세를 믿고 있었다면, 곧 나를 믿고 있었던 것이다. 왜냐하면 저 사람은 나에 대하여 썼기 때문이다.

47절

εἰ δὲ τοῖς ἐκείνου γράμμασιν οὐ πιστεύετε, πῶς τοῖς ἐμοῖς ῥήμασιν
πιστεύσετε;

만약 너희들이 저 사람의 글들도 믿지 않는다면, 어떻게 나의 말들을
믿겠느냐?"

나사렛 예수는 세례요한의 증언을 받으며 역사의 무대에 등장한다. 그러나 그는 사람의 증거가 필요 없다. 왜냐하면 그는 태초부터 계시는 로고스이시기 때문이다.

그의 첫 번째 증인은 나사렛 예수 자신이다. 그는 태초부터 하나님과 함께 계셨던 영광의 아들이시기 때문에 자기 자신에 대하여 증거할 자격이 있다.

그의 두 번째 증인은 하늘에 계시는 아버지다. 그분은 자기 아들을 사랑하셔서 자신이 하는 모든 일들을 아들에게 보여주시고 그것을 행하라고 아들을 세상에 보내신 분이시기 때문에 자기 아들에 대하여 증거할 자격이 있다.

그의 세 번째 증인은 성령이다. 성령은 아버지와 아들 속에 거하는 영광의 본질이시기 때문에 아들에 대하여 증거할 자격이 있다.

그러므로 증거하시는 분은 아버지와 아들과 성령이시다. 나사렛 예수의 사건은 아버지와 아들과 성령, 성 삼위일체 진리의 하나님께서 자기 자신의 영광을 드러내는 계시 사건이다.

그러나 세상은 이 증거를 받지 못한다. 그래서 나사렛 예수는 유대인들이 부인할 수 없는 객관적 증거를 제시한다. 그것은 예수가 행하는 표적들과 성경에 기록된 말씀들이다. 이것들은 모두 예수가 하나님이 보내신 아들이라는 것을 증거하는 역사적 자료들이다.

그러나 유대인들은 이마저도 받아들이지 않는다. 그들은 영광의 아들이신 나사렛 예수 대신에 율법의 종인 모세에게 매달린다. 그들은 아들을 통한 은혜를 거부하고, 모세의 율법을 통한 자신들의 의와 영광을 추구한다. 그것은 그들에게 하나님을 향한 사랑이 없기 때문이다. 그들은 결국 그들이 신뢰하는 모세의 율법에 의해 고발당한다.

신학적 인간학

요한복음 6:1-15

1절

Μετὰ ταῦτα ἀπῆλθεν ὁ Ἰησοῦς πέραν τῆς θαλάσσης τῆς Γαλιλαίας τῆς Τιβεριάδος.

이 일들 후에 예수는 티베리아 갈릴리 바다 건너편으로 떠났다.

2절

ἠκολούθει δὲ αὐτῷ ὄχλος πολύς, ὅτι ἐθεώρουν τὰ σημεῖα ἃ ἐποίει ἐπὶ τῶν ἀσθενούντων.

그런데 많은 군중이 그를 따르고 있었다. 이는 그들이 예수가 행하고 있었던 표적들을 목격하고 있었기 때문이다.

3절

ἀνῆλθεν δὲ εἰς τὸ ὄρος Ἰησοῦς καὶ ἐκεῖ ἐκάθητο μετὰ τῶν μαθητῶν αὐτοῦ.

그런데 예수는 산으로 떠나서 거기에 자기의 제자들과 함께 앉아있 었다.

4절

ἦν δὲ ἐγγὺς τὸ πάσχα, ἡ ἑορτὴ τῶν Ἰουδαίων.

그런데 유대인들의 명절인 유월절이 가까웠다.

5절

Ἐπάρας οὖν τοὺς ὀφθαλμοὺς ὁ Ἰησοῦς καὶ θεασάμενος ὅτι πολὺς
ὄχλος ἔρχεται πρὸς αὐτὸν λέγει πρὸς Φίλιππον· πόθεν ἀγοράσωμεν
ἄρτους ἵνα φάγωσιν οὗτοι;

그러므로 예수는 눈을 들어 많은 군중이 자기를 향하여 오고 있는 것을
보고서 빌립을 향하여 말한다. "어디서 우리가 이들이 먹도록 빵을 살
것이냐?"

6절

τοῦτο δὲ ἔλεγεν πειράζων αὐτόν· αὐτὸς γὰρ ᾔδει τί ἔμελλεν ποιεῖν.

그런데 예수는 그를 시험하기 위하여 이것을 말하고 있었다. 참으로 예수
는 자기가 무엇을 하려고 하는지 알고 있었다.

7절

ἀπεκρίθη αὐτῷ ὁ Φίλιππος· διακοσίων δηναρίων ἄρτοι οὐκ ἀρκοῦσ
ιν αὐτοῖς ἵνα ἕκαστος βραχύ τι λάβῃ.

빌립이 그에게 대답했다. "각자가 조금씩 무엇을 받으려면 200데나리온
의 빵도 그들에게 충분하지 않겠습니다."

8절

λέγει αὐτῷ εἷς ἐκ τῶν μαθητῶν αὐτοῦ, Ἀνδρέας ὁ ἀδελφὸς Σίμωνος Πέτρου·

그의 제자들 중 하나, 곧 시몬 베드로의 형제인 안드레가 예수에게 말한다.

9절

ἔστιν παιδάριον ὧδε ὃς ἔχει πέντε ἄρτους κριθίνους καὶ δύο ὀψάρια· ἀλλὰ ταῦτα τί ἐστιν εἰς τοσούτους;

"여기에 보리빵 다섯 개와 물고기 두 마리를 가지고 있는 작은 소년이 있습니다. 그러나 이것들이 이 많은 사람들을 위해 무엇이 되겠습니까?"

10절

εἶπεν ὁ Ἰησοῦς· ποιήσατε τοὺς ἀνθρώπους ἀναπεσεῖν. ἦν δὲ χόρτος πολὺς ἐν τῷ τόπῳ. ἀνέπεσαν οὖν οἱ ἄνδρες τὸν ἀριθμὸν ὡς πεντακισχίλιοι.

예수가 말했다. "사람들을 앉게 만들어라." 그런데 그 장소에는 풀이 많이 있었다. 그러므로 오천 명 정도 숫자의 사람들이 앉았다.

11절

ἔλαβεν οὖν τοὺς ἄρτους ὁ Ἰησοῦς καὶ εὐχαριστήσας διέδωκεν τοῖς ἀνακειμένοις ὁμοίως καὶ ἐκ τῶν ὀψαρίων ὅσον ἤθελον.

그러므로 예수는 빵들을 들고 감사한 후에 앉아있는 사람들에게 나누어 주었다. 마찬가지로 물고기들을 가지고 사람들이 원하는 만큼 나누어주었다.

12절

ὡς δὲ ἐνεπλήσθησαν, λέγει τοῖς μαθηταῖς αὐτοῦ· συναγάγετε τὰ περισσεύσαντα κλάσματα, ἵνα μή τι ἀπόληται.

그런데 그들이 배부르게 되었을 때 그는 자기의 제자들에게 말한다. "어떤 것이 낭비되지 않도록 남은 부스러기들을 모아라."

13절

συνήγαγον οὖν καὶ ἐγέμισαν δώδεκα κοφίνους κλασμάτων ἐκ τῶν πέντε ἄρτων τῶν κριθίνων ἃ ἐπερίσσευσαν τοῖς βεβρωκόσιν.

그러므로 그들은 모았다. 그리고 그들은 먹은 사람들에게서 남은 보리빵 다섯 개에서 생긴 부스러기들을 열두 바구니에 채웠다.

14절

Οἱ οὖν ἄνθρωποι ἰδόντες ὃ ἐποίησεν σημεῖον ἔλεγον ὅτι οὗτός ἐστιν ἀληθῶς ὁ προφήτης ὁ ἐρχόμενος εἰς τὸν κόσμον.

그러므로 사람들이 그가 행한 표적을 보고 나서, "이분이 세상에 오시는 그분이다"라고 말하고 있었다.

15절

Ἰησοῦς οὖν γνοὺς ὅτι μέλλουσιν ἔρχεσθαι καὶ ἀρπάζειν αὐτὸν ἵνα ποιήσωσιν βασιλέα, ἀνεχώρησεν πάλιν εἰς τὸ ὄρος αὐτὸς μόνος.

그러므로 예수는 그들이 와서 그를 붙잡아 왕으로 만들려는 것을 알고 다시 산으로 혼자 물러갔다.

해설

오병이어 기적 이야기는 신학적 인간학에 대한 몇 가지 중요한 메시지를 담고 있다.

첫째, 나사렛 예수의 몸은 성령의 에너지로 가득 찬 성전이다. 성령의 에너지는 예수의 몸을 통해 빵과 물고기 속으로 들어가 계속해서 물질을 생성하고 확장한다. 그리하여 오천 명의 군중이 배불리 먹고 남은 부스러기를 열두 바구니나 거두게 되는 기적이 일어난다. 그리스도의 신비로운 몸은 하나님을 사랑하는 자들을 위하여 하나님께서 예비해 놓으신 종말론적 희망의 약속이다.

둘째, 오병이어 기적 사건은 유대인들의 명절인 유월절이 가까운 시점에 일어났다는 점에서 의미심장하다. 유월절 어린 양이신 나사렛 예수의 몸은 영원한 속죄의 제물이다. 영원한 성전인 그의 몸의 죽음은 영원한 속죄의 제사가 될 뿐 아니라 새 하늘과 새 땅을 여는 새 창조의 출발점이다. 오병이어 기적은 예수께서 자신의 죽음을 통해 열리게 되는 하나님 나라의 미래를 미리 앞당겨 보여주기 위해 의도적으로 일으킨 계시적 사건이다.

셋째, 우리가 이 기적 이야기 속에서 눈여겨보아야 할 부분은 성령과 물질의 관계다. 물질은 현실태로 전환된 성령의 에너지다. 그러므로 성령과 물질은 존재의 차원이 다를 뿐이지 본질은 같은 것이다. 예수께서 부스러기들을 다 모아서 무엇이 낭비되는 것이 없게 하라고 명령하시고, 철저한 물질 관리를 강조하시는 이유가 바로 여기에 있다. 그러므로 물질을 낭비하는 사람은 성령을 낭비하는 것이다. 성령과 물질은 친밀한 관계 속에 있다. 성령은 멀리 계시지 않고 우리 주변에 있는 물질 속에 숨어 계신다. 인간의 죄는 물질을 파괴하고 낭비하고 오염시킨다. 성령과 물질의 친밀한 관계는 부활하신 예수의 몸 안에서 다시 회복된다. 부활하신 예수의 몸은 성령과 물질을 소통시키고 통합하는 거룩한 그릇이다.

넷째, 예수는 민중의 욕망에 끌려다니지 않는다. 그는 유대 민중들이 자기를 붙들어 왕으로 만들려고 하는 의도를 미리 간파하고 산속으로 몸을 피한다. 민중의 욕망은 이기적이며 잔인하기까지 하다. 그들은 맘에 드는 인물을 지도자로 앉혀놓고 자기들의 욕망을 채워주는 도구로 이용한다. 그들은 언제라도 지도자를 끌어내릴 준비가 되어 있다. 왕이란 그들의 욕망을 채워주는 꼭두각시일 뿐이다. 나사렛 예수는 그들에게 속지도 않고 이용당하지도 않는다. 그는 유대 민중의 민족주의 제국건설의 야망을 충족시키러 온 정치군사적 메시아가 아니라 영원한 속죄의 제사를 완성하기 위해 오신 영광의 아들이다. 그는 오직 아버지께서 자기에게 명하신 그 목표만을 향하여 나아간다. 그것이 신학적 인간의 표상이다.

친환경 예수

요한복음 6:16-21

16절

Ὡς δὲ ὀψία ἐγένετο κατέβησαν οἱ μαθηταὶ αὐτοῦ ἐπὶ τὴν θάλασσαν

그리고 저녁이 되었을 때 그의 제자들은 바다로 내려갔다.

17절

καὶ ἐμβάντες εἰς πλοῖον ἤρχοντο πέραν τῆς θαλάσσης εἰς Καφαρναο

ύμ. καὶ σκοτία ἤδη ἐγεγόνει καὶ οὔπω ἐληλύθει πρὸς αὐτοὺς ὁ Ἰησοῦς,

그리고 그들은 배에 올라 바다 건너편 가버나움으로 가고 있었다. 그리고

벌써 어두워졌는데 예수는 아직 그들을 향하여 오지 않았다.

18절

ἥ τε θάλασσα ἀνέμου μεγάλου πνέοντος διεγείρετο.

그런데 큰바람이 불자 바다가 깨어나고 있었다.

19절

ἐληλακότες οὖν ὡς σταδίους εἴκοσι πέντε ἢ τριάκοντα θεωροῦσιν

τὸν Ἰησοῦν περιπατοῦντα ἐπὶ τῆς θαλάσσης καὶ ἐγγὺς τοῦ πλοίου γινόμε νον, καὶ ἐφοβήθησαν.

그러므로 그들이 25 내지는 30스타디온(5~6km, 스타디온=200m)을 노 저어 갔을 때, 그들은 예수께서 바다 위를 걸어서 배에 가까이 오는 것을 바라보았다. 그리고 그들은 무서워했다.

20절

ὁ δὲ λέγει αὐτοῖς· ἐγώ εἰμι· μὴ φοβεῖσθε.

그러자 그가 그들에게 말한다. "나다. 무서워 말라."

21절

ἤθελον οὖν λαβεῖν αὐτὸν εἰς τὸ πλοῖον, καὶ εὐθέως ἐγένετο τὸ πλοῖον ἐπὶ τῆς γῆς εἰς ἣν ὑπῆγον.

그래서 그들은 그를 배 안으로 모시기를 원하고 있었다. 그리고 즉시 그 배는 그들이 향하여 가고 있던 땅에 도착했다.

바닷물 위를 걸어가는 나사렛 예수는 초월적 전능자이며, 만물 위에서 만물을 지배하는 자다. 그리고 물질세계는 나사렛 예수와 친밀한 아가페 사랑의 관계 속에 있다. 바닷물은 예수님의 발아래 복종하고, 폭풍은 예수님을 모시고 순식간에 바다를 건너간다. 물질들은 자신들의 창조자이신 예수님을 기쁨으로 섬기고 있다.

그러나 물질세계는 제자들에게 적대적이다. 그들은 칠흑 같은 어둠 속에서 폭풍과 파도를 헤쳐 나가며 무시무시한 공포의 밤을 보내고 있다. 예수 없는 제자들은 아무것도 아니다. 한밤중에 바다 위를 걸어오는 예수는 범접할 수 없는 간격을 지닌 두려움과 경배의 대상인 신이다.

인류의 조상 아담 이래 하나님의 은혜의 품을 떠난 인간은 적대적으로 바뀐 환경을 뚫고 전진해야 했다. 인류 문명은 그 적대적 환경과의 처절한 투쟁의 결실이다. 그것이 인간이 자랑하는 역사다. 그러나 그것은 하나님 보시기에 어리석은 자들의 쓸데없는 헛고생이다. 스스로 지혜의 길을 찾아 나선 인간의 역사는 고통과 슬픔과 두려움으로 가득 찬 비극의 서사다.

폭풍을 뚫고 바다 위를 걸어가는 나사렛 예수의 모습은 하나님께서 사랑하시는 자들을 위해 예비해 놓으신 종말론적 희망의 미래다.

생명의 빵

요한복음 6:22-40

22절

Τῇ ἐπαύριον ὁ ὄχλος ὁ ἑστηκὼς πέραν τῆς θαλάσσης εἶδον ὅτι πλοιά
ριον ἄλλο οὐκ ἦν ἐκεῖ εἰ μὴ ἓν καὶ ὅτι οὐ συνεισῆλθεν τοῖς μαθηταῖς
αὐτοῦ ὁ Ἰησοῦς εἰς τὸ πλοῖον ἀλλὰ μόνοι οἱ μαθηταὶ αὐτοῦ ἀπῆλθον·

다음날 바다 건너편에 서 있던 군중은 한 척 외에는 다른 배가 거기에
없었고 예수는 자기의 제자들과 함께 배에 들어가지 않고 그의 제자들만
떠났던 것을 알았다.

23절

ἄλλα ἦλθεν πλοιάριἀ ἐκ Τιβεριάδος ἐγγὺς τοῦ τόπου ὅπου ἔφαγον
τὸν ἄρτον εὐχαριστήσαντος τοῦ κυρίου.

그런데 그들이 주님께서 감사하신 후 빵을 먹었던 장소에서 가까운 곳에
있는 티베리아로부터 다른 배들이 왔다.

24절

ὅτε οὖν εἶδεν ὁ ὄχλος ὅτι Ἰησοῦς οὐκ ἔστιν ἐκεῖ οὐδὲ οἱ μαθηταὶ
αὐτοῦ, ἐνέβησαν αὐτοὶ εἰς τὰ πλοιάρια καὶ ἦλθον εἰς Καφαρναοὺμ ζητο

ῦντες τὸν Ἰησοῦν.

그러나 군중이 예수가 거기에 없고 그의 제자들도 없는 것을 알았을 때, 그들은 배에 올라 예수를 찾으러 가버나움으로 갔다.

25절

καὶ εὑρόντες αὐτὸν πέραν τῆς θαλάσσης εἶπον αὐτῷ· ῥαββί, πότε ὧδε γέγονας;

그리고 그들은 바다 건너편에서 그를 발견하고 나서 그에게 말했다. "랍비여, 언제 여기에 오셨나요?"

26절

Ἀπεκρίθη αὐτοῖς ὁ Ἰησοῦς καὶ εἶπεν· ἀμὴν ἀμὴν λέγω ὑμῖν, ζητεῖτέ με οὐχ ὅτι εἴδετε σημεῖα, ἀλλ᾽ ὅτι ἐφάγετε ἐκ τῶν ἄρτων καὶ ἐχορτάσθητε.

예수가 그들에게 대답하며 말했다. "내가 진실로 진실로 너희에게 말하건대 너희들이 나를 찾는 것은 표적들을 보았기 때문이 아니라 빵으로 배가 불렸기 때문이다.

27절

ἐργάζεσθε μὴ τὴν βρῶσιν τὴν ἀπολλυμένην ἀλλὰ τὴν βρῶσιν τὴν μένουσαν εἰς ζωὴν αἰώνιον, ἣν ὁ υἱὸς τοῦ ἀνθρώπου ὑμῖν δώσει· τοῦτον γὰρ ὁ πατὴρ ἐσφράγισεν ὁ θεός.

너희는 썩어 없어질 양식 대신에 사람의 아들이 너희에게 줄 영원한 생명을 향하여 계속될 양식을 위하여 일하라. 이는 아버지 하나님께서 이 사람을 인치셨기 때문이다.

28절

εἶπον οὖν πρὸς αὐτόν· τί ποιῶμεν ἵνα ἐργαζώμεθα τὰ ἔργα τοῦ θεοῦ;

그러자 그들은 그를 향하여 말했다. "우리가 하나님의 일들을 이루기
위해 무엇을 해야 하나요?"

29절

ἀπεκρίθη ὁ Ἰησοῦς καὶ εἶπεν αὐτοῖς· τοῦτό ἐστιν τὸ ἔργον τοῦ θεοῦ,
ἵνα πιστεύητε εἰς ὃν ἀπέστειλεν ἐκεῖνος.

예수가 그들에게 대답하며 말했다. "하나님의 일은 이것이니, 곧 저분이
보내신 자를 너희가 믿는 것이다."

30절

Εἶπον οὖν αὐτῷ· τί οὖν ποιεῖς σὺ σημεῖον, ἵνα ἴδωμεν καὶ πιστεύσω
μέν σοι; τί ἐργάζῃ;

그러자 그들이 그에게 말했다. "그러면 당신은 우리가 보고 당신을 믿게
하도록 무슨 표적을 만드십니까? 당신은 무엇을 하시나요?

31절

οἱ πατέρες ἡμῶν τὸ μάννα ἔφαγον ἐν τῇ ἐρήμῳ, καθώς ἐστιν γεγρα
μμένον· ἄρτον ἐκ τοῦ οὐρανοῦ ἔδωκεν αὐτοῖς φαγεῖν.

우리의 조상들은, '그가 하늘로부터 먹을 빵을 그들에게 주었다'라고 기
록된 대로 광야에서 만나를 먹었습니다."

32절

εἶπεν οὖν αὐτοῖς ὁ Ἰησοῦς· ἀμὴν ἀμὴν λέγω ὑμῖν, οὐ Μωϋσῆς δέδωκ εν ὑμῖν τὸν ἄρτον ἐκ τοῦ οὐρανοῦ, ἀλλ᾽ ὁ πατήρ μου δίδωσιν ὑμῖν τὸν ἄρτον ἐκ τοῦ οὐρανοῦ τὸν ἀληθινόν·

그러자 예수가 그들에게 말했다. "내가 진실로 진실로 너희에게 말하건 대 모세가 너희에게 하늘로부터 빵을 주는 것이 아니고, 대신에 나의 아버지께서 하늘로부터 너희에게 참된 빵을 주신다.

33절

ὁ γὰρ ἄρτος τοῦ θεοῦ ἐστιν ὁ καταβαίνων ἐκ τοῦ οὐρανοῦ καὶ ζωὴν διδοὺς τῷ κόσμῳ.

참으로 하나님의 빵은 하늘로부터 내려와서 너희에게 생명을 주는 자 다."

34절

εἶπον οὖν πρὸς αὐτόν· κύριε, πάντοτε δὸς ἡμῖν τὸν ἄρτον τοῦτον.

그러자 그들은 그를 향하여 말했다. "주여, 항상 이 빵을 우리에게 주세 요."

35절

εἶπεν αὐτοῖς ὁ Ἰησοῦς· ἐγώ εἰμι ὁ ἄρτος τῆς ζωῆς· ὁ ἐρχόμενος πρὸς ἐμὲ οὐ μὴ πεινάσῃ, καὶ ὁ πιστεύων εἰς ἐμὲ οὐ μὴ διψήσει πώποτε.

예수가 그들에게 말했다. "내가 생명의 빵이다. 나를 향하여 오는 사람은 결코 배고프지 않을 것이다. 그리고 나를 믿는 사람은 언제나 결코 목마르지 않을 것이다.

36절

Ἀλλ' εἶπον ὑμῖν ὅτι καὶ ἑωράκατέ με καὶ οὐ πιστεύετε.

그러나 나는 너희에게 '너희가 나를 보았으나 나를 믿지 않는다'고 말했다.

37절

πᾶν ὃ δίδωσίν μοι ὁ πατὴρ πρὸς ἐμὲ ἥξει, καὶ τὸν ἐρχόμενον πρὸς ἐμὲ οὐ μὴ ἐκβάλω ἔξω,

아버지께서 나에게 주시는 모든 사람은 나를 향하여 올 것이다. 그리고 나는 나를 향하여 오는 사람을 결코 밖으로 내쫓지 않을 것이다.

38절

ὅτι καταβέβηκα ἀπὸ τοῦ οὐρανοῦ οὐχ ἵνα ποιῶ τὸ θέλημα τὸ ἐμὸν ἀλλὰ τὸ θέλημα τοῦ πέμψαντός με.

왜냐하면 내가 하늘로부터 내려온 것은 나의 뜻을 향하기 위해서가 아니라 나를 보내신 분의 뜻을 행하기 위함이기 때문이다.

39절

τοῦτο δέ ἐστιν τὸ θέλημα τοῦ πέμψαντός με, ἵνα πᾶν ὃ δέδωκέν μοι μὴ ἀπολέσω ἐξ αὐτοῦ, ἀλλ' ἀναστήσω αὐτὸ ἐν τῇ ἐσχάτῃ ἡμέρᾳ.

나를 보내신 분의 뜻은 이것이니, 이는 그분이 나에게 주신 모든 자들 중에 하나도 잃지 않고 대신에 내가 그를 마지막 날에 일으키는 것이다.

40절

τοῦτο γάρ ἐστιν τὸ θέλημα τοῦ πατρός μου, ἵνα πᾶς ὁ θεωρῶν τὸν υἱὸν καὶ πιστεύων εἰς αὐτὸν ἔχῃ ζωὴν αἰώνιον, καὶ ἀναστήσω αὐτὸν ἐγὼ ἐν τῇ ἐσχάτῃ ἡμέρᾳ.

나의 아버지의 뜻은 이것이니, 이는 아들을 보고 그를 믿는 모든 사람이 영원한 생명을 얻고, 내가 마지막 날에 그를 일으키는 것이다."

해설

유대 민중들은 빵을 위해 나사렛 예수를 열심히 찾아다닌다. 그러나 예수는 그들에게 썩어 없어질 양식을 위해 일하지 말고 영원한 생명의 양식을 위해 일하라고 말한다. 그는 영원한 생명의 양식은 하나님이 보내신 아들을 믿는 것이며, 자신이 바로 이 세상에 생명을 주기 위해 하늘로부터 내려온 하나님의 빵이라고 말한다.

그러나 유대 민중들은 예수의 말을 알아듣지 못한다. 그들은 철저히 육신의 생각에 절어 있어서 영적인 대화를 이해하지 못한다. 그것은 유대 민중이나 유대교 지도자나 마찬가지다. 밤중에 몰래 예수를 찾아온 유대교 신학자 니고데모 역시 예수의 말을 이해하지 못했다.

민중들은 예나 지금이나 빵 문제를 해결해 줄 지도자를 찾는다. 그들은 그 옛날 광야에서 그들의 조상이 모세를 통해 생수와 만나와 메추라기를 공급받았듯이, 나사렛 예수에게도 빵 문제와 경제문제의 해결을 요구하고 있다. 그들은 하나님 사랑하는 법을 모르는 끝없는 욕망의 노예들이다. 예수는 그들의 요구에 편승하지 않으면 버림받게 될 것이다.

그러나 세상에는 아버지께서 아들에게 주신 자들이 있다. 그들은 아들을 향하여 나아가고, 아들을 믿고, 영원한 생명을 얻는다. 그리고 아들은 세상 끝날 그들을 일으켜서 자신의 영광 속으로 데리고 들어갈 것이다.

로고스의 살과 피

요한복음 6:41-59

41절

Ἐγόγγυζον οὖν οἱ Ἰουδαῖοι περὶ αὐτοῦ ὅτι εἶπεν· ἐγώ εἰμι ὁ ἄρτος ὁ καταβὰς ἐκ τοῦ οὐρανοῦ,

그러자 유대인들은 그가 '나는 하늘로부터 내려온 빵이다'라고 말했기 때문에 수군거리며

42절

καὶ ἔλεγον· οὐχ οὗτός ἐστιν Ἰησοῦς ὁ υἱὸς Ἰωσήφ, οὗ ἡμεῖς οἴδαμεν τὸν πατέρα καὶ τὴν μητέρα; πῶς νῦν λέγει ὅτι ἐκ τοῦ οὐρανοῦ καταβέβηκα;

말하고 있었다. "이 사람은 요셉의 아들이고, 우리가 그의 아버지와 어머니를 알고 있지 않은가? 그런데 어떻게 그가 지금 '나는 하늘에서 내려왔다'라고 말하고 있는가?"

43절

ἀπεκρίθη Ἰησοῦς καὶ εἶπεν αὐτοῖς· μὴ γογγύζετε μετ' ἀλλήλων.

예수가 그들에게 대답하며 말했다. "서로 수군거리지 말라.

44절

οὐδεὶς δύναται ἐλθεῖν πρός με ἐὰν μὴ ὁ πατὴρ ὁ πέμψας με ἐλκύσῃ αὐτόν, κἀγὼ ἀναστήσω αὐτὸν ἐν τῇ ἐσχάτῃ ἡμέρᾳ.

나를 보내신 아버지께서 그를 이끌지 않으면 그 누구도 나를 향하여 올 수 없다. 그리고 나는 그를 마지막 날에 일으킬 것이다.

45절

ἔστιν γεγραμμένον ἐν τοῖς προφήταις· καὶ ἔσονται πάντες διδακτοὶ θεοῦ· πᾶς ὁ ἀκούσας παρὰ τοῦ πατρὸς καὶ μαθὼν ἔρχεται πρὸς ἐμέ.

선지자들의 글에 '그리고 모든 사람들이 하나님께 배우는 자들이 될 것이 다'라고 기록된 것이 있다. 아버지께 듣고 배운 모든 사람은 나를 향하여 온다.

46절

οὐχ ὅτι τὸν πατέρα ἑώρακέν τις εἰ μὴ ὁ ὢν παρὰ τοῦ θεοῦ, οὗτος ἑώρακεν τὸν πατέρα.

그것은 누가 하나님을 보았다는 것이 아니다. 오직 하나님 곁에 있는 자, 바로 이 자가 하나님을 보았다.

47절

Ἀμὴν ἀμὴν λέγω ὑμῖν, ὁ πιστεύων ἔχει ζωὴν αἰώνιον.

내가 진실로 진실로 너희에게 말하건대 믿는 사람은 영원한 생명을 얻는다.

48절

Ἐγώ εἰμι ὁ ἄρτος τῆς ζωῆς.

나는 생명의 빵이다.

49절

οἱ πατέρες ὑμῶν ἔφαγον ἐν τῇ ἐρήμῳ τὸ μάννα καὶ ἀπέθανον·

너희의 조상들은 광야에서 만나를 먹고도 죽었다.

50절

οὗτός ἐστιν ὁ ἄρτος ὁ ἐκ τοῦ οὐρανοῦ καταβαίνων, ἵνα τις ἐξ αὐτοῦ φάγῃ καὶ μὴ ἀποθάνῃ.

이 사람은 하늘에서 내려온 빵인데, 그것은 누가 그것을 먹고 죽지 않게 하려는 것이다.

51절

ἐγώ εἰμι ὁ ἄρτος ὁ ζῶν ὁ ἐκ τοῦ οὐρανοῦ καταβάς· ἐάν τις φάγῃ ἐκ τούτου τοῦ ἄρτου ζήσει εἰς τὸν αἰῶνα, καὶ ὁ ἄρτος δὲ ὃν ἐγὼ δώσω ἡ σάρξ μού ἐστιν ὑπὲρ τῆς τοῦ κόσμου ζωῆς.

나는 하늘에서 내려온 살아있는 빵이다. 만약 누가 이 빵을 먹으면 영원히 살 것이다. 그리고 내가 줄 빵은 세상의 생명을 위한 나의 살이다."

52절

Ἐμάχοντο οὖν πρὸς ἀλλήλους οἱ Ἰουδαῖοι λέγοντες· πῶς δύναται οὗτος ἡμῖν δοῦναι τὴν σάρκα αὐτοῦ φαγεῖν;

그러므로 유대인들이 서로 다투며 말하고 있었다. "어떻게 이 사람이 우리에게 먹으라고 [자기의] 살을 줄 수 있겠느냐?"

53절

εἶπεν οὖν αὐτοῖς ὁ Ἰησοῦς· ἀμὴν ἀμὴν λέγω ὑμῖν, ἐὰν μὴ φάγητε τὴν σάρκα τοῦ υἱοῦ τοῦ ἀνθρώπου καὶ πίητε αὐτοῦ τὸ αἷμα, οὐκ ἔχετε ζωὴν ἐν ἑαυτοῖς.

그러자 예수가 그들에게 말했다. "내가 진실로 진실로 너희에게 말하건 대 만약 너희가 사람의 아들의 살을 먹지 않고 그의 피를 마시지 않으면 너희 안에 생명을 가지지 못한다.

54절

ὁ τρώγων μου τὴν σάρκα καὶ πίνων μου τὸ αἷμα ἔχει ζωὴν αἰώνιον, κἀγὼ ἀναστήσω αὐτὸν τῇ ἐσχάτῃ ἡμέρᾳ.

나의 살을 먹고 나의 피를 마시는 사람은 영원한 생명을 얻는다. 그리고 나는 그를 마지막 날에 일으킬 것이다.

55절

ἡ γὰρ σάρξ μου ἀληθής ἐστιν βρῶσις, καὶ τὸ αἷμά μου ἀληθής ἐστιν πόσις.

참으로 나의 살은 참된 양식이고 나의 피는 참된 음료로다.

56절

ὁ τρώγων μου τὴν σάρκα καὶ πίνων μου τὸ αἷμα ἐν ἐμοὶ μένει κἀγὼ ἐν αὐτῷ.

나의 살을 먹고 나의 피를 마시는 사람은 내 안에 살고 나도 그 사람 안에 산다.

57절

καθὼς ἀπέστειλέν με ὁ ζῶν πατὴρ κἀγὼ ζῶ διὰ τὸν πατέρα, καὶ ὁ τρώγων με κἀκεῖνος ζήσει δι᾽ ἐμέ.

살아계시는 아버지께서 나를 보내셨고 내가 그분 때문에 살아있듯이 나를 먹는 저 사람도 나 때문에 살게 될 것이다.

58절

οὗτός ἐστιν ὁ ἄρτος ὁ ἐξ οὐρανοῦ καταβάς, οὐ καθὼς ἔφαγον οἱ πατέρες καὶ ἀπέθανον· ὁ τρώγων τοῦτον τὸν ἄρτον ζήσει εἰς τὸν αἰῶνα.

이 사람은 하늘에서 내려온 빵인데, 그것은 조상들이 먹고 죽었던 것과 같지 않다. 그 빵을 먹는 사람은 영원히 살 것이다."

59절

Ταῦτα εἶπεν ἐν συναγωγῇ διδάσκων ἐν Καφαρναούμ.

이것들을 그는 가버나움에 있는 회당에서 가르치면서 말했다.

해설

예수의 살과 피는 로고스의 살과 피다. 로고스의 살과 피는 세상을 향한 하나님의 구원의 선물이다. 나사렛 예수는 지금 유월절을 앞두고 자신의 죽음에 대해 이야기하고 있다. 그는 세상 죄를 위해 도살당할 유월절 어린 양이다.

그의 살은 세상을 위한 생명의 빵이고, 그의 피는 세상을 위한 생명의 포도주다. 그의 살이 생명의 양식이 되고 그의 피가 생명의 음료가되는 것은 그가 태초부터 계시는 로고스요 영원하신 하나님이시기 때문이다. 성육신하신 로고스의 몸은 성령의 몸이다. 그의 살은 성령의 살이요, 그의 피도 성령의 피다. 우리가 성육신하신 로고스를 믿는 것은 성령을 먹고 마시는 것이다.

육체가 음식을 통해 물질세계에 참여하는 것처럼, 영혼은 말씀을 통해 성령에 참여한다. 우리의 육체는 물질의 일부분이지만, 우리의 영혼은 성령의 일부분이다. 그러므로 성령을 떠난 영혼은 물질을 떠난 육체처럼 이미 죽은 것이다. 그렇게 해서 첫 사람 아담 이후 모든 인간은 죽었다. 로고스가 육체가 되어 세상에 나타난 것은 무덤 속에 있는 자들을 불러일으키기 위함이다. 그리고 그의 음성을 듣는 자는 살아난다. 그의 음성은 태초부터 계시는 로고스가 자기의 피조물을 부르는 음성이요, 영원하신 하나님께서 자기의 형상을 따라 지으신 자녀를 부르시는 음성이다. 그의 부르심의 목적은 그들을 자기의 영원한 영광 속으로 데려가 그와 함께 아가페 사랑의 영원한 축복을 누리게 하기 위함이다.

베드로의 등장

요한복음 6:60-71

60절

Πολλοὶ οὖν ἀκούσαντες ἐκ τῶν μαθητῶν αὐτοῦ εἶπαν· σκληρός ἐστιν ὁ λόγος οὗτος· τίς δύναται αὐτοῦ ἀκούειν;

그러므로 그의 제자들 중에 많은 사람이 듣고 말했다. "이 말은 어렵다. 누가 그의 말을 알아듣겠느냐?"

61절

εἰδὼς δὲ ὁ Ἰησοῦς ἐν ἑαυτῷ ὅτι γογγύζουσιν περὶ τούτου οἱ μαθηταὶ αὐτοῦ εἶπεν αὐτοῖς· τοῦτο ὑμᾶς σκανδαλίζει;

그러자 예수가 그들에게 말했다. "이것이 너희를 걸려 넘어지게 하느냐?

62절

ἐὰν οὖν θεωρῆτε τὸν υἱὸν τοῦ ἀνθρώπου ἀναβαίνοντα ὅπου ἦν τὸ πρότερον;

그러나 만약 너희가 사람의 아들이 먼저 있었던 곳으로 올라가는 것을 본다면(어떻게 할 것이냐)?

63절

τὸ πνεῦμά ἐστιν τὸ ζῳοποιοῦν, ἡ σὰρξ οὐκ ὠφελεῖ οὐδέν· τὰ ῥήματα ἃ ἐγὼ λελάληκα ὑμῖν πνεῦμά ἐστιν καὶ ζωή ἐστιν.

성령은 살리는 것이고, 육체는 아무것도 유익이 없다. 내가 너희에게 말했던 그 말들은 영이고 생명이다.

64절

ἀλλ᾽ εἰσὶν ἐξ ὑμῶν τινες οἳ οὐ πιστεύουσιν. ᾔδει γὰρ ἐξ ἀρχῆς ὁ Ἰησοῦς τίνες εἰσὶν οἱ μὴ πιστεύοντες καὶ τίς ἐστιν ὁ παραδώσων αὐτόν.

그러나 너희들 중에는 믿지 않는 어떤 사람들이 있다." 왜냐하면 예수는 처음부터 믿지 않는 사람들이 누구인지 그리고 그를 팔아넘길 사람이 누구인지 알고 있었기 때문이다.

65절

καὶ ἔλεγεν· διὰ τοῦτο εἴρηκα ὑμῖν ὅτι οὐδεὶς δύναται ἐλθεῖν πρός με ἐὰν μὴ ᾖ δεδομένον αὐτῷ ἐκ τοῦ πατρός.

그리고 그는 말하고 있었다. "이 때문에 내가 너희들에게 아버지께로부터 주어진 바가 아니면 그 누구도 나를 향하여 올 수 없다고 말했던 것이다."

66절

Ἐκ τούτου πολλοὶ ἐκ τῶν μαθητῶν αὐτοῦ ἀπῆλθον εἰς τὰ ὀπίσω καὶ οὐκέτι μετ᾽ αὐτοῦ περιεπάτουν.

이후로 그의 제자들 중 많은 사람이 뒤로 떠나갔고 더 이상 그와 함께 다니지 않고 있었다.

67절

εἶπεν οὖν ὁ Ἰησοῦς τοῖς δώδεκα· μὴ καὶ ὑμεῖς θέλετε ὑπάγειν;

그러므로 예수는 열둘에게 말하고 있었다. "너희들도 가려느냐?"

68절

ἀπεκρίθη αὐτῷ Σίμων Πέτρος· κύριε, πρὸς τίνα ἀπελευσόμεθα; ῥή
ματα ζωῆς αἰωνίου ἔχεις,

시몬 베드로가 그에게 대답했다. "주님, 우리가 누구를 향해 떠나겠습니
까? 당신은 영원한 생명의 말씀을 가지고 계십니다.

69절

καὶ ἡμεῖς πεπιστεύκαμεν καὶ ἐγνώκαμεν ὅτι σὺ εἶ ὁ ἅγιος τοῦ θεοῦ.

그리고 우리는 당신이 하나님의 거룩한 자이심을 믿고 알았습니다."

70절

ἀπεκρίθη αὐτοῖς ὁ Ἰησοῦς· οὐκ ἐγὼ ὑμᾶς τοὺς δώδεκα ἐξελεξάμην;
καὶ ἐξ ὑμῶν εἷς διάβολός ἐστιν.

예수가 그들에게 대답했다. "내가 너희 열둘을 선택하지 않았느냐? 그리
고 너희들 중의 하나는 마귀다."

71절

ἔλεγεν δὲ τὸν Ἰούδαν Σίμωνος Ἰσκαριώτου· οὗτος γὰρ ἔμελλεν παρα
διδόναι αὐτόν, εἷς ἐκ τῶν δώδεκα.

그런데 그는 이스카리오테스 시몬의 아들 유다를 말하고 있었다. 왜냐
하면 이 사람이 장차 그를 팔아넘길 것이었기 때문인데, 그는 열둘 중의
하나였다.

해설

　유대 민중들은 나사렛 예수가 자기는 하늘에서 내려온 생명의 빵이며, 자기의 살과 피를 먹고 마시지 않으면 영원한 생명을 얻을 수 없다고 말하자 그에게 실망한다. 그것은 정치적 메시아를 기다리고 있던 그들에게는 뜬구름 잡는 소리였다. 그것으로 나사렛 예수는 그들이 기대했던 메시아가 아니라는 것이 드러난다. 이제 대부분의 제자들이 나사렛 예수를 버리고 떠나가고 예수의 곁에는 열두 명만 남는 절박한 순간을 맞이하게 된다. 그러자 예수는 끝까지 그의 곁에 남아 있던 열둘에게 말한다.

　"너희들도 나를 버리고 떠날 생각이냐?"

　아~ 이보다 더 비참한 질문이 어디 있을까! 바로 그때 나사렛 예수를 위기의 상황에서 건져준 인물이 나타난다. 그는 안드레의 형제 시몬 베드로다. 베드로는 나사렛 예수의 질문을 듣고 말한다.

　"우리가 누구를 향해 떠나겠습니까? 당신은 영원한 생명의 말씀을 가지고 계십니다."

　베드로는 이때까지는 요한복음에서 전혀 존재감이 없는 인물이었다. 그는 동생 안드레의 전도를 받고 예수의 제자가 된 후발주자였다. 그러나 그는 나사렛 예수의 위기 상황에서 혜성같이 등장해 나사렛 예수를 지켜준다. 이로써 그는 나사렛 예수의 제자들 중에서 중요한 인물로 자신의 위치를 확보한다.

　이것은 공관복음서와는 전혀 다른 관점에서 나사렛 예수의 운동을 조명하고 있다. 나사렛 예수는 세례요한이라는 훌륭한 선배의 도움을 받고 그의 공적 삶을 시작한다. 그러나 그는 그를 따르던 제자들에게 버림받고 궁지에 몰려 고립된 순간을 맞이한다. 그리고 이때 혜성같이 나타나 그를 지켜주는 베드로라는 충성스러운 심복을 얻게 된다. 그러나 심복이 있는 곳에는 또한 배신자도 있는 법인데, 놀랍게도 그 배신자는 그의 최측근 인물이다.

나사렛 예수에게는 훌륭한 선배도 있고, 극성스러운 어머니도 있고, 부모님의 집에서 희로애락을 같이 한 형제자매들도 있고, 충성스러운 제자들도 있고, 심복도 있고, 실망하고 떠나가는 제자들도 있고, 빵을 쫓아다니는 무지한 군중도 있고, 그의 목숨을 노리는 적들도 있고, 그를 팔아넘기는 배신자도 있다.

이로써 성육신하신 로고스는 천상의 영광스러운 평화 속의 존재가 아니라, 자신이 피와 살을 가진 역사적 실체로서의 한 인간임을 계시하고 있다.

형제들의 유혹

요한복음 7:1-9

1절

Καὶ μετὰ ταῦτα περιεπάτει ὁ Ἰησοῦς ἐν τῇ Γαλιλαίᾳ· οὐ γὰρ ἤθελεν ἐν τῇ Ἰουδαίᾳ περιπατεῖν, ὅτι ἐζήτουν αὐτὸν οἱ Ἰουδαῖοι ἀποκτεῖναι.

그리고 이 일들 후에 예수는 갈릴리 안에서 돌아다니고 있었다. 그는 유대에서 돌아다니기를 원치 않고 있었는데, 이는 유대인들이 그를 죽이려고 찾고 있었기 때문이다.

2절

Ἦν δὲ ἐγγὺς ἡ ἑορτὴ τῶν Ἰουδαίων ἡ σκηνοπηγία.

그런데 유대인들의 명절인 초막절이 가까웠다.

3절

εἶπον οὖν πρὸς αὐτὸν οἱ ἀδελφοὶ αὐτοῦ· μετάβηθι ἐντεῦθεν καὶ ὕπαγε εἰς τὴν Ἰουδαίαν, ἵνα καὶ οἱ μαθηταί σου θεωρήσουσιν σοῦ τὰ ἔργα ἃ ποιεῖς·

그러므로 그의 형제들이 그를 향하여 말했다. "여기서 옮겨 유대로 가라. 그리하여 당신의 제자들도 당신이 행하고 있는 일들을 보게 하라.

4절

οὐδεὶς γάρ τι ἐν κρυπτῷ ποιεῖ καὶ ζητεῖ αὐτὸς ἐν παρρησίᾳ εἶναι. εἰ ταῦτα ποιεῖς, φανέρωσον σεαυτὸν τῷ κόσμῳ.

왜냐하면 그 누구도 숨어서 무엇을 하면서 자신이 드러나기를 원하지 않기 때문이다. 만약 당신이 이것들을 행한다면, 세상에 당신 자신을 드러내라."

5절

οὐδὲ γὰρ οἱ ἀδελφοὶ αὐτοῦ ἐπίστευον εἰς αὐτόν.

왜냐하면 그의 형제들도 그를 믿지 않고 있었기 때문이다.

6절

λέγει οὖν αὐτοῖς ὁ Ἰησοῦς· ὁ καιρὸς ὁ ἐμὸς οὔπω πάρεστιν, ὁ δὲ καιρὸς ὁ ὑμέτερος πάντοτέ ἐστιν ἕτοιμος.

그러므로 예수는 그들에게 말한다. "나의 때는 아직 오지 않았다. 그러나 너희들의 때는 항상 준비되어 있다.

7절

οὐ δύναται ὁ κόσμος μισεῖν ὑμᾶς, ἐμὲ δὲ μισεῖ, ὅτι ἐγὼ μαρτυρῶ περὶ αὐτοῦ ὅτι τὰ ἔργα αὐτοῦ πονηρά ἐστιν.

세상은 너희를 미워할 수 없지만, 나를 미워한다. 이는 내가 그의 행위들을 악하다고 증거하기 때문이다.

8절

ὑμεῖς ἀνάβητε εἰς τὴν ἑορτήν· ἐγὼ οὐκ ἀναβαίνω εἰς τὴν ἑορτὴν ταύτην, ὅτι ὁ ἐμὸς καιρὸς οὔπω πεπλήρωται.

너희는 명절에 올라가라. 나는 이번 명절에는 올라가지 않는다. 왜냐하면 나의 때가 아직 채워지지 않았기 때문이다."

9절

ταῦτα δὲ εἰπὼν αὐτὸς ἔμεινεν ἐν τῇ Γαλιλαίᾳ.

그런데 그는 이것들을 말한 후 갈릴리에 머물고 있었다.

해설

예수의 형제들은 출세하려는 사람이 큰물에 나가서 놀아야지 답답하게 시골구석을 돌아다니면서 뭐 하는 거냐고 하면서 예수의 속을 긁어 놓는다. 그들은 지금 자신들이 사탄의 하수인 노릇을 하는 것도 모르면서 예수를 유혹하고 있다. 그들은 예수를 세상적 야망으로 가득한 인물로 생각하고 있던 것이다. 그들에게는 부모님의 집에서 함께 성장한 나사렛 예수가 이 세상을 구원하기 위해 육체로 나타난 영원한 로고스라는 것은 상상도 할 수 없는 일이었다. 대신에 그들은 나사렛 예수가 큰 인물이라는 것은 알아차리고, 예수를 통해 자기들도 한몫 잡아보겠다는 세상적 욕망을 품고 있다. 그들은 교묘한 말로 예수를 유혹하지만, 예수는 그들의 충동질에 넘어가지 않고 자기의 때를 온몸으로 채워간다.

예수의 지혜와 담력

요한복음 7:10-24

10절

Ὡς δὲ ἀνέβησαν οἱ ἀδελφοὶ αὐτοῦ εἰς τὴν ἑορτήν, τότε καὶ αὐτὸς ἀνέβη οὐ φανερῶς ἀλλ᾽ ὡς ἐν κρυπτῷ.

그런데 그의 형제들이 명절에 올라간 후에, 그때 그 자신도 드러내지 않고 대신에 숨어서 올라갔다.

11절

οἱ οὖν Ἰουδαῖοι ἐζήτουν αὐτὸν ἐν τῇ ἑορτῇ καὶ ἔλεγον· ποῦ ἐστιν ἐκεῖνος;

그러므로 유대인들이 그를 찾으며 말하고 있었다. "저 사람은 어디 있는가?"

12절

καὶ γογγυσμὸς περὶ αὐτοῦ ἦν πολὺς ἐν τοῖς ὄχλοις· οἱ μὲν ἔλεγον ὅτι ἀγαθός ἐστιν, ἄλλοι δὲ ἔλεγον· οὔ, ἀλλὰ πλανᾷ τὸν ὄχλον.

그리고 군중들 속에서 많은 수군거림이 있었다. 어떤 사람들은 "그는 착하다"라고, 그러나 다른 사람들은 "아니다. 그는 군중을 속이고 있다"

라고 말하고 있었다.

13절

οὐδεὶς μέντοι παρρησίᾳ ἐλάλει περὶ αὐτοῦ διὰ τὸν φόβον τῶν Ἰουδα
ίων.

그러나 그 누구도 유대인들에 대한 두려움 때문에 대놓고 그에 대하여
말하지 않고 있었다.

14절

Ἤδη δὲ τῆς ἑορτῆς μεσούσης ἀνέβη Ἰησοῦς εἰς τὸ ἱερὸν καὶ ἐδίδασκ
εν.

그런데 벌써 명절의 중간이 되었을 때 예수는 성전에 올라가 가르치고
있었다.

15절

ἐθαύμαζον οὖν οἱ Ἰουδαῖοι λέγοντες· πῶς οὗτος γράμματα οἶδεν
μὴ μεμαθηκώς;

그러므로 유대인들이 깜짝 놀라며 말하고 있었다. "이 사람은 배우지
않았는데 어떻게 글들을 아는가?"

16절

ἀπεκρίθη οὖν αὐτοῖς ὁ Ἰησοῦς καὶ εἶπεν· ἡ ἐμὴ διδαχὴ οὐκ ἔστιν
ἐμὴ ἀλλὰ τοῦ πέμψαντός με·

그러므로 예수가 그들에게 대답하며 말했다. "나의 교훈은 나의 것이

아니라 나를 보내신 분의 것이다.

17절

ἐάν τις θέλῃ τὸ θέλημα αὐτοῦ ποιεῖν, γνώσεται περὶ τῆς διδαχῆς πότερον ἐκ τοῦ θεοῦ ἐστιν ἢ ἐγὼ ἀπ᾽ ἐμαυτοῦ λαλῶ.

만약 누가 그분의 뜻을 행하기 원한다면, 그는 그 교훈에 대하여 그것이 하나님께로부터 온 것인지 아니면 내가 스스로 이야기하는지를 알게 될 것이다.

18절

ὁ ἀφ᾽ ἑαυτοῦ λαλῶν τὴν δόξαν τὴν ἰδίαν ζητεῖ· ὁ δὲ ζητῶν τὴν δόξαν τοῦ πέμψαντος αὐτὸν οὗτος ἀληθής ἐστιν καὶ ἀδικία ἐν αὐτῷ οὐκ ἔστιν.

그런데 자기 스스로 이야기하는 사람은 자기의 영광을 추구한다. 그러나 자기를 보내신 분의 영광을 추구하는 이 사람은 진실하고 그 안에 불의가 없다.

19절

Οὐ Μωϋσῆς δέδωκεν ὑμῖν τὸν νόμον; καὶ οὐδεὶς ἐξ ὑμῶν ποιεῖ τὸν νόμον. τί με ζητεῖτε ἀποκτεῖναι;

모세가 너희에게 율법을 주지 않았느냐? 그러나 너희들 중에 그 누구도 율법을 지키지 않는다. 왜 너희는 나를 죽이려고 찾고 있느냐?"

20절

ἀπεκρίθη ὁ ὄχλος· δαιμόνιον ἔχεις· τίς σε ζητεῖ ἀποκτεῖναι;

군중이 그에게 대답했다. "너는 귀신 들렸다. 누가 너를 죽이려고 찾고 있느냐?"

21절

ἀπεκρίθη Ἰησοῦς καὶ εἶπεν αὐτοῖς· ἓν ἔργον ἐποίησα καὶ πάντες θαυμ άζετε.

예수가 그들에게 대답하며 말했다. "한 가지 일을 내가 행하였다. 그런데 너희 모든 사람들이 깜짝 놀라고 있다.

22절

διὰ τοῦτο Μωϋσῆς δέδωκεν ὑμῖν τὴν περιτομήν – οὐχ ὅτι ἐκ τοῦ Μωϋσέως ἐστὶν ἀλλ᾽ ἐκ τῶν πατέρων – καὶ ἐν σαββάτῳ περιτέμνετε ἄνθρωπον.

모세가 너희에게 할례를 주었다는 이것 때문에 - 그것은 모세로부터 온 것이 아니고 대신에 조상들로부터 온 것이다 - 너희들은 안식일에도 사람에게 할례를 베푼다.

23절

εἰ περιτομὴν λαμβάνει ἄνθρωπος ἐν σαββάτῳ ἵνα μὴ λυθῇ ὁ νόμος Μωϋσέως, ἐμοὶ χολᾶτε ὅτι ὅλον ἄνθρωπον ὑγιῆ ἐποίησα ἐν σαββάτῳ;

만약 사람이 모세의 율법이 무너지지 않게 하기 위하여 안식일에 할례를 받는다면, 내가 안식일에 사람 전체를 온전케 했다는 것 때문에 너희들은 나에게 화를 내느냐?

24절

μὴ κρίνετε κατ᾽ ὄψιν, ἀλλὰ τὴν δικαίαν κρίσιν κρίνετε.

외모로 판단하지 말고 대신에 의로운 판단으로 판단하라."

해설

　나사렛 예수는 제자들과 함께 은밀히 예루살렘에 올라간다. 그는 초막절 축제가 한창 무르익어 갈 때 대담하게 유대교 권력의 심장부인 성전에 자기 모습을 드러내고 군중을 가르친다. 그는 군중의 지지와 보호 속에 교묘하게 숨어다니면서 활동하는데, 전술의 귀재라고 할 만큼 치밀하고 대담하다.

　군중들은 유대교 랍비 교육을 받은 적이 없는 무학력자인 예수의 신학적 지식에 놀란다. 나사렛 예수는 그것이 하늘에 계시는 아버지께로부터 받은 가르침이고, 자신은 자기 자신의 영광을 추구하지 않고 자기를 보내신 아버지의 영광을 추구하기 때문에 자신의 증거는 진실한 것이라고 말한다. 그러면서 자기가 안식일에 한 인간을 온전케 한 일로 유대교 지도자들이 자기를 죽이려고 찾고 있다는 사실을 폭로하며, 안식일 논쟁을 본격적으로 시작한다. 그것은 나사렛 예수가 이 세상에 영원한 안식을 주기 위해 오신 종말론적 구원자라는 것을 계시하려는 것이다.

　그러나 유대인들은 예수의 말을 믿지 않고 그를 귀신 들린 자로 몰아간다. 나사렛 예수는 거기에 대해 그들이 여러 가지 외적인 조건으로 자신을 판단하고 있다고 하면서 그들에게 올바른 판단을 촉구한다. 왜냐하면 성육신하신 로고스는 갈릴리 나사렛의 무명의 노동계급 출신의 무학력자로 세상에 나타났기 때문이다.

예수의 비밀

요한복음 7:25-31

25절

Ἔλεγον οὖν τινες ἐκ τῶν Ἱεροσολυμιτῶν· οὐχ οὗτός ἐστιν ὃν ζητοῦ
σιν ἀποκτεῖναι;

그러므로 예루살렘 시민들 중 어떤 사람들이 말하고 있었다. "이 사람은
그들이 죽이려고 찾고 있는 그 사람이 아니냐?

26절

καὶ ἴδε παρρησίᾳ λαλεῖ καὶ οὐδὲν αὐτῷ λέγουσιν. μήποτε ἀληθῶς
ἔγνωσαν οἱ ἄρχοντες ὅτι οὗτός ἐστιν ὁ χριστός;

그런데 보라! 그가 대놓고 이야기하고 있는데 그들은 그에게 아무런 말
도 하지 않고 있다. 지도자들은 참으로 이 사람이 그리스도라고 알고
있단 말인가?

27절

ἀλλὰ τοῦτον οἴδαμεν πόθεν ἐστίν· ὁ δὲ χριστὸς ὅταν ἔρχηται οὐδεὶς
γινώσκει πόθεν ἐστίν.

그러나 우리는 이 사람이 어디서 왔는지 알고 있다. 그런데 그리스도께서

오실 때에, 그 누구도 그가 어디서 오시는지 알지 못한다."

28절

ἔκραξεν οὖν ἐν τῷ ἱερῷ διδάσκων ὁ Ἰησοῦς καὶ λέγων· κἀμὲ οἴδατε καὶ οἴδατε πόθεν εἰμί· καὶ ἀπ᾽ ἐμαυτοῦ οὐκ ἐλήλυθα, ἀλλ᾽ ἔστιν ἀληθινὸς ὁ πέμψας με, ὃν ὑμεῖς οὐκ οἴδατε·

그러므로 예수는 성전에서 가르치면서 외치며 말했다. "너희는 나를 알고 내가 어디서 왔는지 안다. 그리고 나는 스스로 온 것이 아니다. 그러나 나를 보내신 그분은 진실하시고, 너희는 그분을 알지 못한다.

29절

ἐγὼ οἶδα αὐτόν, ὅτι παρ᾽ αὐτοῦ εἰμι κἀκεῖνός με ἀπέστειλεν.

나는 그분을 안다. 왜냐하면 내가 그분에게서 태어났고 그분이 나를 보내셨기 때문이다."

30절

Ἐζήτουν οὖν αὐτὸν πιάσαι, καὶ οὐδεὶς ἐπέβαλεν ἐπ᾽ αὐτὸν τὴν χεῖρα, ὅτι οὔπω ἐληλύθει ἡ ὥρα αὐτοῦ.

그러므로 그들이 그를 잡으려고 시도하고 있었으나, 그 누구도 그에게 손을 대지 못했다. 왜냐하면 아직 그의 시간이 오지 않았기 때문이다.

31절

Ἐκ τοῦ ὄχλου δὲ πολλοὶ ἐπίστευσαν εἰς αὐτὸν καὶ ἔλεγον· ὁ χριστὸς ὅταν ἔλθῃ μὴ πλείονα σημεῖα ποιήσει ὧν οὗτος ἐποίησεν;

그런데 군중 가운데 많은 사람들이 그를 믿으며 말하고 있었다. "그리스도가 오실 때 이 사람이 행한 것들보다 더 많은 표적을 행할 것인가?"

해설

유대인들은 나사렛 예수가 어디서 왔는지 안다. 그들은 예수가 갈릴리 나사렛 출신의 노동자이며, 유대교 랍비 교육을 받지 않은 무학력자라는 것을 알고 있다. 그런 예수가 자신은 하나님께로부터 태어나서 하나님께로부터 보내심을 받았다고 말하자 예수를 잡으려 한다. 그것은 한 인간이 자기를 신격화하는 신성모독이기 때문이다.

나사렛 예수의 정체는 그들에게 끝까지 숨겨진다. 그가 태초부터 계시는 로고스요 영원하신 하나님이시며 만물 위에 계시는 초월적 전능자인 것은 비밀로 남아있게 된다. 왜냐하면 그것을 아는 지식은 아버지께서 아들에게 주신 사람들에게만 주어지는 것이기 때문이다. 그것은 지금도 마찬가지다.

군중들 가운데는 예수의 표적들을 보고 믿는 사람들이 있었다. 그러나 그 믿음은 그리스도에 대한 참된 지식에 기초한 것이 아니기 때문에 환란이 닥쳐오면 무너진다.

커지는 궁금증

요한복음 7:32-36

32절

ἤκουσαν οἱ Φαρισαῖοι τοῦ ὄχλου γογγύζοντος περὶ αὐτοῦ ταῦτα, καὶ ἀπέστειλαν οἱ ἀρχιερεῖς καὶ οἱ Φαρισαῖοι ὑπηρέτας ἵνα πιάσωσιν αὐτόν.

그런데 바리새인들은 군중이 그에 대하여 이것들을 수군거리는 소리를 듣고 그를 잡기 위해 아랫사람들을 보냈다.

33절

Εἶπεν οὖν ὁ Ἰησοῦς· ἔτι χρόνον μικρὸν μεθ᾽ ὑμῶν εἰμι καὶ ὑπάγω πρὸς τὸν πέμψαντά με.

그러자 예수가 말했다. "아직 조금 더 나는 너희와 함께 있다. 그리고 나는 나를 보내신 분을 향하여 간다.

34절

ζητήσετέ με καὶ οὐχ εὑρήσετέ με, καὶ ὅπου εἰμὶ ἐγὼ ὑμεῖς οὐ δύνασθε ἐλθεῖν.

너희들은 나를 찾을 것이나 [나를] 발견하지 못할 것이다. 그리고 너희는 내가 있는 곳에 올 수 없다."

35절

εἶπον οὖν οἱ Ἰουδαῖοι πρὸς ἑαυτούς· ποῦ οὗτος μέλλει πορεύεσθαι
ὅτι ἡμεῖς οὐχ εὑρήσομεν αὐτόν; μὴ εἰς τὴν διασπορὰν τῶν Ἑλλήνων
μέλλει πορεύεσθαι καὶ διδάσκειν τοὺς Ἕλληνας;

그러므로 유대인들이 자신들을 향하여 말했다. "이 사람이 어디로 가기
에 우리가 그를 발견하지 못할 것이냐? 그가 헬라인들 중에 있는 디아스포
라에게 가서 헬라인들을 가르칠 작정인가?

36절

τίς ἐστιν ὁ λόγος οὗτος ὃν εἶπεν· ζητήσετέ με καὶ οὐχ εὑρήσετέ μὲ,
καὶ ὅπου εἰμὶ ἐγὼ ὑμεῖς οὐ δύνασθε ἐλθεῖν;

그가 말한, '너희들은 나를 찾을 것이나 [나를] 발견하지 못할 것이다.
그리고 내가 있는 곳에 너희는 올 수 없다'라는 이 말은 무엇인가?"

해설

　유대인들은 나사렛 예수의 말을 듣고 점점 더 미궁 속으로 빠져들어 간다. 왜냐하면 예수가 이렇게 말했기 때문이다.

　첫째, 예수는 자기를 보내신 아버지께로 돌아간다.
　둘째, 유대인들은 예수를 찾으나 발견하지 못한다.
　셋째, 유대인들은 예수가 있는 곳에 갈 수 없다.

　예수는 이제 이 세상을 떠나 자기를 보내신 아버지께로 돌아갈 준비를 하고 있다. 그것은 세상 사람들이 걸어가는 자연적 죽음의 길이 아니라 영원한 대속의 죽음을 통한 영광의 길이다. 그가 돌아가게 될 그곳은 오직 그를 믿고 영원한 생명을 얻은 자들만 따라갈 수 있는데, 그들은 창세 전에 이미 아버지께서 아들에게 주신 자들이다. 세상에는 택함 받은 자들이 따로 있는 것이다.
　그러나 유대인들은 예수의 말을 알아듣지 못하고, 예수가 유대를 떠나 헬라 세계로 가서 디아스포라 유대인들을 가르칠 작정이냐고 말한다. 그들은 철저하게 육신적인 생각에 젖어있고, 물질적 세계의 한계를 벗어나지 못하고 있다. 그들은 잔머리를 굴리며 쓸데없는 넘겨짚기에 능한 자들인데, 그들에게는 하나님을 사랑하는 사람들에게 하나님께서 주시는 신학적 상상력과 지혜가 부족하다.

성령의 강

요한복음 7:37-39

37절

Ἐν δὲ τῇ ἐσχάτῃ ἡμέρᾳ τῇ μεγάλῃ τῆς ἑορτῆς εἱστήκει ὁ Ἰησοῦς καὶ ἔκραξεν λέγων· ἐάν τις διψᾷ ἐρχέσθω πρός με καὶ πινέτω.

그런데 명절 마지막 큰 날에 예수는 서서 외치며 말했다. "만약 누가 목마르면 나를 향하여 와서 마셔라.

38절

ὁ πιστεύων εἰς ἐμέ, καθὼς εἶπεν ἡ γραφή, ποταμοὶ ἐκ τῆς κοιλίας αὐτοῦ ῥεύσουσιν ὕδατος ζῶντος.

나를 믿는 사람은 성경이 말한 바와 같이 그의 뱃속에서 생수의 강들이 흐를 것이다."

39절

τοῦτο δὲ εἶπεν περὶ τοῦ πνεύματος ὃ ἔμελλον λαμβάνειν οἱ πιστεύσαντες εἰς αὐτόν· οὔπω γὰρ ἦν πνεῦμα, ὅτι Ἰησοῦς οὐδέπω ἐδοξάσθη.

그런데 그는 이것을 장차 그를 믿는 사람들이 받게 될 성령에 대해 말했다. 그러나 아직 성령이 없었는데, 이는 아직 예수가 영광 받지 못했기 때문이다.

나사렛 예수는 자신을 믿는 사람들은 뱃속에서 성령의 강물이 흐르게 될 것이라고 말한다. 그리하여 예수 믿는 사람의 몸은 성령을 모시는 성전이 되고, 아버지와 아들의 교제에 참여하는 축복을 누리게 된다. 성령은 아버지께서 자기 안에 생명이 있듯이 아들 안에도 생명이 있게 하시려고 아들에게 주신 바로 그 생명(ζωή,조에)이다.

성령은 아들 안에 있다가 아들이 영광을 받은 후 아들의 몸에서 흘러나오는데, 아들의 영광은 십자가에서 계시된다. 그리고 그것을 통해 아들을 세상에 보내신 아버지께서 영광을 받으신다.

Καὶ ἔδειξέν μοι ποταμὸν ὕδατος ζωῆς λαμπρὸν ὡς κρύσταλλον, ἐκπορευόμενον ἐκ τοῦ θρόνου τοῦ θεοῦ καὶ τοῦ ἀρνίου.

그리고 그는 나에게 수정같이 빛나는 생수의 강을 보여주었는데, 그것은 하나님의 보좌와 어린 양으로부터 나오고 있었다(요한계시록 22:1).

성령은 성도들의 뱃속에서 흘러나와 아들의 실체를 계시한다. 그때 비로소 성도들은 나사렛 예수가 태초부터 계시는 로고스요, 영원하신 하나님이시며, 만물 위에 계시는 초월적 전능자라는 것을 아는 계시적 지식을 갖게 된다.

세상의 평가

요한복음 7:40-44

40절

Ἐκ τοῦ ὄχλου οὖν ἀκούσαντες τῶν λόγων τούτων ἔλεγον· οὗτός ἐστιν ἀληθῶς ὁ προφήτης·

그러므로 군중 속에서 이 말들을 들은 사람들이 말하고 있었다. "이 사람은 참으로 선지자다."

41절

ἄλλοι ἔλεγον· οὗτός ἐστιν ὁ χριστός, οἱ δὲ ἔλεγον· μὴ γὰρ ἐκ τῆς Γαλιλαίας ὁ χριστὸς ἔρχεται;

다른 사람들은 말하고 있었다. "이 사람은 그리스도다." 그런데 어떤 사람들은 말하고 있었다. "갈릴리에서 그리스도가 오느냐?

42절

οὐχ ἡ γραφὴ εἶπεν ὅτι ἐκ τοῦ σπέρματος Δαυὶδ καὶ ἀπὸ Βηθλέεμ τῆς κώμης ὅπου ἦν Δαυὶδ ἔρχεται ὁ χριστός;

성경은 그리스도가 다윗의 후손으로 다윗의 동네인 베들레헴에서 온다고 말하지 않았느냐?"

43절

σχίσμα οὖν ἐγένετο ἐν τῷ ὄχλῳ δι᾽ αὐτόν·

그러므로 그 때문에 군중 속에서 분열이 일어났다.

44절

τινὲς δὲ ἤθελον ἐξ αὐτῶν πιάσαι αὐτόν, ἀλλ᾽ οὐδεὶς ἐπέβαλεν ἐπ᾽ αὐτὸν τὰς χεῖρας.

그런데 그들 중 어떤 사람들은 그를 잡으려고 했다. 그러나 그 누구도 그에게 손을 대지 못했다.

해설

나사렛 예수에 대한 반응들

1. 그리스도

2. 유대인의 왕

3. 민중운동가

4. 인류의 스승

5. 선지자

6. 율법 파괴자

7. 이단의 괴수

8. 돌팔이

9. 사기꾼

10. 미친 사람

이천 년이 지난 지금도 예수에 대한 세상의 반응은 여전하다.

바리새인들의 광기

요한복음 7:45-52

45절

Ἦλθον οὖν οἱ ὑπηρέται πρὸς τοὺς ἀρχιερεῖς καὶ Φαρισαίους, καὶ εἶπον αὐτοῖς ἐκεῖνοι· διὰ τί οὐκ ἠγάγετε αὐτόν;

그러므로 아랫사람들이 대제사장들과 바리새인들을 향하여 왔다. 그러자 저들이 그들에게 말했다. "어찌하여 그를 끌어오지 않았느냐?"

46절

ἀπεκρίθησαν οἱ ὑπηρέται· οὐδέποτε ἐλάλησεν οὕτως ἄνθρωπος.

아랫사람들이 대답했다. "여태까지 사람이 이와 같이 이야기한 적이 없습니다."

47절

ἀπεκρίθησαν οὖν αὐτοῖς οἱ Φαρισαῖοι· μὴ καὶ ὑμεῖς πεπλάνησθε;

그러므로 바리새인들이 그들에게 대답했다. "너희들도 미혹 당했느냐?

48절

μή τις ἐκ τῶν ἀρχόντων ἐπίστευσεν εἰς αὐτὸν ἢ ἐκ τῶν Φαρισαίων;

지도자들이나 바리새인들 중에 누가 그를 믿었다는 것이냐?

49절

ἀλλ' ὁ ὄχλος οὗτος ὁ μὴ γινώσκων τὸν νόμον ἐπάρατοί εἰσιν.
그러나 율법을 모르는 이 군중은 저주받은 자들이다."

50절

λέγει Νικόδημος πρὸς αὐτούς, ὁ ἐλθὼν πρὸς αὐτὸν τὸ πρότερον,
εἷς ὢν ἐξ αὐτῶν·
바리새파의 하나이고 전에 그를 향하여 왔던 니고데모가 그들을 향하여
말한다.

51절

μὴ ὁ νόμος ἡμῶν κρίνει τὸν ἄνθρωπον ἐὰν μὴ ἀκούσῃ πρῶτον παρ'
αὐτοῦ καὶ γνῷ τί ποιεῖ;
"우리의 율법은 먼저 그에게서 듣고 그가 무엇을 행하는지 알지 않고서
사람을 판단한단 말이냐?"

52절

ἀπεκρίθησαν καὶ εἶπαν αὐτῷ· μὴ καὶ σὺ ἐκ τῆς Γαλιλαίας εἶ; ἐραύνη
σον καὶ ἴδε ὅτι ἐκ τῆς Γαλιλαίας προφήτης οὐκ ἐγείρεται.
그들이 그에게 대답하며 말했다. "너도 갈릴리 출신이냐? 연구해 보라.
갈릴리에서는 선지자가 일어나지 않는다."

해설

나사렛 예수를 체포하기 위해 바리새인들이 보낸 아랫사람들은 예루살렘 성전에 나타나 군중들 틈에서 예수의 설교를 듣고 감동하고 그냥 돌아간다. 아랫사람들이 나사렛 예수를 붙잡아 오지 않고 빈손으로 돌아오자, 바리새인들은 광기를 부리기 시작한다.

아랫사람들을 향하여서는 "너희들도 나사렛 예수에게 속았느냐?"라고 짜증 섞인 분노를 발한다. 그리고 애꿎은 군중을 향하여서는 모세의 율법을 모르는 저주받은 자들이라고 욕설을 퍼붓는다. 그들은 민중을 멸시하며 종교적 교리를 통해 지배해야 할 대상으로 보고 있다. 이것은 민중을 사랑하고 민중의 친구였던 나사렛 예수와 대비된다.

또한 바리새인들의 비이성적인 행동에 용감하게 맞서는 니고데모를 향하여서는, "너도 갈릴리 사람이냐?"라고 윽박지르며 입을 막아버린다. 이것은 종교 권력을 가지고 있는 교권주의자들의 전형적인 모습이다.

그러나 성경에 기록된 나사렛 예수의 모습은 전혀 다르다. 그의 말은 철학적이고 논리적이며 기품이 있고 온화하다. 그에게는 독단이나 아집으로 사람을 짓누르는 종교적 위선을 찾아볼 수 없다. 그의 설교는 탁월한 문학성과 예술성을 지니고 있으며 그의 삶은 인간적이고 민중적이다.

그 남자는 어디에?

요한복음 7:53-8:11

7장 53절

⟦ Καὶ ἐπορεύθησαν ἕκαστος εἰς τὸν οἶκον αὐτοῦ,

그리고 그들은 각자 자기의 집으로 갔다.

8장 1절

Ἰησοῦς δὲ ἐπορεύθη εἰς τὸ ὅρος τῶν ἐλαιῶν.

그러나 예수는 올리브 나무들의 산으로 갔다.

2절

Ὄρθρου δὲ πάλιν παρεγένετο εἰς τὸ ἱερὸν καὶ πᾶς ὁ λαὸς ἤρχετο πρὸς αὐτόν, καὶ καθίσας ἐδίδασκεν αὐτούς.

그런데 그는 새벽에 다시 성전에 나타났고, 백성은 그를 향하여 오고 있었다. 그리고 그는 앉아서 그들을 가르치고 있었다.

3절

Ἄγουσιν δὲ οἱ γραμματεῖς καὶ οἱ Φαρισαῖοι γυναῖκα ἐπὶ μοιχείᾳ κατει λημμένην καὶ στήσαντες αὐτὴν ἐν μέσῳ

그런데 서기관들과 바리새인들은 간음 중에 붙잡힌 여자를 끌고 와서
가운데 세운 후

4절

λέγουσιν αὐτῷ· διδάσκαλε, αὕτη ἡ γυνὴ κατείληπται ἐπ᾽ αὐτοφώρ
ῳ μοιχευομένη·

그에게 말한다. "선생이여, 이 여자는 간음 현장에서 잡혔다.

5절

ἐν δὲ τῷ νόμῳ ἡμῖν Μωϋσῆς ἐνετείλατο τὰς τοιαύτας λιθάζειν. σὺ
οὖν τί λέγεις;

그런데 모세는 율법에서 우리에게 이런 여자들은 돌로 쳐 죽이라고 명령
했다. 그러므로 당신은 무엇을 말하느냐?"

6절

τοῦτο δὲ ἔλεγον πειράζοντες αὐτόν, ἵνα ἔχωσιν κατηγορεῖν αὐτοῦ.
ὁ δὲ Ἰησοῦς κάτω κύψας τῷ δακτύλῳ κατέγραφεν εἰς τὴν γῆν.

그런데 그들이 이것을 말하고 있었던 것은 그를 고발할 것을 얻기 위해
그를 시험하려는 것이었다. 그러나 예수는 아래로 몸을 굽히고 손가락으
로 땅에 (무엇인가를) 그리고 있었다.

7절

ὡς δὲ ἐπέμενον ἐρωτῶντες αὐτόν, ἀνέκυψεν καὶ εἶπεν αὐτοῖς· ὁ
ἀναμάρτητος ὑμῶν πρῶτος ἐπ᾽ αὐτὴν βαλέτω λίθον.

그런데 그들이 계속해서 그를 추궁하자, 그가 몸을 일으키고 나서 그들에게 말했다. 너희 중에 죄 없는 사람이 먼저 그녀에게 돌을 던져라.

8절

καὶ πάλιν κατακύψας ἔγραφεν εἰς τὴν γῆν.

그리고 다시 몸을 아래로 구부리고 땅에 (무엇인가를) 그리고 있었다.

9절

οἱ δὲ ἀκούσαντες ἐξήρχοντο εἷς καθ᾽ εἷς ἀρξάμενοι ἀπὸ τῶν πρεσβυτέρων καὶ κατελείφθη μόνος καὶ ἡ γυνὴ ἐν μέσῳ οὖσα.

그러자 그들이 듣고 늙은이들로부터 시작하여 한 사람씩 떠나고 있었다. 그리고 그와 더불어 가운데 있는 그 여자만 남겨졌다.

10절

ἀνακύψας δὲ ὁ Ἰησοῦς εἶπεν αὐτῇ· γύναι, ποῦ εἰσιν; οὐδείς σε κατέκρινεν;

그러자 예수는 몸을 일으키고 나서 그녀에게 말했다. "여자여, 그들은 어디 있느냐? 아무도 너를 정죄하지 않았느냐?"

11절

ἡ δὲ εἶπεν· οὐδείς, κύριε. εἶπεν δὲ ὁ Ἰησοῦς· οὐδὲ ἐγώ σε κατακρίνω· πορεύου, καὶ ἀπὸ τοῦ νῦν μηκέτι ἁμάρτανε.]

그러자 그녀가 말했다. "아무도 없어요, 주님." 그러자 예수가 말했다. "나도 너를 정죄하지 않는다. 가라. 그리고 지금부터 더 이상 죄를 짓지 마라."

성경에는 성적 스캔들에 관한 이야기들이 많이 있다. 그리고 성적 타락의 표상으로 등장하는 것은 항상 여자들이다.

에스겔서 16장의 음녀로 타락한 예루살렘, 누가복음 7장의 눈물로 예수의 발을 적시고 있는 죄 많은 여자, 요한복음 4장의 남자관계가 복잡한 사마리아 여자, 요한복음 8장의 간음 현장에서 붙잡혀 온 여자….

간음은 남녀 간에 일어나는 사건임에도 불구하고 잡혀 온 것은 여자 혼자다. 도대체 그 남자는 어디 있는가? 남자는 율법의 심판에서 면제되고 여자 혼자 모든 죄를 뒤집어쓴다.

이 이야기 속에서 간음 현장에서 잡혀 와 고발당하는 것은 여자이고, 여자를 잡아 와 예수에게 고발하는 서기관들과 바리새인들은 남자들이다. 육체의 정욕 때문에 죄를 짓고 율법에 의해 정죄당하는 연약한 인생은 여성으로 표상되어 있다. 그리고 죄 많은 연약한 인생을 율법으로 고발하는 율법은 남성적 지배 이데올로기로 작동하고 있는데, 그것은 육체의 연약함 속에 있는 인간을 죽이는 기능을 하고 있다.

한편 나사렛 예수는 남성과 여성의 한계를 초월한 심판자의 위치에 있다. 그리고 예수는 율법의 정죄로부터 죄 많은 여인을 구원하는데, 이 여인은 율법의 지배 아래 있는 인류의 표상이다.

세상의 빛

요한복음 8:12-20

12절

Πάλιν οὖν αὐτοῖς ἐλάλησεν ὁ Ἰησοῦς λέγων· ἐγώ εἰμι τὸ φῶς τοῦ κόσμου· ὁ ἀκολουθῶν ἐμοὶ οὐ μὴ περιπατήσῃ ἐν τῇ σκοτίᾳ, ἀλλ᾽ ἕξει τὸ φῶς τῆς ζωῆς.

그러므로 예수는 다시 그들에게 이야기하며 말했다. "나는 세상의 빛이다. 나를 따르는 사람은 결코 어둠 속에 다니지 않고 대신에 생명의 빛을 가질 것이다."

13절

Εἶπον οὖν αὐτῷ οἱ Φαρισαῖοι· σὺ περὶ σεαυτοῦ μαρτυρεῖς· ἡ μαρτυρία σου οὐκ ἔστιν ἀληθής.

그러므로 바리새인들이 그에게 말했다. "당신은 당신 자신에 대하여 증거하고 있다. 그러므로 당신의 증언은 진실하지 않다."

14절

ἀπεκρίθη Ἰησοῦς καὶ εἶπεν αὐτοῖς· κἂν ἐγὼ μαρτυρῶ περὶ ἐμαυτοῦ, ἀληθής ἐστιν ἡ μαρτυρία μου, ὅτι οἶδα πόθεν ἦλθον καὶ ποῦ ὑπάγω·

ὑμεῖς δὲ οὐκ οἴδατε πόθεν ἔρχομαι ἢ ποῦ ὑπάγω.

예수가 그들에게 대답하며 말했다. "내가 나 자신에 대해 증언할지라도 나의 증언은 참되다. 왜냐하면 나는 내가 어디서 와서 어디로 가는지 알고 있기 때문이다. 그러나 너희들은 내가 어디서 와서 어디로 가는지 알지 못하고 있다.

15절

ὑμεῖς κατὰ τὴν σάρκα κρίνετε, ἐγὼ οὐ κρίνω οὐδένα.

너희들은 육체를 따라 판단하지만, 나는 아무도 판단하지 않는다.

16절

καὶ ἐὰν κρίνω δὲ ἐγώ, ἡ κρίσις ἡ ἐμὴ ἀληθινή ἐστιν, ὅτι μόνος οὐκ εἰμί, ἀλλ' ἐγὼ καὶ ὁ πέμψας με πατήρ.

그리고 내가 판단할지라도 나의 판단은 참되다. 왜냐하면 나는 혼자가 아니고, 나와 나를 보내신 아버지께서 (함께 계시기 때문이다).

17절

καὶ ἐν τῷ νόμῳ δὲ τῷ ὑμετέρῳ γέγραπται ὅτι δύο ἀνθρώπων ἡ μαρτυρία ἀληθής ἐστιν.

그리고 너희의 율법에도 '두 사람의 증언은 참되다'라고 기록되어 있다.

18절

ἐγώ εἰμι ὁ μαρτυρῶν περὶ ἐμαυτοῦ καὶ μαρτυρεῖ περὶ ἐμοῦ ὁ πέμψας με πατήρ.

나는 나 자신에 대해 증언하는 자다. 그리고 나를 보내신 아버지께서
나에 대하여 증언하신다."

19절

Ἔλεγον οὖν αὐτῷ· ποῦ ἐστιν ὁ πατήρ σου; ἀπεκρίθη Ἰησοῦς· οὔτε
ἐμὲ οἴδατε οὔτε τὸν πατέρα μου· εἰ ἐμὲ ᾔδειτε, καὶ τὸν πατέρα μου ἂν
ᾔδειτε.

그러므로 그들이 그에게 말하고 있었다. "당신의 아버지가 어디 계시느
냐?" 예수가 대답했다. "너희들은 나도 모르고 나의 아버지도 모른다.
만약 너희가 나를 알았다면 나의 아버지도 알았을 것이다."

20절

Ταῦτα τὰ ῥήματα ἐλάλησεν ἐν τῷ γαζοφυλακίῳ διδάσκων ἐν τῷ
ἱερῷ· καὶ οὐδεὶς ἐπίασεν αὐτόν, ὅτι οὔπω ἐληλύθει ἡ ὥρα αὐτοῦ.

그는 이것들을 성전에서 가르치면서 헌금함에서 말했다. 그러나 그 누구
도 그를 잡지 않았다. 왜냐하면 아직 그의 시간이 오지 않았기 때문이다.

해설

나사렛 예수는 간음 현장에서 잡혀 온 여인을 율법주의자들의 손에서 구출한 후 자신을 세상의 빛이라고 선언한다. 그의 선언은 세상이 어둠인 것을 폭로하고 있다. 그 폭로는 그의 목숨을 빼앗아 갈 것이다. 그것은 세상의 지배자들에 대한 도전이기 때문이다.

어둠 속에 있는 사람들은 세상이 어둠인 것을 모르고 있다. 그들은 어둠에 익숙해 있고 그것이 정상이라고 생각한다. 그런데 하나님의 아들이 나타나 세상의 실체를 드러내고 있다. 이제 세상의 실체와 함께 그 어둠의 지배자들의 실체도 드러난다. 그들은 세상의 실체를 폭로한 그를 제거해야 한다. 그렇지 않으면 그들은 망할 것이기 때문이다.

세상의 어둠은 죄이고, 그 어둠 속의 지배자는 죽음의 세력인 율법이다. 죄와 죽음, 어둠과 절망의 장소인 세상은 스스로를 구원할 수 없다. 세상의 구원은 오직 밖에서만 오직 하나님께로부터만 올 수 있다. 나사렛 예수는 죄와 죽음의 세력이 지배하는 세상에 의과 생명을 주기 위해 나타난 빛이다. 그는 죄와 죽음과 저주 대신에 의와 생명과 축복을 가지고 왔다. 그는 자신의 죽음과 부활을 통해 죄와 죽음의 세력을 파멸시키고 세상을 하나님의 의와 생명으로 가득 채울 것이다.

그러나 세상은 그의 증거를 받아들이지 않는다. 왜냐하면 그들은 그가 어디서 왔는지 모르기 때문이다. 그는 영광의 본체이신 하나님에게서 홀로 태어나신 영광의 아들이다. 그러나 그들은 그의 아버지를 모르기 때문에 그분의 아들도 알 수 없다.

그의 말과 행동은 기이하고 이해할 수 없다. 유대인들은 그의 말을 들을수록 미궁 속으로 빠져들어 간다. 그는 자기가 하늘에서 내려온 존재라고 주장하면서 자신의 아버지에 대해 이야기한다. 그러나 유대인들은 그의 말을 받아들이지 않는다. 그것은 세상의 힘으로는 받아들일 수 없는 것이기 때문이다.

세상과 나사렛 예수는 서로 평행선을 달리고 있을 뿐이다. 그 간격은 사람의 힘으로는 뛰어넘을 수 없다. 오직 성령의 능력으로만 건너갈 수 있다.

그는 세상에 대해 판단할 것이 많이 있다. 그러나 그는 아무도 판단하지 않고 모든 판단을 아버지께 맡긴다.

예수가 가는 곳

요한복음 8:21-30

21절

Εἶπεν οὖν πάλιν αὐτοῖς· ἐγὼ ὑπάγω καὶ ζητήσετέ με, καὶ ἐν τῇ ἁμαρτί
ᾳ ὑμῶν ἀποθανεῖσθε· ὅπου ἐγὼ ὑπάγω ὑμεῖς οὐ δύνασθε ἐλθεῖν.

그러므로 그가 다시 그들에게 말했다. "나는 간다. 그리고 너희들은 나를
찾을 것이다. 그러나 너희들은 너희들의 죄 속에서 죽을 것이다. 그리고
내가 가는 곳에 너희들은 올 수 없다."

22절

Ἔλεγον οὖν οἱ Ἰουδαῖοι· μήτι ἀποκτενεῖ ἑαυτόν, ὅτι λέγει· Ὅπου ἐγὼ
ὑπάγω ὑμεῖς οὐ δύνασθε ἐλθεῖν;

그러므로 유대인들이 말했다. "그가 '내가 가는 곳에 너희들은 올 수 없다'
고 말하니, 그가 자살한다는 것인가?"

23절

καὶ ἔλεγεν αὐτοῖς· ὑμεῖς ἐκ τῶν κάτω ἐστέ, ἐγὼ ἐκ τῶν ἄνω εἰμί·
ὑμεῖς ἐκ τούτου τοῦ κόσμου ἐστέ, ἐγὼ οὐκ εἰμὶ ἐκ τοῦ κόσμου τούτου.

그러자 그가 그들에게 말했다, "너희들은 아래에 속해 있으나, 나는 진정

위에 속해 있다. 너희들은 이 세상에 속해 있으나, 나는 이 세상에 속해 있지 않다.

24절

εἶπον οὖν ὑμῖν ὅτι ἀποθανεῖσθε ἐν ταῖς ἁμαρτίαις ὑμῶν· ἐὰν γὰρ μὴ πιστεύσητε ὅτι ἐγώ εἰμι, ἀποθανεῖσθε ἐν ταῖς ἁμαρτίαις ὑμῶν.

그러므로 나는 너희에게 너희는 너희들의 죄들 속에서 죽을 것이라고 말했다. 참으로 너희가 내가 그라는 것을 믿지 않으면 너희는 너희들의 죄들 속에서 죽을 것이다."

25절

Ἔλεγον οὖν αὐτῷ· σὺ τίς εἶ; εἶπεν αὐτοῖς ὁ Ἰησοῦς· τὴν ἀρχὴν ὅ τι καὶ λαλῶ ὑμῖν;

그러므로 그들이 그에게 말하고 있었다. "당신은 누구냐?" 예수가 그들에게 말했다. "근원이 무엇인지 내가 또 너희에게 이야기해야 하느냐?

26절

πολλὰ ἔχω περὶ ὑμῶν λαλεῖν καὶ κρίνειν, ἀλλ᾽ ὁ πέμψας με ἀληθής ἐστιν, κἀγὼ ἃ ἤκουσα παρ᾽ αὐτοῦ ταῦτα λαλῶ εἰς τὸν κόσμον.

나는 너희에 대해 이야기하고 판단할 것을 많이 가지고 있다. 그러나 나를 보내신 아버지께서 참되시고, 나는 그분에게서 들은 이것들을 세상에 이야기하고 있다."

27절

οὐκ ἔγνωσαν ὅτι τὸν πατέρα αὐτοῖς ἔλεγεν.

그들은 그가 그들에게 아버지를 말하고 있는 것을 알지 못했다.

28절

εἶπεν οὖν αὐτοῖς ὁ Ἰησοῦς· ὅταν ὑψώσητε τὸν υἱὸν τοῦ ἀνθρώπου,
τότε γνώσεσθε ὅτι ἐγώ εἰμι, καὶ ἀπ᾽ ἐμαυτοῦ ποιῶ οὐδέν, ἀλλὰ καθὼς
ἐδίδαξέν με ὁ πατὴρ ταῦτα λαλῶ.

그러므로 예수가 그들에게 말했다. "너희들은 너희가 사람의 아들을 높
이 들어 올렸을 때 내가 그라는 것과, 내가 스스로 아무것도 행하지 않는다
는 것과, 대신에 아버지께서 나를 가르치신 대로 이것들을 내가 이야기하
고 있다는 것을 알게 될 것이다.

29절

καὶ ὁ πέμψας με μετ᾽ ἐμοῦ ἐστιν· οὐκ ἀφῆκέν με μόνον, ὅτι ἐγὼ
τὰ ἀρεστὰ αὐτῷ ποιῶ πάντοτε.

그리고 나를 보내신 그분께서 나와 함께 계신다. 그분은 나를 혼자 내버려
두지 않으시는데, 이는 내가 항상 그분께 기쁨이 되는 일들을 행하고
있기 때문이다."

30절

Ταῦτα αὐτοῦ λαλοῦντος πολλοὶ ἐπίστευσαν εἰς αὐτόν.

그가 이것들을 이야기할 때 많은 사람들이 그를 믿었다.

해설

　나사렛 예수는 영광의 본체이신 아버지에게서 태어나서 아버지와 함께 있다가 아버지의 보내심을 받고 세상에 온 영광의 아들이다. 그리고 그는 아버지께서 명하신 일을 마치고 나면 다시 아버지께로 돌아간다. 그는 영광의 본체이신 아버지에게서 나와서 다시 아버지에게로 돌아간다.

　유대인들이 나사렛 예수가 어디로 가는지를 알지 못하는 것은 영광의 본체이신 그의 아버지를 모르기 때문이다. 나사렛 예수는 처음부터 자신의 근원인 아버지에 대해 이야기하고 있으나, 그들은 알아듣지 못한다.

　엉뚱한 일에 상상력이 풍부한 유대인들은 나사렛 예수가 이 세상을 떠나 다시 아버지께로 돌아갈 것이며 그들은 그가 가는 곳에 올 수 없다고 이야기하자 그가 자살하려고 하는 것이냐고 말한다. 결국 그들은 죄 가운데 방황하다가 죽게 될 것인데, 그들은 과녁을 잃어버린 화살처럼 광활한 우주 공간 속에서 헤매다가 죽게 될 것이다. 그들은 나사렛 예수가 아버지께서 보내신 영광의 아들이며, 또한 인류가 떠나온 본향인 하나님 영광의 본체 속으로 돌아가는 길이라는 것을 알지 못한다. 만약 그들이 하나님을 알고 있었다면 그분이 보내신 아들도 알았을 것이다.

자유케 하시는 성령

요한복음 8:31-38

31절

Ἔλεγεν οὖν ὁ Ἰησοῦς πρὸς τοὺς πεπιστευκότας αὐτῷ Ἰουδαίους·
ἐὰν ὑμεῖς μείνητε ἐν τῷ λόγῳ τῷ ἐμῷ, ἀληθῶς μαθηταί μού ἐστε

그러므로 예수는 자기를 믿는 유대인들을 향하여 말하고 있었다. "만약
너희가 나의 말 안에 거하면 너희는 참으로 나의 제자들이다.

32절

καὶ γνώσεσθε τὴν ἀλήθειαν, καὶ ἡ ἀλήθεια ἐλευθερώσει ὑμᾶς.

그리고 너희는 진리를 알게 될 것이다. 그리고 진리가 너희를 자유케
할 것이다."

33절

ἀπεκρίθησαν πρὸς αὐτόν· σπέρμα Ἀβραάμ ἐσμεν καὶ οὐδενὶ δεδουλ
εύκαμεν πώποτε· πῶς σὺ λέγεις ὅτι ἐλεύθεροι γενήσεσθε;

사람들이 그를 향하여 말했다. "우리는 아브라함의 후손이다. 그리고
여태까지 누구에게도 종살이한 적이 없다. 그런데 당신은 어떻게 너희가
자유인들이 될 것이라고 말하느냐?"

34절

ἀπεκρίθη αὐτοῖς ὁ Ἰησοῦς· ἀμὴν ἀμὴν λέγω ὑμῖν ὅτι πᾶς ὁ ποιῶν τὴν ἁμαρτίαν δοῦλός ἐστιν τῆς ἁμαρτίας.

예수가 그들에게 대답했다. "내가 진실로 진실로 너희에게 말하건대 죄를 짓는 모든 사람은 죄의 노예다.

35절

ὁ δὲ δοῦλος οὐ μένει ἐν τῇ οἰκίᾳ εἰς τὸν αἰῶνα, ὁ υἱὸς μένει εἰς τὸν αἰῶνα.

그런데 종은 영원히 집에 거하지 못하지만, 아들은 영원히 거한다.

36절

ἐὰν οὖν ὁ υἱὸς ὑμᾶς ἐλευθερώσῃ, ὄντως ἐλεύθεροι ἔσεσθε.

그러므로 아들이 너희를 자유케 하면 너희는 온전히 자유인들이 될 것이다.

37절

Οἶδα ὅτι σπέρμα Ἀβραάμ ἐστε· ἀλλὰ ζητεῖτέ με ἀποκτεῖναι, ὅτι ὁ λόγος ὁ ἐμὸς οὐ χωρεῖ ἐν ὑμῖν.

나는 너희들이 아브라함의 후손이라는 것을 알고 있다. 그러나 너희는 나를 죽이려고 찾고 있는데, 이것은 나의 말이 너희들 속에서 자리를 잡지 못하고 있기 때문이다.

38절

ἃ ἐγὼ ἑώρακα παρὰ τῷ πατρὶ λαλῶ· καὶ ὑμεῖς οὖν ἃ ἠκούσατε παρὰ τοῦ πατρὸς ποιεῖτε.

나는 아버지 곁에서 본 것들을 이야기한다. 그리고 너희는 너희의 아버지에게 들은 것들을 행하고 있다."

해설

나사렛 예수는 지금 성령에 대해 이야기하고 있다. 예수의 말 안에 거한다는 것은 예수를 믿는 것이다. 예수를 믿는 자는 그의 뱃속에서 성령의 강이 흐른다. 그 성령은 하나님의 영광의 본질이다. 영광의 본질이신 성령은 육체를 지배하고 있는 죄의 힘으로부터 우리를 해방하는 능력이다. 인간의 본체는 육체이고, 인간은 스스로 육체의 한계를 뛰어넘지 못하고, 죄의 힘을 이길 수 없다. 성령이 오시는 것은 우리를 움켜쥐고 있는 죄의 힘으로부터 해방하여 우리를 아들의 영광에 참여시키기 위함이다.

나사렛 예수의 몸 안에 가득 차 있는 성령은 그의 십자가 죽음으로 폭발하여 온 세상을 생명으로 가득 채운다. 그리하여 누구든지 그의 이름을 믿는 자는 하나님의 영광의 본질인 성령을 소유할 수 있다. 그는 하나님의 영광의 자녀의 권세를 갖게 되고, 예수와 함께 아버지의 영광으로 들어가는 영원한 축복을 누린다.

그러나 유대인들은 예수의 말을 알아듣지 못한다. 그것은 그들 속에 예수의 말씀이 자리 잡을 장소가 없기 때문이다. 그들 속에는 자기 자신들의 영광으로 가득 차 있기에 하늘로부터 오는 아들의 영광이 자리 잡을 곳이 없다. 그들은 결국 육체 안에서 죄의 노예로 살다가 죄 가운데 죽게 된다.

신학적 세계관

요한복음 8:39-47

39절

Ἀπεκρίθησαν καὶ εἶπαν αὐτῷ· ὁ πατὴρ ἡμῶν Ἀβραάμ ἐστιν. λέγει αὐτοῖς ὁ Ἰησοῦς· εἰ τέκνα τοῦ Ἀβραάμ ἐστε, τὰ ἔργα τοῦ Ἀβραὰμ ἐποιεῖτε·

그러자 그들이 그에게 대답하며 말했다. "우리의 아버지는 아브라함이다." 예수가 그들에게 말한다. "만약 너희가 그 아브라함의 자녀들이면, 그 아브라함의 일들을 행했을 것이다.

40절

νῦν δὲ ζητεῖτέ με ἀποκτεῖναι ἄνθρωπον ὃς τὴν ἀλήθειαν ὑμῖν λελάληκα ἣν ἤκουσα παρὰ τοῦ θεοῦ· τοῦτο Ἀβραὰμ οὐκ ἐποίησεν.

그런데 너희는 지금 하나님께 들은 진리를 너희에게 이야기한 사람인 나를 죽이려고 찾고 있다. 아브라함은 이 일을 하지 않았다.

41절

ὑμεῖς ποιεῖτε τὰ ἔργα τοῦ πατρὸς ὑμῶν. Εἶπαν οὖν αὐτῷ· ἡμεῖς ἐκ πορνείας οὐ γεγεννήμεθα, ἕνα πατέρα ἔχομεν τὸν θεόν.

너희는 너희 아버지의 일들을 행하고 있다." [그러므로] 그들이 그에게 말했다. "우리는 음행으로부터 태어나지 않았다. 우리는 하나님을 한 분이신 아버지로 가지고 있다."

42절

εἶπεν αὐτοῖς ὁ Ἰησοῦς· εἰ ὁ θεὸς πατὴρ ὑμῶν ἦν ἠγαπᾶτε ἂν ἐμέ, ἐγὼ γὰρ ἐκ τοῦ θεοῦ ἐξῆλθον καὶ ἥκω· οὐδὲ γὰρ ἀπ᾽ ἐμαυτοῦ ἐλήλυθα, ἀλλ᾽ ἐκεῖνός με ἀπέστειλεν.

예수가 그들에게 말했다. "만약 하나님이 너희의 아버지였으면, 진정 나를 사랑했을 것이다. 왜냐하면 나는 하나님께로부터 태어나서 왔기 때문이다. 나는 결코 스스로 온 것이 아니다. 대신에 저분이 나를 보내신 것이다.

43절

διὰ τί τὴν λαλιὰν τὴν ἐμὴν οὐ γινώσκετε; ὅτι οὐ δύνασθε ἀκούειν τὸν λόγον τὸν ἐμόν.

무엇 때문에 너희는 나의 이야기를 알지 못하느냐? 그것은 너희가 나의 말을 들을 수 없기 때문이다.

44절

ὑμεῖς ἐκ τοῦ πατρὸς τοῦ διαβόλου ἐστὲ καὶ τὰς ἐπιθυμίας τοῦ πατρὸς ὑμῶν θέλετε ποιεῖν. ἐκεῖνος ἀνθρωποκτόνος ἦν ἀπ᾽ ἀρχῆς καὶ ἐν τῇ ἀληθείᾳ οὐκ ἔστηκεν, ὅτι οὐκ ἔστιν ἀλήθεια ἐν αὐτῷ. ὅταν λαλῇ τὸ ψεῦδος, ἐκ τῶν ἰδίων λαλεῖ, ὅτι ψεύστης ἐστὶν καὶ ὁ πατὴρ αὐτοῦ.

너희는 아버지 마귀에게 속해 있고 너희 아버지의 욕심을 행하기를 원하고 있다. 저는 처음부터 살인자이고 진리 안에 서지 않았다. 왜냐하면 그 안에 진리가 없기 때문이다. 그는 거짓을 이야기할 때, 자기의 것들로부터 이야기한다. 왜냐하면 그는 거짓말쟁이고 거짓말쟁이의 아버지이기 때문이다.

45절

ἐγὼ δὲ ὅτι τὴν ἀλήθειαν λέγω, οὐ πιστεύετέ μοι.

그런데 내가 진리를 말하기 때문에, 너희는 나를 믿지 않는다.

46절

τίς ἐξ ὑμῶν ἐλέγχει με περὶ ἁμαρτίας; εἰ ἀλήθειαν λέγω, διὰ τί ὑμεῖς οὐ πιστεύετέ μοι;

너희 중에 누가 나를 죄에 대하여 책망하겠느냐? 만약 내가 진리를 말하면, 어찌하여 너희는 나를 믿지 않느냐?

47절

ὁ ὢν ἐκ τοῦ θεοῦ τὰ ῥήματα τοῦ θεοῦ ἀκούει· διὰ τοῦτο ὑμεῖς οὐκ ἀκούετε, ὅτι ἐκ τοῦ θεοῦ οὐκ ἐστέ.

하나님께 속한 사람은 하나님의 말씀들을 듣는다. 이 때문에 너희는 듣지 못하는 것이니, 이는 너희가 하나님께 속하지 않기 때문이다."

해설

나사렛 예수가 자신의 아버지에 대해 이야기하자 유대인들은 자기들은 음행으로부터 태어나지 않았고, 오직 하나님을 한 분이신 아버지로 가지고 있다고 말한다. 이것은 예수의 탄생 비밀에 대한 비방이다. 그들은 예수가 동정녀 마리아의 몸에 성령의 능력으로 잉태되어 태어난 것을 인정하지 않고, 예수를 음행(πορνεια, 포르네이아)으로 태어난 사생아라고 공격한다.

πορνεια(포르네이아, 음행)는 πορνη(포르네, 창녀)와 함께 περνημι(페르네미, 팔다)에서 파생된 단어인데, 이것은 예수님의 어머니 마리아를 창녀 취급하는 말이다.

유대인들이 예수의 어머니를 모독하는 것은 예수를 흥분시켜 무너뜨리려는 사탄의 심리 전술이다. 그러나 예수는 사탄의 계략에 넘어가지 않는다.

나사렛 예수는 그들이 자기 말을 믿지 않는 것은 그들이 하나님께 속한 자들이 아니고 마귀에게 속한 자들이기 때문이라고 말한다. 마귀는 처음부터 진리의 성령 안에 서 있지 않고 거짓말을 지어내는 자이며, 하나님의 형상인 사람을 하나님의 생명의 본질인 성령으로부터 분리해 죽음에 이르게 만든 살인자다. 하나님의 영이 떠난 인간은 더 이상 하나님의 얼굴을 볼 수 없게 되었는데, 이것이 영적 죽음이다. 그리고 영적 죽음을 따라 육체의 죽음이 들어오고 온 세상은 죽음이 왕 노릇을 하는 어둠의 장소가 되었다. 하나님의 아들이 세상에 나타난 것은 자신의 십자가 죽음을 통해 온 세상에 생명의 영이신 성령을 가득 채우기 위함이다. 성령을 회복한 사람은 다시 하나님의 영광의 얼굴을 볼 수 있게 되는데, 이것이 바로 구원이다.

세상에는 하나님께 속한 사람이 있고, 마귀에게 속한 사람이 있다. 그것은 이미 창세 전에 결정된 일이다. 그것은 인간의 의지를 뛰어넘는 하나님의 절대 주권적인 영역이다. 이것은 우리에게 하나의 신학적 세계관을 제공하는데, 그 신학적 세계관을 소유한 사람의 눈에 보이는 것은 하나님의 절대 주권적인 의지와 통치뿐이다.

하나님께 속한 사람은 하나님의 진리의 말씀을 알아듣는다. 그것은 그가 이미 하나님의 사랑 가운데 있기 때문이다. 그는 그 사랑의 불빛에 의해 하나님의 진리를 따라가게 된다. 그는 하나님께서 보내신 아들의 음성을 알아듣고 그를 믿게 된다.

그러나 마귀에게 속한 사람은 하나님의 진리의 말씀을 알아듣지 못한다. 그것은 그가 하나님의 사랑 가운데 있지 않기 때문이다. 그는 하나님께서 보내신 아들의 음성을 알아듣지 못하고, 거짓의 아비인 마귀를 따라간다. 그것은 그가 처음부터 마귀에게 속한 자이기 때문이다.

태초부터 있는 자

요한복음 8:48-59

48절

Ἀπεκρίθησαν οἱ Ἰουδαῖοι καὶ εἶπαν αὐτῷ· οὐ καλῶς λέγομεν ἡμεῖς ὅτι Σαμαρίτης εἶ σὺ καὶ δαιμόνιον ἔχεις;

유대인들이 그에게 대답하며 말했다. "우리가 너는 사마리아 사람이고 귀신 들렸다고 잘 말하고 있지 않느냐?"

49절

ἀπεκρίθη Ἰησοῦς· ἐγὼ δαιμόνιον οὐκ ἔχω, ἀλλὰ τιμῶ τὸν πατέρα μου, καὶ ὑμεῖς ἀτιμάζετέ με.

예수가 대답했다. "나는 귀신 들리지 않았다. 대신에 나는 나의 아버지를 존경한다. 그러나 너희는 나를 무시하고 있다.

50절

ἐγὼ δὲ οὐ ζητῶ τὴν δόξαν μου· ἔστιν ὁ ζητῶν καὶ κρίνων.

그러나 나는 나의 영광을 구하지 않는다. 구하고 판단하시는 분이 계신다.

51절

ἀμὴν ἀμὴν λέγω ὑμῖν, ἐάν τις τὸν ἐμὸν λόγον τηρήσῃ, θάνατον οὐ μὴ θεωρήσῃ εἰς τὸν αἰῶνα.

내가 진실로 진실로 너희에게 말하건대, 만약 누가 나의 말을 지키면, 결단코 영원히 죽음을 보지 않을 것이다."

52절

Εἶπον οὖν αὐτῷ οἱ Ἰουδαῖοι· νῦν ἐγνώκαμεν ὅτι δαιμόνιον ἔχεις. Ἀβραὰμ ἀπέθανεν καὶ οἱ προφῆται, καὶ σὺ λέγεις· ἐάν τις τὸν λόγον μου τηρήσῃ, οὐ μὴ γεύσηται θανάτου εἰς τὸν αἰῶνα.

[그러므로] 유대인들이 그에게 말했다. "지금 우리는 네가 귀신 들렸다는 것을 알았다. 아브라함도 선지자들도 죽었는데, 너는 '만약 누가 나의 말을 지키면 결단코 영원히 죽음을 맛보지 않을 것이다'라고 말하기 때문이다.

53절

μὴ σὺ μείζων εἶ τοῦ πατρὸς ἡμῶν Ἀβραάμ, ὅστις ἀπέθανεν; καὶ οἱ προφῆται ἀπέθανον. τίνα σεαυτὸν ποιεῖς;

네가 죽은 우리 조상 아브라함보다 더 위대하냐? 그리고 선지자들도 죽었다. 너는 너 자신을 어떤 존재로 만드느냐?"

54절

ἀπεκρίθη Ἰησοῦς· ἐὰν ἐγὼ δοξάσω ἐμαυτόν, ἡ δόξα μου οὐδέν ἐστιν· ἔστιν ὁ πατήρ μου ὁ δοξάζων με, ὃν ὑμεῖς λέγετε ὅτι θεὸς ἡμῶν ἐστιν,

예수가 대답했다. "만약 내가 나 자신을 영화롭게 하면, 나의 영광은 아무 것도 아니다. 나를 영화롭게 하시는 아버지는 너희가, 우리의 하나님이 시다, 라고 말하는 바로 그분이다.

55절

καὶ οὐκ ἐγνώκατε αὐτόν, ἐγὼ δὲ οἶδα αὐτόν. κἂν εἴπω ὅτι οὐκ οἶδα αὐτόν, ἔσομαι ὅμοιος ὑμῖν ψεύστης· ἀλλ᾽ οἶδα αὐτὸν καὶ τὸν λόγον αὐτοῦ τηρῶ.

그러나 너희들은 그분을 알지 못했다. 그러나 나는 그분을 안다. 그리고 만약 내가 나는 그분을 모른다고 말하면 나는 너희들처럼 거짓말쟁이가 될 것이다. 그러나 나는 그분을 알고 그분의 말씀을 지키고 있다.

56절

Ἀβραὰμ ὁ πατὴρ ὑμῶν ἠγαλλιάσατο ἵνα ἴδῃ τὴν ἡμέραν τὴν ἐμήν, καὶ εἶδεν καὶ ἐχάρη.

너희 조상 아브라함은 나의 날을 보기 위하여 즐거워했다. 그리고 그는 보았고 기뻐했다."

57절

εἶπον οὖν οἱ Ἰουδαῖοι πρὸς αὐτόν· πεντήκοντα ἔτη οὔπω ἔχεις καὶ Ἀβραὰμ ἑώρακας;

그러므로 유대인들이 그를 향하여 말했다. "네가 50살도 안 됐는데 아브 라함을 보았다는 것이냐?"

58절

εἶπεν αὐτοῖς Ἰησοῦς· ἀμὴν ἀμὴν λέγω ὑμῖν, πρὶν Ἀβραὰμ γενέσθαι ἐγὼ εἰμί.

예수가 그들에게 말했다. "내가 진실로 진실로 너희에게 말하건대, 아브라함이 태어나기 전에 내가 있다."

59절

Ἦραν οὖν λίθους ἵνα βάλωσιν ἐπ᾽ αὐτόν. Ἰησοῦς δὲ ἐκρύβη καὶ ἐξῆλθεν ἐκ τοῦ ἱεροῦ.

그러므로 그들은 그에게 던지기 위해 돌들을 들었다. 그러나 예수는 몸을 숨기고 성전에서 빠져나왔다.

유대인들은 나사렛 예수와 아버지 논쟁을 벌이다가 이제는 예수의 실체에 대한 논쟁으로 넘어간다. 유대인들은 나사렛 예수를 음행 가운데 태어난 사생아라고 모욕하더니 이제는 사마리아 사람으로, 귀신 들린 사람으로 몰아간다. 사마리아 사람은 잡놈이라는 뜻이고, 귀신 들렸다는 것은 미친놈이라는 뜻이다. 하나님의 영광의 아들은 세상에 와서 험악한 대접을 받고 있다. 이 지구상에 나사렛 예수만큼 심한 인신공격과 인격 모독을 당한 사람은 없을 것이다. 돌팔이, 사기꾼, 잡놈, 미친놈, 사생아, 이단의 괴수… 그는 극한의 저주와 욕설을 듣고 있는데, 그의 대속적 고난은 십자가 죽음으로 완성된다. 그것은 이 세상이 하나님으로부터 얼마나 멀리 떠나있으며, 얼마나 심각한 죄의 상태에 빠져있는지를 보여주는 것이다. 그러나 예수는 자신을 향하여 인격 모독과 욕설을 퍼붓는 사람들에게 끝까지 흥분하지 않고 차분한 인격적인 대화를 이어간다. 그는 조금도 흔들리거나 위축되지 않고 냉정하게 자신을 변증한다. 그러한 그의 모습은 논리적으로 상대방을 설득하는 철학자를 연상시킨다.

나사렛 예수는 자신은 귀신 들린 사람이 아니며 다만 아버지를 존경할 뿐이고, 자신을 영화롭게 하는 것은 자기가 아니라 자신을 보내신 아버지라고 말한다. 그리고서 그는 사람이 자기의 말을 지키면 결코 영원히 죽음을 보지 않을 것이라는 더 충격적인 말을 한다. 그것은 나사렛 예수가 이 세상에 육체로 나타난 영원한 생명의 말씀이라는 선언이다. 그러자 그렇지 않아도 예수에 대한 적개심을 불태

우고 있던 이들은 예수의 말에 완전히 이성을 잃어버린다. 그리고 나사렛 예수에게 정체가 무엇이냐고 추궁한다. 예수는 그들의 위협에 굴복하지 않고 오히려 자신이 아브라함이 태어나기 전부터 존재하고 있는 신이라고 선언한다. 유대인들이 돌멩이를 들고 때려죽이려고 달려들자 나사렛 예수는 잽싸게 군중 속으로 몸을 감추고 사라진다. 그것은 경찰의 포위망을 뚫고 동에 번쩍 서에 번쩍 나타나 대담하게 활동하는 운동권 투사의 모습을 연상시킨다.

실로암

요한복음 9:1-12

1절

Καὶ παράγων εἶδεν ἄνθρωπον τυφλὸν ἐκ γενετῆς.

그리고 그는 지나가다가 태어날 때부터 소경인 사람을 보았다.

2절

καὶ ἠρώτησαν αὐτὸν οἱ μαθηταὶ αὐτοῦ λέγοντες· ῥαββί, τίς ἥμαρτεν, οὗτος ἢ οἱ γονεῖς αὐτοῦ, ἵνα τυφλὸς γεννηθῇ;

그리고 그의 제자들이 그에게 물었다. "선생님, 이 사람이 소경으로 태어 났으니, 누가 죄를 지은 겁니까, 그입니까 아니면 그의 부모입니까?"

3절

ἀπεκρίθη Ἰησοῦς· οὔτε οὗτος ἥμαρτεν οὔτε οἱ γονεῖς αὐτοῦ, ἀλλ᾽ ἵνα φανερωθῇ τὰ ἔργα τοῦ θεοῦ ἐν αὐτῷ.

예수가 대답했다. "이 사람이 죄를 지은 것도 아니고 그의 부모가 죄를 지은 것도 아니고, 대신에 그 안에서 하나님의 일들이 나타나기 위함 이다.

4절

ἡμᾶς δεῖ ἐργάζεσθαι τὰ ἔργα τοῦ πέμψαντός με ἕως ἡμέρα ἐστίν· ἔρχεται νὺξ ὅτε οὐδεὶς δύναται ἐργάζεσθαι.

우리는 해가 있을 때까지 나를 보내신 분의 일들을 해야 한다. 그 누구도 일할 수 없는 밤이 온다.

5절

ὅταν ἐν τῷ κόσμῳ ὦ, φῶς εἰμι τοῦ κόσμου.

내가 세상에 있을 때, 나는 세상의 빛이다."

6절

Ταῦτα εἰπὼν ἔπτυσεν χαμαὶ καὶ ἐποίησεν πηλὸν ἐκ τοῦ πτύσματος καὶ ἐπέχρισεν αὐτοῦ τὸν πηλὸν ἐπὶ τοὺς ὀφθαλμοὺς

이것들을 말하고 나서 그는 땅에 침을 뱉어서 침으로 반죽을 만들고 그의 눈에 반죽을 발랐다.

7절

καὶ εἶπεν αὐτῷ· ὕπαγε νίψαι εἰς τὴν κολυμβήθραν τοῦ Σιλωάμ, ὃ ἑρμηνεύεται ἀπεσταλμένος. ἀπῆλθεν οὖν καὶ ἐνίψατο καὶ ἦλθεν βλέπων.

그리고 그는 그에게 말했다. "실로암 연못에 가서 씻어라." (실로암은 보냄 받은 자라고 번역된다) 그래서 그는 떠나가서 씻고 나서 보면서 왔다.

8절

Οἱ οὖν γείτονες καὶ οἱ θεωροῦντες αὐτὸν τὸ πρότερον ὅτι προσαίτης ἦν ἔλεγον· οὐχ οὗτός ἐστιν ὁ καθήμενος καὶ προσαιτῶν;

그러므로 이웃들과 그가 전에 거지였던 것을 본 사람들이 말하고 있었다. "이 사람은 앉아서 구걸하는 사람이 아니냐?"

9절

ἄλλοι ἔλεγον ὅτι οὗτός ἐστιν, ἄλλοι ἔλεγον· οὐχί, ἀλλ' ὅμοιος αὐτῷ ἐστιν. ἐκεῖνος ἔλεγεν ὅτι ἐγώ εἰμι.

그러자 다른 사람들이 말하고 있었다. "이 사람이다." 다른 사람들은 말하고 있었다. "아니다, 대신에 그와 비슷하다." 저 사람은 "바로 나다."라고 말하고 있었다.

10절

ἔλεγον οὖν αὐτῷ· πῶς οὖν ἠνεῴχθησάν σου οἱ ὀφθαλμοί;

그러므로 그들이 그에게 말하고 있었다. "그러면 어떻게 너의 눈들이 열리게 되었느냐?"

11절

ἀπεκρίθη ἐκεῖνος· ὁ ἄνθρωπος ὁ λεγόμενος Ἰησοῦς πηλὸν ἐποίησεν καὶ ἐπέχρισέν μου τοὺς ὀφθαλμοὺς καὶ εἶπέν μοι ὅτι ὕπαγε εἰς τὸν Σιλωὰμ καὶ νίψαι· ἀπελθὼν οὖν καὶ νιψάμενος ἀνέβλεψα.

저 사람이 대답했다. "예수라는 사람이 반죽을 만들어 나의 눈에 바르고 나에게 실로암 연못에 가서 씻으라고 말했다. 그래서 가서 씻었더니 보게 되었다."

12절

καὶ εἶπαν αὐτῷ· ποῦ ἐστιν ἐκεῖνος; λέγει· οὐκ οἶδα.

그러자 그들이 그에게 말했다. "저 사람은 어디 있느냐?" 그가 말한다.

"나는 모른다."

해설

태어날 때부터 소경인 사람을 보고 제자들은 누구의 죄 때문이냐고 주님께 묻는다. 제자들은 그가 소경으로 태어난 것은 누군가의 죄 때문에 저주를 받은 결과라고 생각하고 있다. 그것은 죽음의 신학인 율법적 세계관이다.

그러나 나사렛 예수는 그것은 누구의 죄 때문도 아니고, 그것을 통하여 하나님의 일들이 나타나기 위함이라고 말한다. 하나님의 일들은 아들을 통하여 자신의 영광을 계시하는 것이다. 그것은 세상이 하나님께서 보내신 영광의 아들을 보고 그를 믿어서 영원한 생명을 얻는 것이다. 이것은 생명의 신학인 은혜의 세계관이다.

나사렛 예수는 흙에 침을 뱉어 반죽을 만든다. 그것은 만물의 창조자이신 말씀의 낮아지심을 통한 세상과의 화해다. 예수는 소경의 눈에 화해와 사랑의 반죽을 발라준다. 그러고 나서 실로암 연못으로 보낸다. 실로암은 보내심을 받은 자(αποσταλμενος)라는 뜻이다. 하나님께로부터 보내심을 받은 자는 하나님의 아들이신 나사렛 예수다. 실로암은 나사렛 예수의 몸이고, 실로암의 물은 성령이다. 소경은 말씀의 반죽을 받고 실로암 성령의 물에 씻을 때 생명의 빛을 얻는다. 세상은 영적인 소경이다. 세상은 말씀과 성령으로 거듭날 때 영원한 생명의 빛을 본다.

나사렛 예수가 세상에 있는 동안에는 세상은 빛이다. 그러나 예수가 세상을 떠나 아버지께로 돌아가면 세상은 다시 어둠이 된다. 그 어둠 속의 세상에서 생명의 길은 말씀과 성령의 빛을 따라가는 것이다.

세상 밖으로

요한복음 9:13-34

13절

Ἄγουσιν αὐτὸν πρὸς τοὺς Φαρισαίους τόν ποτε τυφλόν.

사람들은 전에 소경이었던 사람을 바리새인들을 향하여 데리고 갔다.

14절

ἦν δὲ σάββατον ἐν ᾗ ἡμέρᾳ τὸν πηλὸν ἐποίησεν ὁ Ἰησοῦς καὶ ἀνέῳξ εν αὐτοῦ τοὺς ὀφθαλμούς.

그런데 예수가 반죽을 만들어서 그의 눈을 열어준 날은 안식일이었다.

15절

πάλιν οὖν ἠρώτων αὐτὸν καὶ οἱ Φαρισαῖοι πῶς ἀνέβλεψεν. ὁ δὲ εἶπεν αὐτοῖς· πηλὸν ἐπέθηκέν μου ἐπὶ τοὺς ὀφθαλμοὺς καὶ ἐνιψάμην καὶ βλέπω.

그러므로 그가 어떻게 눈이 뜨게 되었는지 유대인들이 다시 그에게 물었다. 그러자 그는 그들에게 "그가 반죽을 나의 눈 위에 얹었고 나는 씻었고 보게 되었다"라고 말했다.

16절

ἔλεγον οὖν ἐκ τῶν Φαρισαίων τινές· οὐκ ἔστιν οὗτος παρὰ θεοῦ ὁ ἄνθρωπος, ὅτι τὸ σάββατον οὐ τηρεῖ. ἄλλοι δὲ ἔλεγον· πῶς δύναται ἄνθρωπος ἁμαρτωλὸς τοιαῦτα σημεῖα ποιεῖν; καὶ σχίσμα ἦν ἐν αὐτοῖς.

그러므로 유대인들 중에 어떤 사람들이 말하고 있었다. "그는 하나님께로부터 온 사람이 아니다. 왜냐하면 안식일을 지키지 않기 때문이다." 그러자 다른 사람들이 말하고 있었다. "죄 많은 사람이 어떻게 이러한 표적들을 행할 수 있겠느냐?" 그리하여 그들 속에 분열이 생겼다.

17절

λέγουσιν οὖν τῷ τυφλῷ πάλιν· τί σὺ λέγεις περὶ αὐτοῦ, ὅτι ἠνέῳξέν σου τοὺς ὀφθαλμούς; ὁ δὲ εἶπεν ὅτι προφήτης ἐστίν.

그러므로 그들이 다시 소경에게 말했다. "그가 너의 눈을 열어주었으니 너는 그에 대하여 무엇을 말하느냐?" 그러자 그가 말했다. "그는 선지자다."

18절

Οὐκ ἐπίστευσαν οὖν οἱ Ἰουδαῖοι περὶ αὐτοῦ ὅτι ἦν τυφλὸς καὶ ἀνέβλεψεν ἕως ὅτου ἐφώνησαν τοὺς γονεῖς αὐτοῦ τοῦ ἀναβλέψαντος

그러므로 유대인들은 눈을 뜨게 된 그의 부모를 부를 때까지 그가 소경이었다가 눈을 떴다는 것 자체에 대하여 믿지 않았다.

19절

καὶ ἠρώτησαν αὐτοὺς λέγοντες· οὗτός ἐστιν ὁ υἱὸς ὑμῶν, ὃν ὑμεῖς λέγετε ὅτι τυφλὸς ἐγεννήθη; πῶς οὖν βλέπει ἄρτι;

그리고 그들에게 질문하며 말했다. "이 사람이 너희가 소경으로 태어났다고 말하는 너희의 아들이냐? 그런데 그가 지금 어떻게 보게 되었느냐?"

20절

ἀπεκρίθησαν οὖν οἱ γονεῖς αὐτοῦ καὶ εἶπαν· οἴδαμεν ὅτι οὗτός ἐστιν ὁ υἱὸς ἡμῶν καὶ ὅτι τυφλὸς ἐγεννήθη·

그러자 그의 부모들이 대답하며 말했다. "우리는 이 사람이 우리의 아들이며 그가 소경으로 태어난 것은 알고 있다.

21절

πῶς δὲ νῦν βλέπει οὐκ οἴδαμεν, ἢ τίς ἤνοιξεν αὐτοῦ τοὺς ὀφθαλμοὺς ἡμεῖς οὐκ οἴδαμεν· αὐτὸν ἐρωτήσατε, ἡλικίαν ἔχει, αὐτὸς περὶ ἑαυτοῦ λαλήσει.

그러나 그가 지금 어떻게 보게 되었는지 또한 누가 그의 눈을 열어주었는지는 모른다. 그에게 물어보라. 그가 나이가 들었으니, 그 자신이 스스로에 대해 이야기할 것이다."

22절

ταῦτα εἶπαν οἱ γονεῖς αὐτοῦ ὅτι ἐφοβοῦντο τοὺς Ἰουδαίους· ἤδη γὰρ συνετέθειντο οἱ Ἰουδαῖοι ἵνα ἐάν τις αὐτὸν ὁμολογήσῃ χριστόν, ἀποσυνάγωγος γένηται.

그의 부모들이 이것들을 말한 것은 유대인들을 두려워하고 있었기 때문이다. 왜냐하면 이미 그들은 누가 그를 그리스도라고 고백하면 회당에서 추방되도록 결의했기 때문이다.

23절

διὰ τοῦτο οἱ γονεῖς αὐτοῦ εἶπαν ὅτι ἡλικίαν ἔχει, αὐτὸν ἐπερωτήσατε.

이 때문에 그의 부모들은 그가 나이 들었으니 그에게 물어보라고 말했던 것이다.

24절

Ἐφώνησαν οὖν τὸν ἄνθρωπον ἐκ δευτέρου ὃς ἦν τυφλὸς καὶ εἶπαν αὐτῷ· δὸς δόξαν τῷ θεῷ· ἡμεῖς οἴδαμεν ὅτι οὗτος ὁ ἄνθρωπος ἁμαρτωλ ός ἐστιν.

그러므로 그들은 소경이었던 사람을 두 번째 불러서 그에게 말했다. "하 나님께 영광을 돌려라. 우리는 이 사람이 죄 많은 사람이라는 것을 알고 있다."

25절

ἀπεκρίθη οὖν ἐκεῖνος· εἰ ἁμαρτωλός ἐστιν οὐκ οἶδα· ἓν οἶδα ὅτι τυφλὸς ὢν ἄρτι βλέπω.

그러므로 저 사람이 대답했다. "그가 죄인인지는 나는 모른다. 그러나 한가지 내가 소경이었다가 지금은 본다는 것은 알고 있다."

26절

εἶπον οὖν αὐτῷ· τί ἐποίησέν σοι; πῶς ἤνοιξέν σου τοὺς ὀφθαλμούς;

그러므로 그들이 그에게 말했다. "그가 너에게 무엇을 했느냐? 어떻게 그가 너의 눈을 열어주었느냐?"

27절

ἀπεκρίθη αὐτοῖς· εἶπον ὑμῖν ἤδη καὶ οὐκ ἠκούσατε· τί πάλιν θέλετε ἀκούειν; μὴ καὶ ὑμεῖς θέλετε αὐτοῦ μαθηταὶ γενέσθαι;

그가 그들에게 대답했다. "내가 이미 당신들에게 말했는데도 당신들은 듣지 않았다. 어찌하여 다시 듣기를 원하느냐? 당신들도 그의 제자가 되기를 원하는 것이냐?"

28절

καὶ ἐλοιδόρησαν αὐτὸν καὶ εἶπον· σὺ μαθητὴς εἶ ἐκείνου, ἡμεῖς δὲ τοῦ Μωϋσέως ἐσμὲν μαθηταί·

그러자 그들은 그를 욕하며 말했다. "너는 저 사람의 제자이지만, 우리는 모세의 제자들이다.

29절

ἡμεῖς οἴδαμεν ὅτι Μωϋσεῖ λελάληκεν ὁ θεός, τοῦτον δὲ οὐκ οἴδαμεν πόθεν ἐστίν.

우리는 하나님께서 모세에게 이야기하신 것은 알고 있다. 그러나 이 사람은 어디서 왔는지 모른다."

30절

ἀπεκρίθη ὁ ἄνθρωπος καὶ εἶπεν αὐτοῖς· ἐν τούτῳ γὰρ τὸ θαυμαστόν ἐστιν, ὅτι ὑμεῖς οὐκ οἴδατε πόθεν ἐστίν, καὶ ἤνοιξέν μου τοὺς ὀφθαλ μούς.

그 사람이 그들에게 대답하며 말했다. "그가 어디서 왔는지 당신들이
모른다고 하니 참 이상한 일이다. 그가 나의 눈을 열어주었는데.

31절

οἴδαμεν ὅτι ἁμαρτωλῶν ὁ θεὸς οὐκ ἀκούει, ἀλλ᾽ ἐάν τις θεοσεβὴς
ᾖ καὶ τὸ θέλημα αὐτοῦ ποιῇ τούτου ἀκούει.

우리는 하나님께서 죄인들의 말을 듣지 않으시고 대신에 누가 그분의
뜻을 향하면 그의 말을 듣는다는 것을 알고 있다.

32절

ἐκ τοῦ αἰῶνος οὐκ ἠκούσθη ὅτι ἠνέῳξέν τις ὀφθαλμοὺς τυφλοῦ
γεγεννημένου·

누가 소경으로 태어난 자의 눈을 열어주었다는 것은 영원부터 들은 바가
없다.

33절

εἰ μὴ ἦν οὗτος παρὰ θεοῦ, οὐκ ἠδύνατο ποιεῖν οὐδέν.

만약 그가 하나님께로부터 온 분이 아니라면, 그는 아무것도 할 수 없었을
것이다."

34절

ἀπεκρίθησαν καὶ εἶπαν αὐτῷ· ἐν ἁμαρτίαις σὺ ἐγεννήθης ὅλος καὶ
σὺ διδάσκεις ἡμᾶς; καὶ ἐξέβαλον αὐτὸν ἔξω.

그들이 그에게 대답하며 말했다. "네가 순전히 죄 가운데서 태어난 주제에 우리까지 가르치느냐?" 그리고 그들은 그를 밖으로 내쫓았다.

해설

　나사렛 예수의 은혜로 눈을 뜨게 된 소경은 예수 때문에 바리새인들에게 끌려가 여러 가지로 시달린다. 그러나 그는 유대인들의 협박에도 불구하고 나사렛 예수에 대한 믿음을 끝까지 버리지 않는다. 그는 나사렛 예수 편에 서면 유대교 회당에서 추방되고 유대인 사회에서 매장된다는 것을 알고 있다. 그러나 그는 조금도 주눅이 들지 않고 오히려 바리새인들을 책망하고 훈계할 정도로 대담하다. 그러자 바리새인들은 순전히 죄 가운데 태어나 평생 거지로 살아온 주제에 누구를 가르치려 하느냐며 밖으로 내쫓는다. 그것은 유대교 회당과 유대인 공동체에서의 추방을 의미한다. 그는 나사렛 예수와 함께 세상 밖으로 쫓겨난 것이다.

　그는 예수와 함께 십자가를 지고 세상 밖으로 나간 사람이다. 놀라운 것은 그가 구걸로 먹고살았던 거지 소경이었었다는 사실이다. 하나님께서는 세상의 잘난 사람을 통해서가 아니라, 세상의 찌꺼기 같은 낮고 천한 인생을 통해 자기의 영광을 계시하신다. 그는 세상에서의 행복의 길을 버리고 예수와 함께 세상 밖으로 나가는 탈세계화된 종말론적 실존의 길을 선택한다. 그것은 그리스도의 부활에 참여하는 영광의 길인데, 참된 지혜는 바로 그 길을 발견하는 것이다.

실존의 장소

요한복음 9:35-41

35절

Ἤκουσεν Ἰησοῦς ὅτι ἐξέβαλον αὐτὸν ἔξω καὶ εὑρὼν αὐτὸν εἶπεν· σὺ πιστεύεις εἰς τὸν υἱὸν τοῦ ἀνθρώπου;

예수는 그들이 그를 밖으로 내쫓았다는 것을 듣고 그를 만나 말했다. "너는 사람의 아들을 믿느냐?"

36절

ἀπεκρίθη ἐκεῖνος καὶ εἶπεν· καὶ τίς ἐστιν, κύριε, ἵνα πιστεύσω εἰς αὐτόν;

저 사람이 대답하며 말했다. "그런데 그가 누구입니까? 주여, 내가 믿겠습니다."

37절

εἶπεν αὐτῷ ὁ Ἰησοῦς· καὶ ἑώρακας αὐτὸν καὶ ὁ λαλῶν μετὰ σοῦ ἐκεῖνός ἐστιν.

예수가 그에게 말했다. "너는 진정 그를 보았다. 그리고 너와 함께 이야기하고 있는 사람이 바로 그다."

38절

ὁ δὲ ἔφη· πιστεύω, κύριε· καὶ προσεκύνησεν αὐτῷ.

그러자 그가 엄숙히 말했다. "내가 믿습니다, 주님." 그리고 그에게 경배
했다.

39절

Καὶ εἶπεν ὁ Ἰησοῦς· εἰς κρίμα ἐγὼ εἰς τὸν κόσμον τοῦτον ἦλθον,
ἵνα οἱ μὴ βλέποντες βλέπωσιν καὶ οἱ βλέποντες τυφλοὶ γένωνται.

그리고 예수는 그에게 말했다. "심판을 위해 내가 이 세상에 왔으니, 이는
보지 못하는 자들은 보고, 보는 자들은 소경이 되게 하려 함이다."

40절

ἤκουσαν ἐκ τῶν Φαρισαίων ταῦτα οἱ μετ᾽ αὐτοῦ ὄντες καὶ εἶπον
αὐτῷ· μὴ καὶ ἡμεῖς τυφλοί ἐσμεν;

그와 함께 있는 유대인들 중에 어떤 사람들이 이것들을 듣고 그에게 말했
다. "우리도 소경들이란 말이냐?"

41절

εἶπεν αὐτοῖς ὁ Ἰησοῦς· εἰ τυφλοὶ ἦτε, οὐκ ἂν εἴχετε ἁμαρτίαν· νῦν
δὲ λέγετε ὅτι βλέπομεν, ἡ ἁμαρτία ὑμῶν μένει.

예수가 그들에게 말했다. "만약 너희가 소경들이면, 너희는 죄가 없을
것이다. 그러나 너희가 '우리는 보고 있다'라고 말하니 너희의 죄는 남아
있다."

나사렛 예수는 치유받은 소경이 바리새인들에게서 쫓겨났다는 얘기를 듣고 그를 찾아가 만난다. 그 사람이 예수를 찾아간 것이 아니다. 예수가 그를 찾아간 것이다. 그것이 그들의 만남의 본질적 성격이다. 예수 그리스도와 우리의 만남의 주권은 항상 그리스도에게 있다. 우리의 종교적 열정이 그리스도를 찾을 수 있는 것이 아니다. 그리스도께서 우리를 찾아오시는 것이다.

우리가 그리스도를 만나는 곳은 탈세계화된 종말론적 장소다. 예수 그리스도는 세상 속에 계시지만, 그분은 항상 세상 밖에 계시는 분이시다. 그러므로 우리가 그분을 만나려면 언제나 세상 밖으로 나가야 한다. 그러나 그것은 우리의 힘으로 되는 것이 아니다. 그것은 그리스도의 절대주권적인 은혜로 되는 것이다. 거기가 우리 그리스도인의 실존의 장소다. 그곳은 세상 한복판에 있으나 항상 세상 밖에 있다. 그곳이 우리의 기도와 예배의 장소인데, 그곳은 나사렛 예수의 실체가 계시되는 거룩한 장소다. 구원의 은혜를 입은 사람은 거기서 나사렛 예수에게 무릎 꿇고 경배한다. 놀라운 것은 그렇게 온유하고 겸손한 예수가 자신에게 무릎 꿇고 경배하는 사람들을 한 번도 제지하지 않고 있다는 사실이다. 그것은 그분이 바로 세세 무궁토록 찬양받으실 영존하시는 하나님이시기 때문이다.

목자와 양

요한복음 10:1-6

1절

Ἀμὴν ἀμὴν λέγω ὑμῖν, ὁ μὴ εἰσερχόμενος διὰ τῆς θύρας εἰς τὴν αὐλὴν τῶν προβάτων ἀλλ᾽ ἀναβαίνων ἀλλαχόθεν ἐκεῖνος κλέπτης ἐστὶν καὶ λῃστής·

"내가 진실로 진실로 너희에게 말하건대, 문을 통하여 양들의 우리 속으로 들어가지 않고 다른 곳으로 올라가는 자는 도둑이요 강도다.

2절

ὁ δὲ εἰσερχόμενος διὰ τῆς θύρας ποιμήν ἐστιν τῶν προβάτων.

그러나 문을 통하여 들어가는 자는 양들의 목자다.

3절

τούτῳ ὁ θυρωρὸς ἀνοίγει καὶ τὰ πρόβατα τῆς φωνῆς αὐτοῦ ἀκούει καὶ τὰ ἴδια πρόβατα φωνεῖ κατ᾽ ὄνομα καὶ ἐξάγει αὐτά.

이 사람에게 문지기는 열어준다. 그리고 양들은 그의 음성을 듣고 그는 자기의 양들을 각자의 이름을 따라 부르고 양들을 데리고 나간다.

4절

ὅταν τὰ ἴδια πάντα ἐκβάλῃ, ἔμπροσθεν αὐτῶν πορεύεται καὶ τὰ πρόβ
ατα αὐτῷ ἀκολουθεῖ, ὅτι οἴδασιν τὴν φωνὴν αὐτοῦ·

그는 자기의 모든 양을 밖으로 내보냈을 때, 양들의 앞에서 간다. 그리고
양들은 그를 따른다. 왜냐하면 양들은 그의 음성을 알기 때문이다.

5절

ἀλλοτρίῳ δὲ οὐ μὴ ἀκολουθήσουσιν, ἀλλὰ φεύξονται ἀπ᾽ αὐτοῦ,
ὅτι οὐκ οἴδασιν τῶν ἀλλοτρίων τὴν φωνήν.

그러나 양들은 다른 사람을 결코 따라가지 않고 오히려 그에게서 도망친
다. 왜냐하면 양들은 그의 음성을 모르기 때문이다."

6절

Ταύτην τὴν παροιμίαν εἶπεν αὐτοῖς ὁ Ἰησοῦς, ἐκεῖνοι δὲ οὐκ ἔγνωσ
αν τίνα ἦν ἃ ἐλάλει αὐτοῖς.

예수는 이 비유를 그들에게 말했으나, 저들은 그가 그들에게 이야기한
것들이 무엇인지 알지 못했다.

해설

　이것은 양과 목자의 사랑 이야기다. 나사렛 예수는 이것을 자신과 교회의 관계를 나타내는 계시적 비유의 도구로 사용하고 있다. 양과 목자는 서로를 잘 알고 있다. 그 지식은 인격적 관계 속에서 생긴 사랑의 지식이다. 목자는 양들에게 각각 이름을 지어주고 양들을 부른다. 양들은 목자가 자기들의 이름을 부를 때 행복하다. 그것은 자신들이 인격적 생명체로 사랑받고 있다는 것을 알기 때문이다. 양들은 목자의 사랑의 음성을 알아듣는다. 목자와 양은 생명의 관계다. 목자는 양들에게 생명의 주님이다. 양들의 생명은 전적으로 목자에게 달려 있다. 양들은 목자를 의지하고 목자를 따라간다.

　그러나 다른 사람의 목소리를 들으면 양들은 도망친다. 그것은 그들을 해치려고 온 도둑의 낯설고 기분 나쁜 목소리이기 때문이다.

　목자는 양들을 우리 밖으로 내보낸 후 양들의 앞에서 그들을 데리고 간다. 목자가 가는 길은 생명의 길이며, 영광의 본체이신 하나님께 나아가는 길이다. 목자는 그 영원한 생명의 길을 열기 위해 육체를 입고 세상에 나타난 영원한 로고스다. 그 로고스는 신비에 싸인 존재인데, 하나님의 택하심을 받은 양들만 그 신비 속에 싸인 로고스의 영광으로 들어갈 수 있다.

양들의 문

요한복음 10:7-21

7절

Εἶπεν οὖν πάλιν ὁ Ἰησοῦς· ἀμὴν ἀμὴν λέγω ὑμῖν ὅτι ἐγώ εἰμι ἡ θύρα τῶν προβάτων.

그러므로 예수가 다시 말했다. "내가 진실로 진실로 너희에게 말하건대 나는 양들의 문이다.

8절

πάντες ὅσοι ἦλθον πρὸ ἐμοῦ κλέπται εἰσὶν καὶ λῃσταί, ἀλλ᾽ οὐκ ἤκουσαν αὐτῶν τὰ πρόβατα.

나보다 먼저 온 자들은 모두 도둑들이고 강도들이다. 양들은 그들의 말을 듣지 않았다.

9절

ἐγώ εἰμι ἡ θύρα· δι᾽ ἐμοῦ ἐάν τις εἰσέλθῃ σωθήσεται καὶ εἰσελεύσεται καὶ ἐξελεύσεται καὶ νομὴν εὑρήσει.

나는 문이다. 만약 누가 나를 통하여 들어가면 구원을 얻을 것이다. 그리고 그는 들어가고 나가며 목초를 발견할 것이다.

10절

ὁ κλέπτης οὐκ ἔρχεται εἰ μὴ ἵνα κλέψῃ καὶ θύσῃ καὶ ἀπολέσῃ· ἐγὼ ἦλθον ἵνα ζωὴν ἔχωσιν καὶ περισσὸν ἔχωσιν.

도둑이 오는 것은 오직 도둑질하고 죽이고 멸망시키려는 것이다. 내가 온 것은 그들이 생명을 얻고 넘치게 얻게 하려 함이다.

11절

Ἐγώ εἰμι ὁ ποιμὴν ὁ καλός. ὁ ποιμὴν ὁ καλὸς τὴν ψυχὴν αὐτοῦ τίθησιν ὑπὲρ τῶν προβάτων·

나는 아름다운 목자다. 아름다운 목자는 양들을 위해 자기의 목숨을 내어 놓는다.

12절

ὁ μισθωτὸς καὶ οὐκ ὢν ποιμήν, οὗ οὐκ ἔστιν τὰ πρόβατα ἴδια, θεωρεῖ τὸν λύκον ἐρχόμενον καὶ ἀφίησιν τὰ πρόβατα καὶ φεύγει – καὶ ὁ λύκος ἁρπάζει αὐτὰ καὶ σκορπίζει –

품꾼은 목자도 아니고, 양들이 자기의 것이 아니기 때문에, 늑대가 오는 것을 보고 양들을 내버려 두고 도망친다 - 그러면 늑대가 그것들을 움켜쥐고 흩어버린다 -

13절

ὅτι μισθωτός ἐστιν καὶ οὐ μέλει αὐτῷ περὶ τῶν προβάτων.

왜냐하면 그는 품꾼이고 양들에 대한 것은 그에게 관심이 없기 때문이다.

14절

Ἐγώ εἰμι ὁ ποιμὴν ὁ καλὸς καὶ γινώσκω τὰ ἐμὰ καὶ γινώσκουσίν με τὰ ἐμά,

나는 아름다운 목자다. 또 나는 나의 양들을 알고 나의 양들은 나를 안다.

15절

καθὼς γινώσκει με ὁ πατὴρ κἀγὼ γινώσκω τὸν πατέρα, καὶ τὴν ψυχήν μου τίθημι ὑπὲρ τῶν προβάτων.

아버지께서 나를 알고 나도 아버지를 아는 것처럼, 나는 양들을 위하여 나의 목숨을 내어놓는다.

16절

καὶ ἄλλα πρόβατα ἔχω ἃ οὐκ ἔστιν ἐκ τῆς αὐλῆς ταύτης· κἀκεῖνα δεῖ με ἀγαγεῖν καὶ τῆς φωνῆς μου ἀκούσουσιν, καὶ γενήσονται μία ποίμνη, εἷς ποιμήν.

그리고 나는 이 우리에 있지 않은 다른 양들도 갖고 있다. 나는 저들도 이끌어야만 한다. 그들도 나의 음성을 들을 것이다. 그리고 그들은 한 양떼가 될 것이고, 한 목자가 있을 것이다.

17절

Διὰ τοῦτό με ὁ πατὴρ ἀγαπᾷ ὅτι ἐγὼ τίθημι τὴν ψυχήν μου, ἵνα πάλιν λάβω αὐτήν.

이 때문에 아버지께서 나를 사랑하시니 이는 그것을 다시 취하기 위하여 나의 목숨을 내어놓기 때문이다.

18절

οὐδεὶς αἴρει αὐτὴν ἀπ᾽ ἐμοῦ, ἀλλ᾽ ἐγὼ τίθημι αὐτὴν ἀπ᾽ ἐμαυτοῦ. ἐξουσίαν ἔχω θεῖναι αὐτήν, καὶ ἐξουσίαν ἔχω πάλιν λαβεῖν αὐτήν· ταύτην τὴν ἐντολὴν ἔλαβον παρὰ τοῦ πατρός μου.

그 누구도 나에게서 그것을 빼앗지 못한다. 다만 내가 스스로 그것을 내어놓는다. 나는 그것을 내어놓을 권세도 있고 다시 그것을 취할 권세도 있다. 나는 나의 아버지께로부터 이 명령을 받았다."

19절

Σχίσμα πάλιν ἐγένετο ἐν τοῖς Ἰουδαίοις διὰ τοὺς λόγους τούτους.

이 말씀들 때문에 유대인들 속에서 다시 분열이 일어났다.

20절

Ἔλεγον δὲ πολλοὶ ἐξ αὐτῶν· δαιμόνιον ἔχει καὶ μαίνεται· τί αὐτοῦ ἀκούετε;

그런데 그들 중 어떤 사람들은 말하고 있었다. "그는 귀신 들려서 미쳤다. 왜 그의 말을 듣느냐?"

21절

ἄλλοι ἔλεγον· ταῦτα τὰ ῥήματα οὐκ ἔστιν δαιμονιζομένου· μὴ δαιμόνιον δύναται τυφλῶν ὀφθαλμοὺς ἀνοῖξαι;

다른 사람들은 말하고 있었다. "이것들은 귀신 들린 사람의 말이 아니다. 귀신이 소경의 눈을 열 수 있다는 말이냐?"

해설

　　예수님은 양들의 문이요, 자기의 양들을 위하여 목숨을 바치는 아름다운 목자다. 양들은 항상 목자를 바라보며 따라간다. 양들은 종말론적 구원의 문이신 예수님만 바라보며 나아가야 한다.

　　양들의 문이신 예수님의 속은 비어있다. 그래서 예수님의 속은 바다처럼 넓다. 예수님은 양들의 허물을 들추어내거나 비판하지 않는다. 예수님의 구원은 무조건적이고 누구에게나 개방되어 있다. 예수님의 십자가 사랑은 우주적이다. 오직 그 사랑만이 세상을 구원할 수 있다. 예수님은 자기 양들을 가슴에 품고 영광의 본체이신 아버지의 품으로 들어가신다.

아버지와 아들

요한복음 10:22-42

22절

Ἐγένετο τότε τὰ ἐγκαίνια ἐν τοῖς Ἱεροσολύμοις, χειμὼν ἦν,

그때 예루살렘에 수전절 축제가 있었는데, 겨울이었다.

23절

καὶ περιεπάτει ὁ Ἰησοῦς ἐν τῷ ἱερῷ ἐν τῇ στοᾷ τοῦ Σολομῶνος.

그리고 예수는 성전 안 솔로몬 행각에서 거닐고 있었다.

24절

ἐκύκλωσαν οὖν αὐτὸν οἱ Ἰουδαῖοι καὶ ἔλεγον αὐτῷ· ἕως πότε τὴν ψυχὴν ἡμῶν αἴρεις; εἰ σὺ εἶ ὁ χριστός, εἰπὲ ἡμῖν παρρησίᾳ.

그러므로 유대인들이 그를 에워싼 후 말하고 있었다. "당신은 언제까지 우리의 마음을 졸일 것이냐? 만약 당신이 그리스도라면 우리에게 확실히 말하라."

25절

ἀπεκρίθη αὐτοῖς ὁ Ἰησοῦς· εἶπον ὑμῖν καὶ οὐ πιστεύετε· τὰ ἔργα ἃ ἐγὼ ποιῶ ἐν τῷ ὀνόματι τοῦ πατρός μου ταῦτα μαρτυρεῖ περὶ ἐμοῦ·

예수가 그들에게 대답했다. "내가 너희에게 말했으나 너희는 믿지 않고 있다. 내가 나의 아버지의 이름으로 행하고 있는 일들, 이것들이 나에 대하여 증거하고 있다.

26절
ἀλλ' ὑμεῖς οὐ πιστεύετε, ὅτι οὐκ ἐστὲ ἐκ τῶν προβάτων τῶν ἐμῶν.

그러나 너희가 믿지 않는 것은 너희가 나의 양들에 속해 있지 않기 때문이다.

27절
τὰ πρόβατα τὰ ἐμὰ τῆς φωνῆς μου ἀκούουσιν, κἀγὼ γινώσκω αὐτὰ καὶ ἀκολουθοῦσίν μοι,

나의 양들은 나의 음성을 듣는다. 그리고 나는 그것들을 알고 그것들은 나를 따른다.

28절
κἀγὼ δίδωμι αὐτοῖς ζωὴν αἰώνιον καὶ οὐ μὴ ἀπόλωνται εἰς τὸν αἰῶνα καὶ οὐχ ἁρπάσει τις αὐτὰ ἐκ τῆς χειρός μου.

그리고 나는 그것들에게 영원한 생명을 준다. 그리고 그것들은 결코 영원히 멸망 당하지 않는다. 그리고 그 누구도 그것들을 나의 손에서 빼앗지 못할 것이다.

29절

ὁ πατήρ μου ὃ δέδωκέν μοι πάντων μεῖζόν ἐστιν, καὶ οὐδεὶς δύναται ἁρπάζειν ἐκ τῆς χειρὸς τοῦ πατρός.

나에게 주신 나의 아버지는 만물보다 크시고, 그 누구도 아버지의 손에서 빼앗을 수 없다.

30절

ἐγὼ καὶ ὁ πατὴρ ἕν ἐσμεν.

나와 아버지는 하나다."

31절

Ἐβάστασαν πάλιν λίθους οἱ Ἰουδαῖοι ἵνα λιθάσωσιν αὐτόν.

유대인들이 그를 돌로 치려고 다시 돌을 들었다.

32절

ἀπεκρίθη αὐτοῖς ὁ Ἰησοῦς· πολλὰ ἔργα καλὰ ἔδειξα ὑμῖν ἐκ τοῦ πατρός· διὰ ποῖον αὐτῶν ἔργον ἐμὲ λιθάζετε;

예수가 그들에게 대답했다. "나는 많은 아름다운 일들을 아버지에게서 너희에게 보여주었다. 그것들 중에 어떤 일 때문에 너희는 나를 돌로 치느냐?"

33절

ἀπεκρίθησαν αὐτῷ οἱ Ἰουδαῖοι· περὶ καλοῦ ἔργου οὐ λιθάζομέν σε ἀλλὰ περὶ βλασφημίας, καὶ ὅτι σὺ ἄνθρωπος ὢν ποιεῖς σεαυτὸν θεόν.

유대인들이 그에게 대답했다. "아름다운 일 때문에 우리가 너를 돌로 치는 것이 아니라 신성모독에 관한 것이다. 그것은 네가 사람이면서 자신을 신으로 만들기 때문이다."

34절

ἀπεκρίθη αὐτοῖς ὁ Ἰησοῦς· οὐκ ἔστιν γεγραμμένον ἐν τῷ νόμῳ ὑμῶν ὅτι ἐγὼ εἶπα· θεοί ἐστε;

예수가 그들에게 대답했다. "너희 율법에, '내가 너희는 신들이라고 말했다'라고 기록되어 있지 않느냐?

35절

εἰ ἐκείνους εἶπεν θεοὺς πρὸς οὓς ὁ λόγος τοῦ θεοῦ ἐγένετο, καὶ οὐ δύναται λυθῆναι ἡ γραφή,

만약 하나님의 말씀이 주어진 저들을 신들이라고 하나님께서 말씀하셨고, 그리고 성경은 해체될 수 없다면,

36절

ὃν ὁ πατὴρ ἡγίασεν καὶ ἀπέστειλεν εἰς τὸν κόσμον ὑμεῖς λέγετε ὅτι βλασφημεῖς, ὅτι εἶπον· υἱὸς τοῦ θεοῦ εἰμι;

너희는 하나님께서 거룩하게 하시고 세상에 보내신 자인 내가 '나는 하나님의 아들이다'라고 말했다고 해서 '너는 신성모독하고 있다'라고 말하느냐?

37절

εἰ οὐ ποιῶ τὰ ἔργα τοῦ πατρός μου, μὴ πιστεύετέ μοι·

만약 내가 나의 아버지의 일들을 행하지 않으면, 나를 믿지 말라.

38절

εἰ δὲ ποιῶ, κἂν ἐμοὶ μὴ πιστεύητε, τοῖς ἔργοις πιστεύετε, ἵνα γνῶτε καὶ γινώσκητε ὅτι ἐν ἐμοὶ ὁ πατὴρ κἀγὼ ἐν τῷ πατρί.

그러나 만약 내가 행하고 있으면, 비록 나를 믿지 않아도 그 일들은 믿으라. 그러면 아버지께서 내 안에 계시고 나도 아버지 안에 있음을 깨달아 알게 될 것이다.”

39절

Ἐζήτουν οὖν αὐτὸν πάλιν πιάσαι, καὶ ἐξῆλθεν ἐκ τῆς χειρὸς αὐτῶν.

그러므로 그들은 그를 잡으려고 시도하고 있었다. 그러나 그는 그들의 손에서 빠져나갔다.

40절

Καὶ ἀπῆλθεν πάλιν πέραν τοῦ Ἰορδάνου εἰς τὸν τόπον ὅπου ἦν Ἰωάννης τὸ πρῶτον βαπτίζων καὶ ἔμεινεν ἐκεῖ.

그리고 그는 다시 요단강 건너편 요한이 전에 세례를 베풀고 있었던 곳으로 가서 거기서 머무르고 있었다.

41절

καὶ πολλοὶ ἦλθον πρὸς αὐτὸν καὶ ἔλεγον ὅτι Ἰωάννης μὲν σημεῖον ἐποίησεν οὐδέν, πάντα δὲ ὅσα εἶπεν Ἰωάννης περὶ τούτου ἀληθῆ ἦν.

그리고 많은 사람이 그를 향하여 와서 "요한은 아무런 표적을 행하지 않았지만, 요한이 이 사람에 대하여 말한 모든 것들은 진실이다"라고 말하고 있었다.

42절

καὶ πολλοὶ ἐπίστευσαν εἰς αὐτὸν ἐκεῖ.

그리고 많은 사람이 거기서 그를 믿었다.

해설

　나사렛 예수는 유대인들이 자기들의 속을 태우지 말고 제발 자신의 정체를 밝히라고 요구하자 아버지와 자기는 하나라고 선언한다. 아버지와 아들이 하나라는 것은 한 본체(ὑπόστασις) 안에 있는 같은 본질(ουσια)을 가진 두 인격체(πρόσωπον)를 말하는 것이다. 이것은 태초부터 감추어져 왔던 하나님의 존재의 비밀이다. 이로써 나사렛 예수는 자신이 태초부터 계시는 영광의 본체이심을 증거한다. 그러나 유대인들은 이 계시의 비밀을 이해하지 못하고 예수를 스스로 신을 참칭하는 이단의 괴수로 판단하고 그를 돌로 때려죽이려고 한다. 그러자 예수는 시편의 말씀을 인용하며 반박한다.

> 그들은 알지도 못하고 깨닫지도 못하여 흑암 중에 왕래하니 땅의 모든 터가 흔들리도다. 내가 말하기를 너희는 신들이며 다 지존자의 아들들이라 하였으나 그러나 너희는 사람처럼 죽으며 고관의 하나 같이 넘어지리로다(시편 82:5-7).

　여기서 깨닫지 못하고 흑암 중에 왕래하는 자들은 하나님의 말씀을 받은 이스라엘 백성이다. 그리고 사람들은 하나님을 모르는 이방인들이고, 고관들은 이방의 통치자들이다. 하나님께서는 말씀을 받은 사람을 신이라 부르신다. 하나님께서는 말씀을 따라간 아브라함을 친구라고 부르신다. 왜냐하면 아브라함은 하나님의 말씀 안에서 하나님의 길을 따라 하나님의 영광 속으로 들어갔기 때문이다. 그는 이미 신의 세계에 참여한 자다. 하나님의 말씀을 받은 이스라엘을 신들이라고 부르신 것은 그들이 하나님의 뜻을 따라 하나님의 영광의 빛 가운데 걸어가도록 부르심을 받았기 때문이다. 그들은 거룩하고 영광스러운 신의 자녀들이다. 인간은 하나님의 형상대로 창조된 신적 존재이며, 말씀을 통하여 다시 하나님과의 생명의 관계가 회복되는 존귀하고 영광스러운 존재다.

나사렛 예수는 아버지께서 거룩하게 하셔서 세상에 보내신 자신이 하나님의 아들이라고 말하는 것이 어떻게 신성모독이 되느냐고 성경을 근거로 논리적으로 반박한다. 그러나 그의 말을 받을 수 있는 사람은 이 세상에 하나도 없다. 그것은 만세 전에 예수 그리스도의 사람으로 정해진 사람들에게만 허락되는 것이다.

죽음을 향하여

요한복음 11:1-16

1절

῏Ην δέ τις ἀσθενῶν, Λάζαρος ἀπὸ Βηθανίας, ἐκ τῆς κώμης Μαρίας καὶ Μάρθας τῆς ἀδελφῆς αὐτῆς.

그런데 어떤 병든 자가 있었는데, 그는 마리아와 그녀의 자매 마르다의 마을인 베다니 사람 나사로였다.

2절

ἦν δὲ Μαριὰμ ἡ ἀλείψασα τὸν κύριον μύρῳ καὶ ἐκμάξασα τοὺς πόδας αὐτοῦ ταῖς θριξὶν αὐτῆς, ἧς ὁ ἀδελφὸς Λάζαρος ἠσθένει.

그런데 마리아는 주님의 발에 향유를 붓고 자기의 머리카락으로 그분의 발을 닦은 여자였는데, 그녀의 형제 나사로가 병들어 있었다.

3절

ἀπέστειλαν οὖν αἱ ἀδελφαὶ πρὸς αὐτὸν λέγουσαι· κύριε, ἴδε ὃν φιλεῖς ἀσθενεῖ.

그러므로 자매들은 예수를 향하여 사람을 보내어 말했다. "주님, 당신께서 사랑하시는 자가 병들었습니다."

4절

ἀκούσας δὲ ὁ Ἰησοῦς εἶπεν· αὕτη ἡ ἀσθένεια οὐκ ἔστιν πρὸς θάνατον ἀλλ᾽ ὑπὲρ τῆς δόξης τοῦ θεοῦ, ἵνα δοξασθῇ ὁ υἱὸς τοῦ θεοῦ δι᾽ αὐτῆς.

그러나 예수는 듣고 나서 말했다. "이것은 죽을병이 아니다. 대신에 그것은 그것을 통하여 하나님의 아들이 영광 받기 위함이다."

5절

ἠγάπα δὲ ὁ Ἰησοῦς τὴν Μάρθαν καὶ τὴν ἀδελφὴν αὐτῆς καὶ τὸν Λάζαρον.

그런데 예수는 마르다와 그녀의 자매와 나사로를 사랑했다.

6절

Ὡς οὖν ἤκουσεν ὅτι ἀσθενεῖ, τότε μὲν ἔμεινεν ἐν ᾧ ἦν τόπῳ δύο ἡμέρας,

그러므로 그는 나사로가 병들어 있다는 것을 들었을 때, 그때 그가 있던 곳에서 2일을 더 머물고 있었다.

7절

ἔπειτα μετὰ τοῦτο λέγει τοῖς μαθηταῖς· ἄγωμεν εἰς τὴν Ἰουδαίαν πάλιν.

그리고 나서 이후에 그는 제자들에게 말한다. "다시 유대로 가자."

8절

λέγουσιν αὐτῷ οἱ μαθηταί· ῥαββί, νῦν ἐζήτουν σε λιθάσαι οἱ Ἰουδαῖο ι, καὶ πάλιν ὑπάγεις ἐκεῖ;

제자들이 그에게 말한다. "선생님, 지금 유대인들이 돌로 치려고 당신을
찾고 있었어요. 그런데 다시 거기로 가십니까?"

9절

ἀπεκρίθη Ἰησοῦς· οὐχὶ δώδεκα ὧραί εἰσιν τῆς ἡμέρας; ἐάν τις περιπ
ατῇ ἐν τῇ ἡμέρᾳ, οὐ προσκόπτει, ὅτι τὸ φῶς τοῦ κόσμου τούτου βλέπει·

예수가 대답했다. "낮의 시간이 12시간이 아니냐? 만약 누가 낮에 걸어
다니면, 그는 이 세상의 빛을 보고 있기에 넘어지지 않는다.

10절

ἐὰν δέ τις περιπατῇ ἐν τῇ νυκτί, προσκόπτει, ὅτι τὸ φῶς οὐκ ἔστιν
ἐν αὐτῷ.

그러나 만약 누가 밤에 걸어 다니면, 그는 그 안에 빛이 없기에 넘어진다."

11절

Ταῦτα εἶπεν, καὶ μετὰ τοῦτο λέγει αὐτοῖς· Λάζαρος ὁ φίλος ἡμῶν
κεκοίμηται· ἀλλὰ πορεύομαι ἵνα ἐξυπνίσω αὐτόν.

그는 이것들을 말했다. 그리고 이후에 그는 그들에게 말한다. "우리의
친구 나사로가 잠들었다. 그러나 나는 그를 깨우러 간다."

12절

εἶπαν οὖν οἱ μαθηταὶ αὐτῷ· κύριε, εἰ κεκοίμηται σωθήσεται.

그러므로 제자들이 그에게 말했다. "주님, 만약 그가 잠들었으면 그는

구원받을 것입니다."

13절

ειρηκει δε ὁ Ιησούς περι του θανάτου αυτού, εκείνοι δε εδοξαν ὁτι περι της κοιμησεως του ὑπνου λέγει.

그런데 그는 나사로의 죽음에 대해서 말한 것이다. 그러나 저들은 그가 잠의 휴식에 대해서 말하는 것으로 생각했다.

14절

τότε οὖν εἶπεν αὐτοῖς ὁ Ἰησοῦς παρρησίᾳ· Λάζαρος ἀπέθανεν,

그러므로 그때 예수가 그들에게 확실히 말했다. "나사로는 죽었다.

15절

καὶ χαίρω δι᾽ ὑμᾶς ἵνα πιστεύσητε, ὅτι οὐκ ἤμην ἐκεῖ· ἀλλ᾽ ἄγωμεν πρὸς αὐτόν.

그리고 나는 너희를 위해 내가 거기에 있지 않았던 것을 기뻐하노니 이는 너희가 믿게 하기 위함이다. 그러나 그를 향하여 가자."

16절

εἶπεν οὖν Θωμᾶς ὁ λεγόμενος Δίδυμος τοῖς συμμαθηταῖς· ἄγωμεν καὶ ἡμεῖς ἵνα ἀποθάνωμεν μετ᾽ αὐτοῦ.

그러므로 쌍둥이라는 도마가 동료 제자들에게 말했다. "우리도 그와 함께 죽으러 가자."

해설

　나사렛 예수는 죽은 나사로를 살리기 위해 다시 유대 지역으로 들어간다. 거기는 그의 적들이 기다리고 있는 곳이다. 그는 나사로가 병들었다는 얘기를 들었으나 움직이지 않고 있다가 나사로의 죽음 후에 행동을 개시한다. 그것은 그가 병든 자를 치유하는 초월적 능력자를 넘어서, 죽은 자를 살리는 부활의 하나님으로 자신을 계시하려는 것이다. 그는 제자들이 자신이 아버지께서 보내신 영광의 아들이심을 믿게 하려고 의도적으로 시간을 끌고 있었던 것이다.

　나사렛 예수의 제자들은 예수의 적들이 기다리고 있는 유대 지역으로 들어가는 것을 두려워하고 있다. 그러나 용감한 도마는 동료 제자들에게 나사렛 예수와 함께 죽으러 가자고 설득한다. 그는 나사렛 예수의 제자들 중에서 예수의 죽음의 현실을 가장 먼저 감지한 인물이다. 그리고 더 나아가 자신들의 죽음의 운명도 감지하고 있다. 왜냐하면 제자들은 그때까지는 나사렛 예수의 하나님 나라를 정치적 메시아의 왕국으로 기대하고 있었기 때문이다. 그러나 이제 나사렛 예수와 함께 죽으러 가는 그들에게 하나님 나라는 종말론적 희망의 미래의 모습으로 나타나고 있다.

마르다의 원망

요한복음 11:17-27

17절

Ἐλθὼν οὖν ὁ Ἰησοῦς εὗρεν αὐτὸν τέσσαρας ἤδη ἡμέρας ἔχοντα ἐν τῷ μνημείῳ.

그러므로 예수가 갔을 때 그는 나사로가 무덤 속에서 4일을 있었다는 것을 발견했다.

18절

ἦν δὲ ἡ Βηθανία ἐγγὺς τῶν Ἱεροσολύμων ὡς ἀπὸ σταδίων δεκαπέντε.

그런데 베다니는 예루살렘에서 약 15스타디온 (3km, 스타디온=200m) 정도로 가까웠다.

19절

πολλοὶ δὲ ἐκ τῶν Ἰουδαίων ἐληλύθεισαν πρὸς τὴν Μάρθαν καὶ Μαρι ὰμ ἵνα παραμυθήσωνται αὐτὰς περὶ τοῦ ἀδελφοῦ.

그런데 유대인들 중 많은 사람이 형제의 일에 대하여 그녀들을 위로하기 위해 마르다와 마리아를 향하여 왔다.

20절

Ἡ οὖν Μάρθα ὡς ἤκουσεν ὅτι Ἰησοῦς ἔρχεται ὑπήντησεν αὐτῷ·
Μαριὰμ δὲ ἐν τῷ οἴκῳ ἐκαθέζετο.

그러므로 마르다는 예수께서 오신다는 말을 듣고 그를 마중 나왔다. 그러나 마리아는 집에 앉아있었다.

21절

εἶπεν οὖν ἡ Μάρθα πρὸς τὸν Ἰησοῦν· κύριε, εἰ ἦς ὧδε οὐκ ἂν ἀπέθανεν ὁ ἀδελφός μου·

그러므로 마르다는 예수를 향해 말했다. "주님, 만약 당신이 여기에 계셨다면 나의 형제는 죽지 않았을 거예요.

22절

ἀλλὰ καὶ νῦν οἶδα ὅτι ὅσα ἂν αἰτήσῃ τὸν θεὸν δώσει σοι ὁ θεός.

그러나 지금도 나는 당신께서 하나님께 무엇을 구하든지 하나님께서 당신께 주시리라는 것을 알아요."

23절

λέγει αὐτῇ ὁ Ἰησοῦς· ἀναστήσεται ὁ ἀδελφός σου.

예수가 그녀에게 말한다. "너의 형제는 일으켜질 것이다."

24절

λέγει αὐτῷ ἡ Μάρθα· οἶδα ὅτι ἀναστήσεται ἐν τῇ ἀναστάσει ἐν τῇ ἐσχάτῃ ἡμέρᾳ.

마르다가 그에게 말한다. "나는 그가 마지막 날 부활 때 일으켜질 것을 알아요."

25절

εἶπεν αὐτῇ ὁ Ἰησοῦς· ἐγώ εἰμι ἡ ἀνάστασις καὶ ἡ ζωή· ὁ πιστεύων εἰς ἐμὲ κἂν ἀποθάνῃ ζήσεται,

예수가 그녀에게 말했다. "나는 부활이요 생명이다. 나를 믿는 사람은 죽어도 살 것이다.

26절

καὶ πᾶς ὁ ζῶν καὶ πιστεύων εἰς ἐμὲ οὐ μὴ ἀποθάνῃ εἰς τὸν αἰῶνα. πιστεύεις τοῦτο;

그리고 살아서 나를 믿는 모든 사람은 결코 영원히 죽지 않는다. 이것을 믿느냐?"

27절

λέγει αὐτῷ· ναὶ κύριε, ἐγὼ πεπίστευκα ὅτι σὺ εἶ ὁ χριστὸς ὁ υἱὸς τοῦ θεοῦ ὁ εἰς τὸν κόσμον ἐρχόμενος.

그녀가 그에게 말한다. "네 주님, 나는 당신이 세상에 오시는 하나님의 아들 그리스도라는 것을 벌써 믿었어요."

해설

나사렛 예수와 제자들이 베다니에 온다는 소식을 들은 마르다는 예수를 마중 나온다. 그녀는 예수를 만나자마자 원망의 말부터 늘어놓는다. 그리고 마리아는 토라져서 아예 나와 보지도 않고 집에 앉아 있다. 이것으로 나사로를 잃은 두 자매의 충격과 슬픔이 얼마나 큰지 알 수 있다. 그들은 나사렛 예수가 즉시 달려와서 나사로를 병석에서 일으켜 줄 것이라고 확신하고 있었다. 그러나 나사렛 예수는 그들의 기대와 희망을 저버렸다. 더구나 나사렛 예수는 멀리서 말씀 한마디만으로도 병자들을 고치는 초월적 능력자가 아닌가! 그런데 다른 사람들은 다 고쳐놓고 정작 그토록 그가 사랑하는 자매들의 소원은 들어주지 않은 것이다. 마르다와 마리아는 원망과 분노를 넘어 배신감을 느끼고 있다. 이제 그들의 믿음은 큰 시련에 봉착하게 된다.

그것은 또한 지금 예수를 믿는 우리에게도 닥쳐오는 도전이기도 하다. 그것은 상상을 초월하는 시련의 폭풍을 만나 칠흑 같은 암흑 속에서 뒹굴며 절망 중에 울부짖는 욥의 모습과 다를 바가 없다. 욥은 전능자의 화살에 맞은 후 그분이 앞에도 계시고 뒤에도 계시며 왼쪽에서도 일하시고 오른쪽에서도 일하시지만, 아무런 말이 없는 그분의 침묵에 대해 좌절한다. 그러나 그는 절망 중에도 하나님을 향한 사랑과 신뢰의 끈을 놓치지 않는다. 그리고 그는 하나님의 심판의 날에 자신의 결백이 입증될 것이라는 종말론적 희망을 품는다.

내가 알기에는 나의 대속자가 살아 계시니 마침내 그가 땅위에 서실 것이

라. 내 가죽이 벗김을 당한 뒤에도 내가 육체 밖에서 하나님을 보리라. 내가 그를 보리니 내 눈으로 그를 보기를 낯선 사람처럼 하지 않을 것이라 내 마음이 초조하구나(욥기 19:25-27).

마르다는 나사렛 예수를 향하여 욥과 같은 종말론적 신앙고백을 한다. 그러나 나사렛 예수는 자신이 부활의 하나님이시며 나사로를 죽은 자들 가운데서 일으키기 위해 왔다는 것을 말한다. 그러자 마르다는 나사렛 예수의 말을 믿지 않고 그가 그리스도이시며 세상에 오시는 하나님의 아들이심을 벌써 믿고 있다고 말한다. 이 말 속에는 깊은 회의와 실망이 담겨있는데, 그것은 이스라엘 민족의 신앙고백 속에도 강하게 각인된 것이다. 그녀는 나사렛 예수가 죽은 나사로를 무덤에서 불러내심으로 부활의 하나님으로 자신의 영광을 계시할 것이라는 것은 전혀 기대도 상상도 하지 않고 있다. 그녀는 다만 자신의 경험적 신앙의 지식과 한계 속에서 예수를 해석하고 있을 뿐이다. 그러나 나사렛 예수는 인간의 모든 지식과 한계를 뛰어넘는 초월적 전능자로 자신을 계시할 것이다.

눈물바다

요한복음 11:28-37

28절

Καὶ τοῦτο εἰποῦσα ἀπῆλθεν καὶ ἐφώνησεν Μαριὰμ τὴν ἀδελφὴν αὐτῆς λάθρᾳ εἰποῦσα· ὁ διδάσκαλος πάρεστιν καὶ φωνεῖ σε.

그리고 이것을 말한 후 마르다는 떠나서 조용히 그녀의 자매인 마리아를 부르며 말했다. "선생님이 오셔서 너를 부르신다."

29절

ἐκείνη δὲ ὡς ἤκουσεν ἠγέρθη ταχὺ καὶ ἤρχετο πρὸς αὐτόν.

그러자 그녀는 듣고 나서 급히 일어나 그를 향하여 가고 있었다.

30절

οὔπω δὲ ἐληλύθει ὁ Ἰησοῦς εἰς τὴν κώμην, ἀλλ᾽ ἦν ἔτι ἐν τῷ τόπῳ ὅπου ὑπήντησεν αὐτῷ ἡ Μάρθα.

그런데 예수는 아직 마을로 오지 않았고 대신에 마르다가 그를 마중 나왔던 장소에 있었다.

31절

οἱ οὖν Ἰουδαῖοι οἱ ὄντες μετ᾽ αὐτῆς ἐν τῇ οἰκίᾳ καὶ παραμυθούμενοι αὐτήν, ἰδόντες τὴν Μαριὰμ ὅτι ταχέως ἀνέστη καὶ ἐξῆλθεν, ἠκολούθησ αν αὐτῇ δόξαντες ὅτι ὑπάγει εἰς τὸ μνημεῖον ἵνα κλαύσῃ ἐκεῖ.

그러므로 그녀와 함께 집에 있으면서 그녀를 위로하고 있던 유대인들은 마리아가 급히 일어나 나가는 것을 보고서 그녀가 무덤에서 울려고 거기로 간다고 생각했다.

32절

Ἡ οὖν Μαριὰμ ὡς ἦλθεν ὅπου ἦν Ἰησοῦς ἰδοῦσα αὐτὸν ἔπεσεν αὐτοῦ πρὸς τοὺς πόδας λέγουσα αὐτῷ· κύριε, εἰ ἦς ὧδε οὐκ ἄν μου ἀπέθανεν ὁ ἀδελφός.

그러므로 마리아는 예수가 있는 곳에 왔을 때 그를 보고서 그의 발을 향하여 엎드려 그에게 말했다. "주님, 당신께서 여기에 계셨다면 나의 형제는 죽지 않았을 거예요."

33절

Ἰησοῦς οὖν ὡς εἶδεν αὐτὴν κλαίουσαν καὶ τοὺς συνελθόντας αὐτῇ Ἰουδαίους κλαίοντας, ἐνεβριμήσατο τῷ πνεύματι καὶ ἐτάραξεν ἑαυτὸν

그러므로 예수는 그녀가 우는 것과 그녀와 함께 온 유대인들이 우는 것을 보고서, 심령에 화가 나서 씩씩거리면서 자기 자신을 격동시켰다.

34절

καὶ εἶπεν· ποῦ τεθείκατε αὐτόν; λέγουσιν αὐτῷ· κύριε, ἔρχου καὶ ἴδε.

그리고 그가 말했다. "그를 어디에 안치했느냐?" 그들이 그에게 말했다. "와서 보세요."

35절

ἐδάκρυσεν ὁ Ἰησοῦς.

예수는 눈물을 흘렸다.

36절

ἔλεγον οὖν οἱ Ἰουδαῖοι· ἴδε πῶς ἐφίλει αὐτόν.

그러므로 유대인들이 말하고 있었다. "보라, 그가 그를 얼마나 사랑하고 있었는지를!"

37절

τινὲς δὲ ἐξ αὐτῶν εἶπαν· οὐκ ἐδύνατο οὗτος ὁ ἀνοίξας τοὺς ὀφθαλμοὺς τοῦ τυφλοῦ ποιῆσαι ἵνα καὶ οὗτος μὴ ἀποθάνῃ;

그런데 그들 중 어떤 사람들은 말했다. "소경의 눈을 열어준 이분이 이 사람이 죽지 않도록 만들 수 없었겠느냐?"

회의와 절망에 빠져 있던 마리아는 예수께서 자기를 부르신다는 말을 듣고 나서야 급히 예수를 향해 간다. 그녀는 예수님의 발 앞에 공손히 무릎 꿇고 경배한 후 자기의 섭섭한 마음을 표현한다. 마리아 역시 마르다처럼 예수에 대한 원망이 있었던 것이다. 그러나 그녀는 마르다처럼 거칠게 행동하지는 않는다. 내성적인 그녀는 예의를 갖추면서도 눈물을 펑펑 흘리면서 자기의 감정을 더 강렬하게 표현한다. 그러자 마리아를 따라왔던 무리도 슬픔에 복받쳐 함께 울기 시작한다. 생명의 주님이신 나사렛 예수의 주변은 갑자기 눈물바다로 변한다. 그것은 이 세상을 찾아오신 영광의 본체이신 예수를 무시하는 행동이다. 이에 예수는 마음 속으로 화가 나서 씩씩거리면서 자기 자신을 격동시킨다. 그리고 나사로의 무덤이 어디냐고 묻는다. 그것은 죽은 나사로를 무덤에서 불러내어 자기의 영광을 드러내시려는 것이다.

그는 죽음을 통해 하나님의 형상으로 지음 받은 존귀한 인간을 지배하는 사탄의 세력에 대해 분노한다. 그는 또한 죽음의 세력에 굴복하는 인간 실존의 연약함에 대한 연민의 정을 품고 눈물을 흘린다. 마리아도 울고 군중들도 울고 나사렛 예수도 눈물을 흘리는 마을 베다니는 눈물바다로 변한다. 거기서 죽음은 자신의 위세를 떨치며 승리의 노래를 부르고 있다. 그러나 그것은 생명의 주님이신 나사렛 예수의 권능 앞에 무너지고 영원한 유황불 속에 던져질 일시적 승리일 뿐이다.

부활의 하나님

요한복음 11:38-44

38절

Ἰησοῦς οὖν πάλιν ἐμβριμώμενος ἐν ἑαυτῷ ἔρχεται εἰς τὸ μνημεῖον· ἦν δὲ σπήλαιον καὶ λίθος ἐπέκειτο ἐπ᾽ αὐτῷ.

그러므로 예수는 다시 자기 속으로 화가 나서 씩씩거리면서 무덤으로 간다. 그런데 무덤은 동굴이었고 돌이 그 위에 놓여 있었다.

39절

λέγει ὁ Ἰησοῦς· ἄρατε τὸν λίθον. λέγει αὐτῷ ἡ ἀδελφὴ τοῦ τετελευτη κότος Μάρθα· κύριε, ἤδη ὄζει, τεταρταῖος γάρ ἐστιν.

예수가 말한다. "돌을 치워라." 죽은 자의 자매인 마르다가 말한다. "주님, 벌써 냄새가 나요. 4일째이거든요."

40절

λέγει αὐτῇ ὁ Ἰησοῦς· οὐκ εἶπόν σοι ὅτι ἐὰν πιστεύσῃς ὄψῃ τὴν δόξαν τοῦ θεοῦ;

예수가 그녀에게 말한다. "네가 믿으면 하나님의 영광을 볼 것이라고 내가 말하지 않았느냐?"

41절

ἦραν οὖν τὸν λίθον. ὁ δὲ Ἰησοῦς ἦρεν τοὺς ὀφθαλμοὺς ἄνω καὶ εἶπεν· πάτερ, εὐχαριστῶ σοι ὅτι ἤκουσάς μου.

그러므로 사람들이 돌을 치웠다. 그러자 예수는 눈을 위로 들고 말했다. "아버지, 당신께서 나의 말을 들으신 것에 대해 당신께 감사합니다.

42절

ἐγὼ δὲ ᾔδειν ὅτι πάντοτέ μου ἀκούεις, ἀλλὰ διὰ τὸν ὄχλον τὸν περιεστῶτα εἶπον, ἵνα πιστεύσωσιν ὅτι σύ με ἀπέστειλας.

나는 당신께서 나의 말을 들으시는 것을 이미 알고 있습니다. 그러나 곁에서 있는 군중을 위하여 말한 것은 그들이 당신께서 나를 보내셨다는 것을 믿게 하려는 것입니다."

43절

καὶ ταῦτα εἰπὼν φωνῇ μεγάλῃ ἐκραύγασεν· Λάζαρε, δεῦρο ἔξω.

그리고 그는 이것들을 말한 후 큰 목소리로 외쳤다. "나사로, 밖으로 나오라."

44절

ἐξῆλθεν ὁ τεθνηκὼς δεδεμένος τοὺς πόδας καὶ τὰς χεῖρας κειρίαις καὶ ἡ ὄψις αὐτοῦ σουδαρίῳ περιεδέδετο. λέγει αὐτοῖς ὁ Ἰησοῦς· λύσατε αὐτὸν καὶ ἄφετε αὐτὸν ὑπάγειν.

죽었던 자가 발과 손을 끈으로 묶인 채 밖으로 나왔다. 그리고 그의 얼굴은 수건으로 칭칭 감겨있었다. 예수가 그들에게 말한다. "그를 풀어라. 그리고 그가 가도록 허락하라."

해설

나사렛 예수는 마르다와 마리아, 조문객들을 데리고 나사로의 무덤으로 간다. 그는 지금 나사로를 무덤에서 불러내기 위해 가고 있다. 그는 죽음의 현실 앞에서 피하지 않고 정면으로 대결한다. 그는 사람들에게 무덤을 막고 있는 돌을 치우라고 명령한다. 그러자 마르다가 제동을 걸고 나온다.

"주님, 장례식을 치른 지 4일이 지나 벌써 시체 썩는 냄새가 진동하고 있어요."

그것은 그냥 추도예배나 드리고 내려가서 밥이나 먹자는 말이다. 그러나 그것은 영광의 본체이신 나사렛 예수를 멸시하는 불신앙의 말이다. 나사렛 예수는 마르다를 향하여 준엄하게 말한다.

"네가 믿으면 하나님의 영광을 볼 것이라고 내가 말하지 않았느냐?"

그러자 사람들은 예수의 권세에 굴복하여 무덤을 막고 있는 돌을 치운다. 사람들이 말씀에 복종하여 돌을 치우자, 그는 썩어가며 냄새를 풍기고 있는 시체를 향하여 외친다.

"나사로, 밖으로 나오라! "

그것은 생명의 주님이신 초월적 전능자의 음성이다. 그러자 무덤 속에서 썩어가고 있던 나사로가 손과 발이 묶인 채 스르르 무덤 밖으로 나온다. 그것은 마치 자동문이 스르르 열리는 것과 같다. 그는 무덤에서 걸어 나온 것이 아니다. 그는 생명의 영이신 성령의 힘에 의해 운반된 것이다.

구약성서 에스겔 10:9-17에 보면 하나님의 보좌를 움직이는 그룹 천사들이 나온다. 그들은 스스로 움직이는 것이 아니라 그들 곁에 있는 바퀴가 그들을 운반하는데, 그것은 그들의 영이 바퀴 속에 있기 때문이다. 이것이 바로 부활의 세계이며 천사의 세계다.

나사로의 몸은 예수의 말씀에 의해 죽음의 몸에서 생명의 몸으로 바뀐다. 이리하여 나사렛 예수는 자신을 죽은 자를 살리는 부활의 하나님으로 계시하는데, 그 부활의 하나님은 세상 끝 날에 있을 종말론적 심판의 주님이시다.

정치신학

요한복음 11:45-57

45절

Πολλοὶ οὖν ἐκ τῶν Ἰουδαίων οἱ ἐλθόντες πρὸς τὴν Μαριὰμ καὶ θεασ
άμενοι ἃ ἐποίησεν ἐπίστευσαν εἰς αὐτόν·

그러므로 유대인들 중에 마리아를 향하여 와서 그가 행한 것들을 본 많은
사람들이 그를 믿었다.

46절

τινὲς δὲ ἐξ αὐτῶν ἀπῆλθον πρὸς τοὺς Φαρισαίους καὶ εἶπαν αὐτοῖς
ἃ ἐποίησεν Ἰησοῦς.

그런데 그들 중 어떤 사람들은 바리새인들을 향하여 가서 예수가 행한
일들을 그들에게 말했다.

47절

Συνήγαγον οὖν οἱ ἀρχιερεῖς καὶ οἱ Φαρισαῖοι συνέδριον καὶ ἔλεγον·
τί ποιοῦμεν ὅτι οὗτος ὁ ἄνθρωπος πολλὰ ποιεῖ σημεῖα;

그러므로 대제사장들과 바리새인들은 공의회를 소집하고 말하고 있었
다. "이 사람이 많은 표적을 행하니 우리가 무엇을 할까?

48절

ἐὰν ἀφῶμεν αὐτὸν οὕτως, πάντες πιστεύσουσιν εἰς αὐτόν, καὶ ἐλεύ
σονται οἱ Ῥωμαῖοι καὶ ἀροῦσιν ἡμῶν καὶ τὸν τόπον καὶ τὸ ἔθνος.

만약 우리가 그를 이대로 내버려 두면 모든 사람들이 그를 믿을 것이고,
그러면 로마인들이 와서 우리의 장소와 백성까지 빼앗을 것이다.”

49절

εἷς δέ τις ἐξ αὐτῶν Καϊάφας, ἀρχιερεὺς ὢν τοῦ ἐνιαυτοῦ ἐκείνου,
εἶπεν αὐτοῖς· ὑμεῖς οὐκ οἴδατε οὐδέν,

그런데 그들 중의 하나인 가야바는 저 해의 대제사장으로서 그들에게
말했다. “너희는 아무것도 모르고,

50절

οὐδὲ λογίζεσθε ὅτι συμφέρει ὑμῖν ἵνα εἷς ἄνθρωπος ἀποθάνῃ ὑπὲρ
τοῦ λαοῦ καὶ μὴ ὅλον τὸ ἔθνος ἀπόληται.

또한 한 사람이 백성을 위해 죽고 온 민족이 멸망 당하지 않는 것이 더
낫다는 것을 생각하지 못하고 있다.”

51절

τοῦτο δὲ ἀφ’ ἑαυτοῦ οὐκ εἶπεν, ἀλλ’ ἀρχιερεὺς ὢν τοῦ ἐνιαυτοῦ ἐκείνου
ἐπροφήτευσεν ὅτι ἔμελλεν Ἰησοῦς ἀποθνήσκειν ὑπὲρ τοῦ ἔθνους,

그런데 그는 이것을 스스로 말한 것이 아니라, 저 해의 대제사장으로서
예수가 장차 민족을 위하여 죽게 될 것을 예언한 것이다.

52절

καὶ οὐχ ὑπὲρ τοῦ ἔθνους μόνον ἀλλ' ἵνα καὶ τὰ τέκνα τοῦ θεοῦ τὰ
διεσκορπισμένα συναγάγῃ εἰς ἕν.

그리고 그것은 단지 민족을 위해서뿐만 아니라 뿔뿔이 흩어져 있는 하나
님의 자녀들을 하나로 모으기 위해서다.

53절

ἀπ' ἐκείνης οὖν τῆς ἡμέρας ἐβουλεύσαντο ἵνα ἀποκτείνωσιν αὐτόν.

그러므로 저 날부터 그들은 그를 죽이기로 결의했다.

54절

Ὁ οὖν Ἰησοῦς οὐκέτι παρρησίᾳ περιεπάτει ἐν τοῖς Ἰουδαίοις, ἀλλ'
ἀπῆλθεν ἐκεῖθεν εἰς τὴν χώραν ἐγγὺς τῆς ἐρήμου, εἰς Ἐφραὶμ λεγομένην
πόλιν, κἀκεῖ ἔμεινεν μετὰ τῶν μαθητῶν.

그러므로 예수는 더 이상 드러내어 돌아다니지 않고 대신에 거기서 광야
가까운 땅 에프라임이라는 도시로 떠났다. 그리고 거기서 제자들과 함께
머물고 있었다.

55절

Ἦν δὲ ἐγγὺς τὸ πάσχα τῶν Ἰουδαίων, καὶ ἀνέβησαν πολλοὶ εἰς Ἰεροσ
όλυμα ἐκ τῆς χώρας πρὸ τοῦ πάσχα ἵνα ἁγνίσωσιν ἑαυτούς.

그런데 유대인들의 명절인 유월절이 가까웠다. 그리고 많은 사람들이
자기 자신들을 성결하게 하려고 유월절 전에 지방에서 예루살렘으로
올라갔다.

56절

ἐζήτουν οὖν τὸν Ἰησοῦν καὶ ἔλεγον μετ᾽ ἀλλήλων ἐν τῷ ἱερῷ ἑστηκό
τες· τί δοκεῖ ὑμῖν; ὅτι οὐ μὴ ἔλθη εἰς τὴν ἑορτήν;

그러므로 사람들이 예수를 찾으며 성전에서 서서 서로 말하고 있었다.
"너희에게는 어떻게 생각되느냐? 그가 명절에 오지 않겠느냐?"

57절

δεδώκεισαν δὲ οἱ ἀρχιερεῖς καὶ οἱ Φαρισαῖοι ἐντολὰς ἵνα ἐάν τις γνῷ
ποῦ ἐστιν μηνύση, ὅπως πιάσωσιν αὐτόν.

그런데 대제사장들과 바리새인들은 그를 체포하기 위해 만약 누가 그가
있는 곳을 알면 신고하라는 명령을 이미 내려놓았다.

해설

　유대교 지도자들은 나사렛 예수를 방치하면 유대 민중들이 그를 왕으로 옹립한 후 로마 제국에 저항하는 폭동을 일으킬 것으로 생각한다. 이것은 나사렛 예수의 의도와는 전혀 다른 것이지만, 그 당시 정치적 상황이나 유대 민중의 민족적 열망으로 볼 때 상당히 설득력 있는 판단이다. 비폭력 평화운동으로 시작한 민중운동은 언제든지 우연한 계기를 통해 폭력적 혁명 투쟁으로 전환될 수 있는 것이다. 그럴 때 로마 군대가 들어와 땅을 점령하고 유대 민족을 노예로 끌어가 팔아넘기는 것은 불을 보듯이 훤한 것이다.

　그 해의 대제사장인 가야바는 민족 전체가 멸망의 길로 갈 바에는 차라리 나사렛 예수 하나를 희생시켜서 온 민족을 구원하는 것이 낫다는 정치적 판단을 내리고 유대인 공의회를 설득한다. 그리고 유대인 공의회는 가야바의 의견에 동의하고 나사렛 예수를 제거하기로 공식적으로 결의한다. 그리고 나사렛 예수가 어디 있는지 아는 사람은 모두 신고하라는 포고령을 내리는데, 이것은 알면서도 신고하지 않는 자는 불고지죄로 처벌하겠다는 뜻을 품고 있다. 그리하여 나사렛 예수의 죽음은 임박한 현실이 된다.

　이제 나사렛 예수의 하나님 나라 운동은 정치적 사건이 되면서 역사 속에 뿌리를 내리게 된다. 이것은 기독교 공동체는 필연적으로 정치적 공동체일 수밖에 없으며, 또한 기독교 신학은 본질적으로 정치신학일 수밖에 없다는 것을 증거한다.

마리아와 가룟 유다

요한복음 12:1-8

1절

Ὁ οὖν Ἰησοῦς πρὸ ἓξ ἡμερῶν τοῦ πάσχα ἦλθεν εἰς Βηθανίαν, ὅπου ἦν Λάζαρος, ὃν ἤγειρεν ἐκ νεκρῶν Ἰησοῦς.

그러므로 예수는 유월절 6일 전에 베다니로 갔는데, 거기는 예수가 죽은 자들로부터 일으킨 나사로가 있는 곳이었다.

2절

ἐποίησαν οὖν αὐτῷ δεῖπνον ἐκεῖ, καὶ ἡ Μάρθα διηκόνει, ὁ δὲ Λάζαρος εἷς ἦν ἐκ τῶν ἀνακειμένων σὺν αὐτῷ.

그러므로 사람들이 거기서 그에게 만찬을 베풀었다. 그리고 마르다는 봉사하고 있었고, 나사로는 그와 함께 식탁에 기대어 앉은 사람들 중 하나였다.

3절

Ἡ οὖν Μαριὰμ λαβοῦσα λίτραν μύρου νάρδου πιστικῆς πολυτίμου ἤλειψεν τοὺς πόδας τοῦ Ἰησοῦ καὶ ἐξέμαξεν ταῖς θριξὶν αὐτῆς τοὺς πόδας αὐτοῦ· ἡ δὲ οἰκία ἐπληρώθη ἐκ τῆς ὀσμῆς τοῦ μύρου.

그러므로 마리아는 값비싸고 순수한 나르드 향유 한 근을 가지고 와서
예수의 발에 부었다. 그리고 자기의 머리카락으로 그의 발을 닦았다.
그러자 그 집은 나르드 냄새로 가득 찼다.

4절

Λέγει δὲ Ἰούδας ὁ Ἰσκαριώτης εἷς ἐκ τῶν μαθητῶν αὐτοῦ, ὁ μέλλων
αὐτὸν παραδιδόναι·

그러자 그의 제자들 중 하나이며 장차 그를 팔아넘길 이스카리오테스
유다가 말한다.

5절

διὰ τί τοῦτο τὸ μύρον οὐκ ἐπράθη τριακοσίων δηναρίων καὶ ἐδόθη
πτωχοῖς;

"무엇 때문에 이 향유가 300데나리온에 팔려서 가난한 자들에게 주어지
지 않았느냐?"

6절

εἶπεν δὲ τοῦτο οὐχ ὅτι περὶ τῶν πτωχῶν ἔμελεν αὐτῷ, ἀλλ᾽ ὅτι κλέπτ
ης ἦν καὶ τὸ γλωσσόκομον ἔχων τὰ βαλλόμενα ἐβάσταζεν.

그런데 그가 이것을 말한 것은 그가 가난한 자들의 일에 관하여 관심이
있었기 때문이 아니라 그가 도둑이었기 때문이다. 그는 돈주머니를 가지
고 있으면서 거기에 던져지는 것들을 훔치고 있었다.

7절

εἶπεν οὖν ὁ Ἰησοῦς· ἄφες αὐτήν, ἵνα εἰς τὴν ἡμέραν τοῦ ἐνταφιασμο
ῦ μου τηρήσῃ αὐτό·

그러자 예수가 말했다. "그녀를 내버려 두라. 그리하여 나의 장례식을
위해 그것을 지키게 하라.

8절

τοὺς πτωχοὺς γὰρ πάντοτε ἔχετε μεθ᾽ ἑαυτῶν, ἐμὲ δὲ οὐ πάντοτε
ἔχετε.

왜냐하면 가난한 자들은 항상 너희와 함께 있지만, 나는 항상 있지 않기
때문이다."

해설

　그리스도를 향한 마리아의 사랑은 물질을 초월한다. 그녀에게는 300데나리온의 돈보다 그리스도가 더 소중하다. 데나리온은 라틴어 데나리우스의 헬라식 발음인데, 데나리우스는 로마 군인의 하루 일 당 혹은 노동자의 하루 품값이었다. 요즘 한국식으로 10만 원으로 치면 300데나리온은 약 3천만 원 정도 되는 큰돈이다.

　도대체 나르드 향유가 무엇이기에 이렇게 비싼 것일까? 화장품이 귀하던 시대에 여성들이 결혼을 위해 준비한 최고급 향수일까? 성경은 그녀가 가지고 있었던 것은 순수한 값비싼 나르드 향유라고 말하고 있다. 요즘 인터넷에서 순수한 나르드 향유 20ml가 35,000원에 판매되고 있다. 그러면 2L는 35,000×100=350만 원이다. 엄청나게 비싼 물품인 것은 분명하다. 향유는 몸에 바르는 것인데, 마리아는 그것을 그리스도의 발에 부어드린다. 마리아에게 그리스도의 발은 자기 육체의 아름다움보다 더 소중한 것이다. 인간의 인간됨은 가치를 추구하는 데 있다. 마리아는 육체의 아름다움을 쏟아버리고 그리스도를 선택한다. 그것은 세상의 가치에 대한 정면 도전이다. 십자가 죽음의 길을 가는 그리스도에게 마리아가 부어드렸던 나르드 향유 냄새는 마르다와 마리아의 집을 가득 채운다. 그 향기는 지금도 그리스도를 사랑하는 자들의 영혼을 가득 채우고 있는데, 그 향기는 바로 성령의 향기다.

　그러나 그리스도의 제자 중 하나인 가룟 유다의 거짓과 위선은 세세토록 악취를 풍기고 있는데, 그것은 바로 사탄의 냄새다. 그는 세상 물정에 밝고 계산이 빠른 영리한 사람이었다. 그의 사랑의 대상은 그리스도가 아니라 돈과 권력이었다. 그는 욕망의 노예였다. 그는 그리스도에게 바쳐진 헌금을 빼돌려서 어디에 쓴 것일까? 그리스도께서는 그가 마귀인 것을 처음부터 알고 계셨다. 그는 그리스도의 교회에 잠입한 첩자였나? 그리스도께서는 가룟 유다가 뒷구멍으로 무슨 짓을 하고 돌아다니는지 알고 계신다. 그는 정치공작에 탁월한 인물이었다. 그 결과물이 바로 그리스도 예수의 목숨과 폭력혁명가 바라바의 목숨을 바꾸는 것이었다.

마리아의 사랑은 단순하고 순진하다. 그러나 가룟 유다의 욕망은 끝없는 계산 속에서 길을 잃고 방황한다.

불레[βουλή]와 로고스[λόγος]

요한복음 12:9-11

9절

Ἔγνω οὖν ὁ ὄχλος πολὺς ἐκ τῶν Ἰουδαίων ὅτι ἐκεῖ ἐστιν καὶ ἦλθον οὐ διὰ τὸν Ἰησοῦν μόνον, ἀλλ᾽ ἵνα καὶ τὸν Λάζαρον ἴδωσιν ὃν ἤγειρεν ἐκ νεκρῶν.

그러므로 유대인 중의 많은 무리가 그가 거기에 있다는 것을 알았다. 그리고 예수 때문만이 아니라 또한 그가 죽은 자들 가운데서 일으킨 나사로를 보기 위해 왔다.

10절

ἐβουλεύσαντο δὲ οἱ ἀρχιερεῖς ἵνα καὶ τὸν Λάζαρον ἀποκτείνωσιν, 그런데 대제사장들은 나사로도 죽이려고 결심했다.

11절

ὅτι πολλοὶ δι᾽ αὐτὸν ὑπῆγον τῶν Ἰουδαίων καὶ ἐπίστευον εἰς τὸν Ἰησοῦν.

왜냐하면 유대인들 중에 많은 사람이 그 때문에 와서 예수를 믿고 있었기 때문이다.

대제사장들은 나사렛 예수뿐 아니라 나사로까지 죽이려고 결의한다.

εβουλευσαντο(에불류산토, 결의했다)
→ βουλευω(불류오, 협의하다, 결의하다)의 3인칭 복수 부정과거

그들은 종교 권력을 위해 불법을 자행하는 하나님 없는 무법자들이다. 여기서 우리는 하나님의 사랑의 의지가 아니라 자신의 욕망의 의지를 따르는 인간의 반역성을 본다.

헬라어 βουλή(불레)는 영어 will과 같은 의미의 인격적 주체적 의지를 나타내는 단어다. 그런데 태초부터 계시는 영원한 λόγος(로고스)이신 예수에게는 자기의 βουλή가 없다. 그에게는 오직 아버지의 βουλή만 있을 뿐이다.

여기서 우리는 βουλή와 λόγος의 작동 원리를 본다. λόγος(이성, 언어)를 움직이는 것은 βουλή(뜻, 의지)다. 이성의 세계가 펼쳐지기 전에 인격적 의지의 세계가 있다. 오늘 우리 인생의 모든 시행착오와 과실은 모두 하나님의 의지와 뜻에서 벗어난 것에 그 근본이 있다. 이성과 언어[λόγος]는 영광의 본체이신 하나님의 βουλή에서 이탈할 때 길을 잃고 방황하게 된다.

회개는 우리의 근본인 하나님의 βουλή로 돌아가는 것이다.

새 예루살렘을 향하여

요한복음 12:12-19

12절

Τῇ ἐπαύριον ὁ ὄχλος πολὺς ὁ ἐλθὼν εἰς τὴν ἑορτήν, ἀκούσαντες ὅτι ἔρχεται ὁ Ἰησοῦς εἰς Ἱεροσόλυμα

다음 날 명절에 온 많은 군중이 예수가 예루살렘으로 오고 있다는 것을 듣고

13절

Ἔλαβον τὰ βαΐα τῶν φοινίκων καὶ ἐξῆλθον εἰς ὑπάντησιν αὐτῷ καὶ ἐκραύγαζον·

ὡσαννά·

εὐλογημένος ὁ ἐρχόμενος ἐν ὀνόματι κυρίου,

καὶ ὁ βασιλεὺς τοῦ Ἰσραήλ.

종려나무 가지들을 들고 그를 맞이하러 나가서 외치고 있었다.

"호산나

축복받으소서 주님의 이름으로 오시는 분,

곧 이스라엘의 왕이시여."

14절

εὑρὼν δὲ ὁ Ἰησοῦς ὀνάριον ἐκάθισεν ἐπ᾽ αὐτό, καθὼς ἐστιν γεγραμμ
ένον·

그런데 예수는 나귀 새끼를 발견하고 그 위에 앉았다. 이는 다음과 같이
기록된 바와 같다.

15절

μὴ φοβοῦ, θυγάτηρ Σιών·
ἰδοὺ ὁ βασιλεύς σου ἔρχεται,
καθήμενος ἐπὶ πῶλον ὄνου.
"무서워 말라, 딸 시온아.
보라, 너의 왕이 오신다.
나귀 새끼 위에 앉아서."

16절

ταῦτα οὐκ ἔγνωσαν αὐτοῦ οἱ μαθηταὶ τὸ πρῶτον, ἀλλ᾽ ὅτε ἐδοξάσθη
Ἰησοῦς τότε ἐμνήσθησαν ὅτι ταῦτα ἦν ἐπ᾽ αὐτῷ γεγραμμένα καὶ ταῦτα
ἐποίησαν αὐτῷ.

그의 제자들은 이 일들을 처음에는 알지 못했다. 그러나 그가 영광을
받았을 때 그때 그들은 이 일들이 그에 대하여 기록되어 있었다는 것과
사람들이 그에게 이 일들을 행했다는 것을 기억했다.

17절

Ἐμαρτύρει οὖν ὁ ὄχλος ὁ ὢν μετ᾽ αὐτοῦ ὅτε τὸν Λάζαρον ἐφώνησεν ἐκ τοῦ μνημείου καὶ ἤγειρεν αὐτὸν ἐκ νεκρῶν.

그런데 그가 나사로를 무덤에서 불러서 죽은 자들 가운데서 일으켰을 때 그와 함께 있었던 군중이 증언하고 있었다.

18절

διὰ τοῦτο καὶ ὑπήντησεν αὐτῷ ὁ ὄχλος, ὅτι ἤκουσαν τοῦτο αὐτὸν πεποιηκέναι τὸ σημεῖον.

이 때문에 군중이 그를 맞이했으니, 이는 그들이 그가 이 표적을 행했다는 것을 들었기 때문이다.

19절

οἱ οὖν Φαρισαῖοι εἶπαν πρὸς ἑαυτούς· θεωρεῖτε ὅτι οὐκ ὠφελεῖτε οὐδέν· ἴδε ὁ κόσμος ὀπίσω αὐτοῦ ἀπῆλθεν.

그러므로 바리새인들이 자신들을 향하여 말했다. "너희는 아무 소용이 없는 것을 보고 있다. 보라, 세상이 그의 뒤를 따르고 있다."

해설

　나사렛 예수는 지금 예루살렘에 들어가고 있다. 그러나 그것은 땅에 있는 것이 아니라, 하늘에 있는 새 예루살렘이다. 새 예루살렘은 그의 죽음과 부활을 통해 세워지는 영원한 평화의 도시다.

　예루살렘은 평화의 마을, 평화의 도시라는 뜻이다. 그러나 땅 위의 예루살렘은 거짓과 폭력으로 가득 차 있다. 나사렛 예수는 거짓과 폭력이 없는 영원한 평화의 도시를 세우려 한다. 종려나무 가지와 나귀 새끼는 새 예루살렘의 표상이다.

　딸 시온이 무서워하지 않는 것은 그가 거짓과 폭력으로 지배하는 왕이 아니라, 의와 진리로 다스리는 평화의 왕이기 때문이다.

정체불명의 사람들

요한복음 12:20-26

20절

῏Ησαν δὲ ῞Ελληνές τινες ἐκ τῶν ἀναβαινόντων ἵνα προσκυνήσωσιν ἐν τῇ ἑορτῇ·

그런데 명절에 경배하기 위해 올라온 사람들 중 어떤 헬라인들이 있었다.

21절

οὗτοι οὖν προσῆλθον Φιλίππῳ τῷ ἀπὸ Βηθσαϊδὰ τῆς Γαλιλαίας καὶ ἠρώτων αὐτὸν λέγοντες· κύριε, θέλομεν τὸν Ἰησοῦν ἰδεῖν.

그런데 이들은 갈릴리 벳새다 출신인 빌립에게 나아가서 부탁하며 말했다. "주여, 우리가 예수를 보기를 원한다."

22절

ἔρχεται ὁ Φίλιππος καὶ λέγει τῷ Ἀνδρέᾳ, ἔρχεται Ἀνδρέας καὶ Φίλιππος καὶ λέγουσιν τῷ Ἰησοῦ.

빌립이 가서 안드레에게 말하고, 안드레와 빌립은 가서 예수에게 말한다.

23절

Ὁ δὲ Ἰησοῦς ἀποκρίνεται αὐτοῖς λέγων· ἐλήλυθεν ἡ ὥρα ἵνα δοξασθ

ῇ ὁ υἱὸς τοῦ ἀνθρώπου.

그러자 예수가 그들에게 대답하며 말했다. "사람의 아들이 영광 받을

시간이 왔다.

24절

ἀμὴν ἀμὴν λέγω ὑμῖν, ἐὰν μὴ ὁ κόκκος τοῦ σίτου πεσὼν εἰς τὴν

γῆν ἀποθάνῃ, αὐτὸς μόνος μένει· ἐὰν δὲ ἀποθάνῃ, πολὺν καρπὸν φέρε

ι.

진실로 진실로 너희에게 말하건대, 만약 곡식의 알이 땅에 떨어져 죽지

않으면 그것 혼자 남아있다. 그러나 그것이 죽으면 많은 열매를 맺는다.

25절

ὁ φιλῶν τὴν ψυχὴν αὐτοῦ ἀπολλύει αὐτήν, καὶ ὁ μισῶν τὴν ψυχὴν

αὐτοῦ ἐν τῷ κόσμῳ τούτῳ εἰς ζωὴν αἰώνιον φυλάξει αὐτήν.

자기의 목숨을 사랑하는 사람은 그것을 잃는다. 그러나 이 세상에서 자기

의 목숨을 미워하는 사람은 영원한 생명을 향하여 그것을 지킬 것이다.

26절

ἐὰν ἐμοί τις διακονῇ, ἐμοὶ ἀκολουθείτω, καὶ ὅπου εἰμὶ ἐγὼ ἐκεῖ καὶ

ὁ διάκονος ὁ ἐμὸς ἔσται· ἐάν τις ἐμοὶ διακονῇ τιμήσει αὐτὸν ὁ πατήρ.

만약 누가 나를 섬기면, 나를 따르라. 그러면 내가 있는 곳에 나를 섬기는

사람도 거기에 있을 것이다. 만약 누가 나를 섬기면 아버지께서 그를

존귀하게 여길 것이다."

해설

십자가 죽음을 향하여 나아가고 있는 나사렛 예수에게 정체불명의 사람들이 나타나 빌립에게 예수와의 면담을 요청한다. 그들은 디아스포라 유대인들인데 그들의 출신지가 어딘지, 예수를 만나고자 하는 목적이 무엇인지, 그들과 빌립은 어떤 관계인지 전혀 알 수 없다.

그들은 나사렛 예수를 유대교 지도자들의 손에서 빼내어 디아스포라 유대인 사회로 망명시키려는 그들 나름대로 선한 의도를 품고 접근했을 가능성이 있다. 그러나 한편 그들은 나사렛 예수를 제거해야 하지만 또한 그 역풍을 두려워하는 유대교 권력층의 사주를 받아 나사렛 예수를 유대 땅 밖으로 내보내기 위해 접근한 첩자일 수도 있다. 유대교 지도자들의 입장에서는 그것이 폭력을 쓰지 않고 조용히 골칫거리를 해결할 수 있는 고도의 책략이다.

그러나 중요한 것은 그들의 출현이 나사렛 예수의 대속적 죽음의 길을 방해하고 있다는 것이다. 나사렛 예수에게 그들은 죽음의 길을 피하고 목숨을 보전하라는 사탄의 속삭임이다. 그러나 생각 없는 제자들은 저들의 제안을 좋게 생각하고 나사렛 예수에게 전하는데, 그들은 자신들이 사탄의 교묘한 계략에 이용당하고 있다는 것조차 깨닫지 못하고 있다.

나사렛 예수는 그들의 제안이 사탄의 은밀한 유혹의 손길임을 간파하고 자신이 영광 받을 시간이 도래했음을 선언한다. 그 시간은 십자가 죽음의 시간이다. 이로써 그는 사탄의 계략을 깨뜨리고 아버지께서 자신에게 맡겨주신 십자가 대속의 사명을 향해 전진한다.

그는 자신을 한 알의 밀알로 비유한다. 이 밀알은 우주 탄생의 씨앗인 영원한 로고스인데, 이제 이 로고스의 죽음은 새 하늘과 새 땅을 여는 문이 된다.

영원한 로고스를 섬기는 사람은 로고스와 함께 십자가 죽음의 길을 가야 한다. 그러면 그는 아버지의 축복 속에 예수와 함께 부활의 영광에 참여하게 될 것이다.

아들의 죽음과 아버지의 영광

요한복음 12:27-36a

27절

Νῦν ἡ ψυχή μου τετάρακται, καὶ τί εἴπω; πάτερ, σῶσόν με ἐκ τῆς ὥρας ταύτης; ἀλλὰ διὰ τοῦτο ἦλθον εἰς τὴν ὥραν ταύτην.

"지금 나의 영혼이 흔들렸다. 그러니 내가 무엇을 말하겠는가? 아버지, 이 시간으로부터 나를 구원하소서. 그러나 이것을 위해 내가 이 시간에 왔습니다.

28절

πάτερ, δόξασόν σου τὸ ὄνομα. ἦλθεν οὖν φωνὴ ἐκ τοῦ οὐρανοῦ· καὶ ἐδόξασα καὶ πάλιν δοξάσω.

아버지, 당신의 이름을 영화롭게 하소서." 그러자 하늘로부터 음성이 왔다. "이미 영화롭게 하였고 또다시 영화롭게 할 것이다."

29절

ὁ οὖν ὄχλος ὁ ἑστὼς καὶ ἀκούσας ἔλεγεν βροντὴν γεγονέναι, ἄλλοι ἔλεγον· ἄγγελος αὐτῷ λελάληκεν.

그러므로 서 있던 군중은 듣고서 말했다. "천둥이 일어났다." 그러나 다른 사람들은 "천사가 그에게 말한 것이다"라고 말하고 있었다.

30절

ἀπεκρίθη Ἰησοῦς καὶ εἶπεν· οὐ δι᾽ ἐμὲ ἡ φωνὴ αὕτη γέγονεν ἀλλὰ δι᾽ ὑμᾶς.

예수가 대답하며 말했다. "이 음성은 나를 위한 것이 아니라 너희를 위한 것이다.

31절

νῦν κρίσις ἐστὶν τοῦ κόσμου τούτου, νῦν ὁ ἄρχων τοῦ κόσμου τούτου ἐκβληθήσεται ἔξω·

지금은 이 세상의 심판이다. 이제 이 세상의 통치자가 밖으로 쫓겨날 것이다.

32절

κἀγὼ ἐὰν ὑψωθῶ ἐκ τῆς γῆς, πάντας ἑλκύσω πρὸς ἐμαυτόν.

그리고 내가 땅에서 올려지면, 모든 사람들을 나 자신을 향하여 끌어올 것이다."

33절

τοῦτο δὲ ἔλεγεν σημαίνων ποίῳ θανάτῳ ἤμελλεν ἀποθνήσκειν.

그런데 그는 이것을 그가 장차 어떠한 죽음으로 죽게 될 것인지를 표시하며 말하고 있었다.

34절

Ἀπεκρίθη οὖν αὐτῷ ὁ ὄχλος· ἡμεῖς ἠκούσαμεν ἐκ τοῦ νόμου ὅτι ὁ χριστὸς μένει εἰς τὸν αἰῶνα, καὶ πῶς λέγεις σὺ ὅτι δεῖ ὑψωθῆναι τὸν υἱὸν τοῦ ἀνθρώπου; τίς ἐστιν οὗτος ὁ υἱὸς τοῦ ἀνθρώπου;

그러므로 군중이 그에게 대답했다. "우리는 율법으로부터 그리스도는 영원히 머무른다고 들었는데, 어떻게 당신은 사람의 아들이 올려져야 한다고 말하느냐? 이 사람의 아들은 도대체 누구냐?"

35절

εἶπεν οὖν αὐτοῖς ὁ Ἰησοῦς· ἔτι μικρὸν χρόνον τὸ φῶς ἐν ὑμῖν ἐστιν. περιπατεῖτε ὡς τὸ φῶς ἔχετε, ἵνα μὴ σκοτία ὑμᾶς καταλάβῃ· καὶ ὁ περιπατῶν ἐν τῇ σκοτίᾳ οὐκ οἶδεν ποῦ ὑπάγει.

그러므로 예수가 그들에게 말했다. "아직 조금 더 빛이 너희 속에 있다. 어두움이 너희를 이기지 못하도록 너희가 빛을 가지고 있을 때 걸어 다녀라. 그리고 어둠 속에서 걸어 다니는 사람은 자기가 어디로 가는지 알지 못한다.

36a절

ὡς τὸ φῶς ἔχετε, πιστεύετε εἰς τὸ φῶς, ἵνα υἱοὶ φωτὸς γένησθε. 너희가 빛을 가지고 있을 때, 빛의 아들들이 되기 위해 빛을 믿으라."

해설

나사렛 예수는 십자가 죽음의 운명 앞에서 마음이 흔들린다. 그의 외로운 영혼은 고통 속에 울부짖는다. 그는 아무 말도 할 수 없다. 그것은 그의 고통과 슬픔이 언어의 한계를 초월하기 때문이다. 이 세상에는 언어로 표현할 수 없는 것들이 있다. 예수는 슬픔과 고통 속에서 말한다.

"내가 무슨 말을 하리요!"

그는 아버지를 향해 말한다.

"아버지, 당신의 이름을 영화롭게 하소서!"

그는 자신의 죽음을 통해 아버지의 영광이 계시되기를 원한다. 그 영광은 피조물들을 향한 하나님의 사랑의 성실성이다.

아들의 기도를 들으신 아버지께서 응답하신다.

"내가 이미 영광 받았고 또다시 영광 받을 것이다."

아버지께서는 태초에 아들을 통해 만물을 창조하심으로 자신의 지혜와 능력의 위대함과 탁월함을 계시하셨다. 그런데 이제는 영원한 로고스이신 아들의 죽음을 통해 새 하늘과 새 땅을 창조하심으로 피조물들을 향한 자신의 사랑의 성실성을 계시려고 하신다.

무지한 군중은 그 음성을 듣고 천둥이 울었다고 말한다. 하나님의 영광의 보좌에서는 번개와 음성과 천둥이 나오는데 그것은 절대 주권적인 전능자의 위엄의 표현이다.

나사렛 예수는 전능자의 위엄의 음성은 세상의 구원을 위한 것이라고 말하는데, 그것은 자신의 십자가 죽음을 가리킨다. 이제 영원한 로고스의 죽음을 통해 세상 통치자인 사탄은 심판받게 되고, 그는 하늘에서 쫓겨날 것이다. 그러므로 세상은 구원의 빛으로 온 영원한 로고스를 믿어야 한다. 왜냐하면 그가 십자가 대속의 죽음으로 율법의 요구를 충족시킴으로 그들을 사탄의 지배로부터 해방할 것이기 때문이다.

그러나 무지한 군중은 로고스의 죽음을 이해하지 못한다. 그들은 로고스의 죽음을 통한 새 하늘과 새 땅의 창조라는 하나님의 종말론적 희망의 약속을 받아들이지 않는다. 그 결과 그들은 계속해서 무지와 어둠 속에서 방황한다.

사랑의 관계

요한복음 12:36b-43

36b절

ταῦτα ἐλάλησεν Ἰησοῦς, καὶ ἀπελθὼν ἐκρύβη ἀπ᾽ αὐτῶν.

예수는 이것들을 이야기하고 떠나 그들에게서 감추어졌다.

37절

Τοσαῦτα δὲ αὐτοῦ σημεῖα πεποιηκότος ἔμπροσθεν αὐτῶν οὐκ ἐπίστ
ευον εἰς αὐτόν,

그런데 그가 그들 앞에서 이러한 표적들을 행하였으나 그들은 그를 믿지
않고 있었으니,

38절

ἵνα ὁ λόγος Ἠσαΐου τοῦ προφήτου πληρωθῇ ὃν εἶπεν·

κύριε, τίς ἐπίστευσεν τῇ ἀκοῇ ἡμῶν;

καὶ ὁ βραχίων κυρίου τίνι ἀπεκαλύφθη;

이는 선지자 이사야의 말이 성취되기 위함이다. 그는 말했다.

"주님, 누가 우리의 소식을 믿었나이까?

그리고 주님의 팔이 누구에게 계시되었나이까?"

39절

διὰ τοῦτο οὐκ ἠδύναντο πιστεύειν, ὅτι πάλιν εἶπεν Ἡσαΐας·

이 때문에 그들은 믿을 수 없었던 것이니, 이사야가 다시 말했다.

40절

τετύφλωκεν αὐτῶν τοὺς ὀφθαλμοὺς

καὶ ἐπώρωσεν αὐτῶν τὴν καρδίαν,

ἵνα μὴ ἴδωσιν τοῖς ὀφθαλμοῖς

καὶ νοήσωσιν τῇ καρδίᾳ

καὶ στραφῶσιν, καὶ ἰάσομαι αὐτούς.

"그가 그들의 눈을 멀게 하셨고 그들의 마음을 둔하게 하신 것은,

그들이 눈으로 보지 못하고 마음으로 깨닫지 못하게 하려는 것이다.

그러므로 나는 그들을 치유하지 않을 것이다."

41절

ταῦτα εἶπεν Ἡσαΐας ὅτι εἶδεν τὴν δόξαν αὐτοῦ, καὶ ἐλάλησεν περὶ αὐτοῦ.

이사야가 이것들을 말한 것은, 그가 그의 영광을 보았기 때문이다. 그래서 그는 그에 대하여 이야기한 것이다.

42절

ὅμως μέντοι καὶ ἐκ τῶν ἀρχόντων πολλοὶ ἐπίστευσαν εἰς αὐτόν, ἀλλὰ διὰ τοὺς Φαρισαίους οὐχ ὡμολόγουν ἵνα μὴ ἀποσυνάγωγοι γένωνται·

그럼에도 불구하고 아직 지도자들 중에서 많은 사람이 그를 믿었다, 그러나 그들은 바리새인들 때문에 고백하지 않고 있었으니, 그것은 그들이 회당에서 쫓겨나지 않으려 했기 때문이다.

43절

ἠγάπησαν γὰρ τὴν δόξαν τῶν ἀνθρώπων μᾶλλον ἤπερ τὴν δόξαν τοῦ θεοῦ.

참으로 그들은 하나님의 영광보다 사람들의 영광을 더 사랑했다.

해설

　　하나님과 이스라엘은 긴 역사를 가진 사랑의 관계다. 이스라엘은 계시의 백성으로 선택받은 특별한 민족이다. 그들은 하나님의 본질의 세계에 초청받은 자들이다. 그들은 역사적 사건의 배후에 있는 하나님의 손길을 보는 자들이요, 하나님과의 사랑의 관계 속에 있는 자들이다. 그들은 계시의 현상을 넘어 계시의 본질에 도달해야 한다. 그렇지 않고 계시의 현상에만 몰두하고 하나님과의 인격적 사랑의 교제에 도달하지 못하면 그들과 하나님의 관계는 파괴된다. 그러면 그들을 택하시고 부르신 하나님의 사랑은 소외되고 깊은 상처를 받는다. 그들은 율법주의로 하나님과의 관계를 회복하려고 하지만 그것은 애초에 하나님의 영광의 본질에 도달할 수 없는 것이다. 상처받은 하나님의 사랑은 비정상적인 애증의 관계로 변질된다. 그리하여 마침내 하나님은 그들의 눈을 멀게 하시고, 그들의 마음을 둔하게 하셔서 그들이 하나님께 돌아와 치료받지 못하게 만드신다. 그러나 이것은 하나님의 본마음이 아닌, 자기 백성을 향한 하나님 사랑의 역설적 표현일 뿐이다.

　　여기서 우리는 애증이 교차하는 하나님과 이스라엘의 길고 긴 사랑 이야기를 듣는다. 진정 그들은 마음을 돌이켜 하나님께로 돌아와야 한다. 그들은 세상과 하나님 사이에서 양다리를 걸치면 안 된다. 그들은 세상을 버리고 하나님과의 사랑의 관계에 온전히 성실하여 그분의 영광의 본질에 참여해야 한다. 하나님은 지금도 자기 백성이 돌아오기를 학수고대하는 사랑의 하나님이시다.

마지막 설교

요한복음 12:44-50

44절

Ἰησοῦς δὲ ἔκραξεν καὶ εἶπεν· ὁ πιστεύων εἰς ἐμὲ οὐ πιστεύει εἰς ἐμὲ ἀλλ᾽ εἰς τὸν πέμψαντά με,

그런데 예수는 외치며 말했다. "나를 믿는 사람은 나를 믿는 것이 아니라 나를 보내신 분을 믿는 것이고,

45절

καὶ ὁ θεωρῶν ἐμὲ θεωρεῖ τὸν πέμψαντά με.

나를 보는 사람은 나를 보내신 분을 보는 것이다.

46절

ἐγὼ φῶς εἰς τὸν κόσμον ἐλήλυθα, ἵνα πᾶς ὁ πιστεύων εἰς ἐμὲ ἐν τῇ σκοτίᾳ μὴ μείνῃ.

내가 빛으로 세상에 왔던 것은 나를 믿는 모든 사람이 어둠 속에 머무르지 않게 하려는 것이다.

47절

καὶ ἐάν τίς μου ἀκούσῃ τῶν ῥημάτων καὶ μὴ φυλάξῃ, ἐγὼ οὐ κρίνω αὐτόν· οὐ γὰρ ἦλθον ἵνα κρίνω τὸν κόσμον, ἀλλ᾽ ἵνα σώσω τὸν κόσμον.

그리고 비록 누가 나의 말을 듣고도 믿지 않을지라도 나는 그를 심판하지 않는다. 왜냐하면 나는 세상을 심판하기 위해서 온 것이 아니라 구원하기 위해 왔기 때문이다.

48절

ὁ ἀθετῶν ἐμὲ καὶ μὴ λαμβάνων τὰ ῥήματά μου ἔχει τὸν κρίνοντα αὐτόν· ὁ λόγος ὃν ἐλάλησα ἐκεῖνος κρινεῖ αὐτὸν ἐν τῇ ἐσχάτῃ ἡμέρᾳ.

나를 무시하고 나의 말들을 받아들이지 않는 사람은 그를 심판할 자를 갖고 있다. 내가 말한 그 말 바로 저것이 마지막 날에 그를 심판할 것이다.

49절

ὅτι ἐγὼ ἐξ ἐμαυτοῦ οὐκ ἐλάλησα, ἀλλ᾽ ὁ πέμψας με πατὴρ αὐτός μοι ἐντολὴν δέδωκεν τί εἴπω καὶ τί λαλήσω.

왜냐하면 나는 자의적으로 말하지 않았고, 대신에 나를 보내신 아버지 바로 그분이 나에게 내가 무엇을 말하며 무엇을 이야기할 것인지 명령을 주셨기 때문이다.

50절

καὶ οἶδα ὅτι ἡ ἐντολὴ αὐτοῦ ζωὴ αἰώνιός ἐστιν. ἃ οὖν ἐγὼ λαλῶ, καθὼς εἴρηκέν μοι ὁ πατήρ, οὕτως λαλῶ.

그리고 나는 그분의 명령이 영원한 생명이라는 것을 알고 있다. 그러므로 내가 이야기하는 것들은, 아버지께서 나에게 말씀하신 대로, 똑같이 나는 이야기하고 있는 것이다."

해설

이 본문은 나사렛 예수의 마지막 설교다. 그러므로 여기에는 예수의 메시지가 압축되어 있다.

첫째, 아들과 아버지는 하나

아들을 믿는 자는 아들을 보내신 분을 믿는 것이고, 아들을 보는 자는 아버지를 보는 것이다.

둘째, 예수는 세상의 빛

세상은 어두움이다. 사람들은 무지와 어리석음 속에서 방황하고 있다. 그들은 빛으로 오신 예수를 향해 나와서 그를 믿어야 한다. 그러면 그들은 예수 안에서 빛의 자녀들이 되고 참된 지식과 지혜를 얻는다.

셋째, 로고스의 초월성

세상에는 나사렛 예수의 말을 듣고도 믿지 않는 사람들이 많다. 그러나 예수는 자신의 심판하는 권세를 그들에게 행사하지 않는다. 왜냐하면 그는 세상을 심판하기 위해 온 것이 아니라 구원하러 왔기 때문이다. 종말론적 심판의 날에 세상을 심판하는 것은 예수의 입에서 나온 바로 그 말씀(ὁ λόγος, 호 로고스)이다. 사람들은 예수의 로고스(말씀) 앞에 자신의 로고스(말)를 제출해야 한다. 결국 종말론적 심판은 로고스의 법정이다.

넷째, 하나님의 계명은 생명의 원천

나사렛 예수는 자의적으로 말하거나 행동하지 않는다. 그는 자신을 보내신 아버지께서 주신 말씀 안에 온전히 머무른다. 그 결과 그의 몸은 성령이 흘러나오는 영원한 생명의 원천이 된다. 우리의 몸속에 들어와 계시는 성령은 우리가 온전히 예수의 말씀 안에 머물러 있을 때 터져 나온다. 그때 우리의 몸은 말씀의 통로, 계시의 통로가 되는 영광을 누리게 된다.

비움의 신학

요한복음 13:1-20

1절

Πρὸ δὲ τῆς ἑορτῆς τοῦ πάσχα εἰδὼς ὁ Ἰησοῦς ὅτι ἦλθεν αὐτοῦ ἡ ὥρα ἵνα μεταβῇ ἐκ τοῦ κόσμου τούτου πρὸς τὸν πατέρα, ἀγαπήσας τοὺς ἰδίους τοὺς ἐν τῷ κόσμῳ εἰς τέλος ἠγάπησεν αὐτούς.

그런데 유월절 명절 전에 예수는 그가 이 세상으로부터 아버지를 향하여 옮겨갈 자기의 시간이 왔다는 것을 알고, 세상에 있는 자기의 사람들을 사랑하되 끝까지 사랑했다.

2절

Καὶ δείπνου γινομένου, τοῦ διαβόλου ἤδη βεβληκότος εἰς τὴν καρδίαν ἵνα παραδοῖ αὐτὸν Ἰούδας Σίμωνος Ἰσκαριώτου,

그리고 만찬이 열릴 때, 이미 마귀가 그를 팔아넘기려는 생각을 이스카리오테스 시몬의 아들 유다의 마음속에 던졌는데,

3절

εἰδὼς ὅτι πάντα ἔδωκεν αὐτῷ ὁ πατὴρ εἰς τὰς χεῖρας καὶ ὅτι ἀπὸ θεοῦ ἐξῆλθεν καὶ πρὸς τὸν θεὸν ὑπάγει,

예수는 아버지께서 모든 것을 자기의 손에 넘겨주신 것과 자기가 하나님에게서 나와서 하나님을 향하여 간다는 것을 알고,

4절

ἐγείρεται ἐκ τοῦ δείπνου καὶ τίθησιν τὰ ἱμάτια καὶ λαβὼν λέντιον διέζωσεν ἑαυτόν·

만찬에서 일어나 겉옷을 벗고 수건을 취해 자신을 둘러 묶었다.

5절

εἶτα βάλλει ὕδωρ εις τον νιπτῆρα και ηρξατο νιπτειν τους πόδας των μαθητών και εκμασσειν τω λεντιω ὧ ην διεζωσμενος.

그는 대야에 물을 붓고 나서 제자들의 발을 씻고 허리에 두른 수건으로 닦기 시작했다.

6절

Ἔρχεται οὖν πρὸς Σίμωνα Πέτρον· λέγει αὐτῷ· κύριε, σύ μου νίπτεις τοὺς πόδας;

그러므로 그는 시몬 베드로를 향하여 온다. 시몬이 그에게 말한다. "주님, 당신께서 나의 발을 씻는다는 것입니까?"

7절

ἀπεκρίθη Ἰησοῦς καὶ εἶπεν αὐτῷ· ὃ ἐγὼ ποιῶ σὺ οὐκ οἶδας ἄρτι, γνώσῃ δὲ μετὰ ταῦτα.

예수가 그에게 대답하며 말했다. "내가 하는 것을 너는 지금은 모른다.

그러나 이 일들 후에는 알게 될 것이다."

8절

λέγει αὐτῷ Πέτρος· οὐ μὴ νίψῃς μου τοὺς πόδας εἰς τὸν αἰῶνα.
ἀπεκρίθη Ἰησοῦς αὐτῷ· ἐὰν μὴ νίψω σε, οὐκ ἔχεις μέρος μετ᾽ ἐμοῦ.

베드로가 그에게 말한다. "결코 당신은 나의 발을 영원히 씻지 못할 것입
니다." 예수가 그에게 대답했다. "만약 내가 너를 씻지 않으면, 너는 나와
함께 몫을 가지지 못한다."

9절

λέγει αὐτῷ Πέτρος· οὐ μὴ νίψῃς μου τοὺς πόδας εἰς τὸν αἰῶνα.
ἀπεκρίθη Ἰησοῦς αὐτῷ· ἐὰν μὴ νίψω σε, οὐκ ἔχεις μέρος μετ᾽ ἐμοῦ.

시몬 베드로가 그에게 말한다. "주님, 나의 발뿐만 아니라 손과 머리도(씻
어주세요)."

10절

λέγει αὐτῷ ὁ Ἰησοῦς· ὁ λελουμένος οὐκ ἔχει χρείαν εἰ μὴ τοὺς πόδας
νίψασθαι, ἀλλ᾽ ἔστιν καθαρὸς ὅλος· καὶ ὑμεῖς καθαροί ἐστε, ἀλλ᾽ οὐχὶ
πάντες.

예수가 그에게 말한다. "이미 목욕한 사람은 발 외에는 씻을 필요가 없다.
대신에 모든 것은 깨끗하다. 그리고 너희는 깨끗하다. 그러나 모두는
아니다."

11절

ἤδει γὰρ τὸν παραδιδόντα αὐτόν· διὰ τοῦτο εἶπεν ὅτι οὐχὶ πάντες καθαροί ἐστε.

왜냐하면 그는 자기를 팔아넘길 자를 알고 있었기 때문이다. 이 때문에 그는 "너희 모두가 깨끗하지는 않다"라고 말한 것이다.

12절

Ὅτε οὖν ἔνιψεν τοὺς πόδας αὐτῶν καὶ ἔλαβεν τὰ ἱμάτια αὐτοῦ καὶ ἀνέπεσεν πάλιν, εἶπεν αὐτοῖς· γινώσκετε τί πεποίηκα ὑμῖν;

그러므로 그가 그들의 발을 씻고 자기의 옷을 입고 다시 식탁에 기대어 앉은 후 그들에게 말했다. "너희는 내가 너희에게 무엇을 했는지 아느냐?

13절

ὑμεῖς φωνεῖτέ με· ὁ διδάσκαλος, καί· ὁ κύριος, καὶ καλῶς λέγετε· εἰμὶ γάρ.

너희는 나를 선생과 주라고 부르고 있는데, 그것은 잘 말하고 있는 것이다. 왜냐하면 나는 그렇기 때문이다.

14절

εἰ οὖν ἐγὼ ἔνιψα ὑμῶν τοὺς πόδας ὁ κύριος καὶ ὁ διδάσκαλος, καὶ ὑμεῖς ὀφείλετε ἀλλήλων νίπτειν τοὺς πόδας·

그러므로 만약 주요 선생인 내가 너희의 발을 씻었다면, 너희도 서로의 발을 씻어야만 한다.

15절

ὑπόδειγμα γὰρ ἔδωκα ὑμῖν ἵνα καθὼς ἐγὼ ἐποίησα ὑμῖν καὶ ὑμεῖς ποιῆτε.

내가 너희에게 본보기를 준 것은 너희도 내가 행한 것처럼 행하게 하려는 것이다.

16절

ἀμὴν ἀμὴν λέγω ὑμῖν, οὐκ ἔστιν δοῦλος μείζων τοῦ κυρίου αὐτοῦ οὐδὲ ἀπόστολος μείζων τοῦ πέμψαντος αὐτόν.

내가 진실로 진실로 너희에게 말하건대, 자기의 주인보다 더 큰 종은 없고 또한 자기를 보낸 자보다 더 큰 보냄 받은 자는 없다.

17절

εἰ ταῦτα οἴδατε, μακάριοί ἐστε ἐὰν ποιῆτε αὐτά.

만약 너희가 이것들을 알고 그것들을 행한다면, 너희는 행복하다.

18절

Οὐ περὶ πάντων ὑμῶν λέγω· ἐγὼ οἶδα τίνας ἐξελεξάμην· ἀλλ᾽ ἵνα ἡ γραφὴ πληρωθῇ· ὁ τρώγων μου τὸν ἄρτον ἐπῆρεν ἐπ᾽ ἐμὲ τὴν πτέρναν αὐτοῦ.

내가 너희들 모두에 대해서 말하는 것은 아니다. 나는 내가 어떤 사람들을 선택했는지 안다. 대신에 '나의 빵을 먹는 자가 나에게 발꿈치를 쳐들었다'라는 성경이 이루어지게 하려는 것이다.

19절

ἀπ᾿ ἄρτι λέγω ὑμῖν πρὸ τοῦ γενέσθαι, ἵνα πιστεύσητε ὅταν γένηται ὅτι ἐγώ εἰμι.

지금부터 이루어지기 전에 내가 너희에게 말하는 것은 그 일이 이루어졌을 때 너희가 내가 그임을 믿게 하려는 것이다.

20절

ἀμὴν ἀμὴν λέγω ὑμῖν, ὁ λαμβάνων ἄν τινα πέμψω ἐμὲ λαμβάνει, ὁ δὲ ἐμὲ λαμβάνων λαμβάνει τὸν πέμψαντά με.

내가 진실로 진실로 너희에게 말하건대, 내가 보내는 사람을 영접하는 사람은 나를 영접하는 것이고, 나를 영접하는 사람은 나를 보내신 분을 영접하는 것이다."

해설

　나사렛 예수는 유월절 만찬 자리에서 일어나 갑자기 제자들의 발을 씻기 시작한다. 이 엄숙하고 신비로운 의식은 계시적 의미로 가득차 있다. 나사렛 예수는 이 의식을 통해 사랑의 본질을 드러내고 있다. 그것은 비움의 신학이다. 그의 삶에는 자기의 것이 없다. 그는 항상 비어있는 존재다. 그 비어있는 공간은 아버지의 뜻과 세상을 향한 사랑으로 채워져 있다. 그는 근본 하나님의 영광의 본체시지만 아버지의 절대권력을 탈취하려는 욕심이 없다. 그는 만물 위에 계시는 초월적 전능자이시지만 자기의 영광을 버린다. 그리고 대속의 제물이 되기 위해 연약한 육체를 입고 세상에 나타난다.

　그는 그 빈 공간을 아버지에 대한 복종과 세상을 품는 사랑으로 가득 채운다. 나사렛 예수는 이 거룩한 의식을 통해 두 가지를 가르치고 있다. 하나는 그리스도에 대한 절대복종과 다른 하나는 서로를 향한 사랑이다. 그는 자신이 세상을 떠나 아버지께로 돌아간 후 제자들에게 성령을 보낼 것이다. 제자들은 하늘의 능력과 권세를 받아 위대한 일을 행하게 될 것이다. 그러나 바로 그때가 그들에게는 위험한 때다. 제자들은 그 능력의 원천이 자기 자신이 아니라는 것을 기억해야 한다. 그들은 사탄의 유혹을 뿌리쳐야 한다. 그들은 발꿈치를 치켜들어 나사렛 예수를 걷어차 버리고 스스로 신의 자리를 차지하려는 유혹을 버려야 한다. 모든 추락하는 것에는 날개가 있다. 기독교 역사상 욕심과 교만의 날개는 수많은 사람을 타락시켰다.

포도주에 적셔진 빵조각

요한복음 13:21-30

21절

Ταῦτα εἰπὼν ὁ Ἰησοῦς ἐταράχθη τῷ πνεύματι καὶ ἐμαρτύρησεν καὶ εἶπεν· ἀμὴν ἀμὴν λέγω ὑμῖν ὅτι εἷς ἐξ ὑμῶν παραδώσει με.

이것들을 말한 후 예수는 심령이 흔들렸다. 그리고 증거하며 말했다. "내가 진실로 진실로 너희에게 말하건대, 너희들 중의 하나가 나를 팔아넘길 것이다."

22절

ἔβλεπον εἰς ἀλλήλους οἱ μαθηταὶ ἀπορούμενοι περὶ τίνος λέγει.

제자들은 그가 누구에 대하여 말하는지 당황하며 서로를 바라보고 있었다.

23절

ἦν ἀνακείμενος εἷς ἐκ τῶν μαθητῶν αὐτοῦ ἐν τῷ κόλπῳ τοῦ Ἰησοῦ, ὃν ἠγάπα ὁ Ἰησοῦς.

그의 제자 중의 하나가 예수의 품에 기대어 앉아있었는데, 그는 예수가 사랑하고 있던 제자였다.

24절

νεύει οὖν τούτῳ Σίμων Πέτρος πυθέσθαι τίς ἂν εἴη περὶ οὗ λέγει.

그러므로 시몬 베드로는 예수가 누구에 대하여 말하는 것인지 물어보라고 그에게 눈짓했다.

25절

ἀναπεσὼν οὖν ἐκεῖνος οὕτως ἐπὶ τὸ στῆθος τοῦ Ἰησοῦ λέγει αὐτῷ· κύριε, τίς ἐστιν;

그러므로 저 사람은 예수의 가슴에 기대어 앉은 채로 그에게 말했다. "주님, 그가 누구입니까?"

26절

ἀποκρίνεταῖ ὁ Ἰησοῦς· ἐκεῖνός ἐστιν ᾧ ἐγὼ βάψω τὸ ψωμίον καὶ δώσω αὐτῷ. βάψας οὖν τὸ ψωμίον λαμβάνει καὶ δίδωσιν Ἰούδᾳ Σίμωνος Ἰσκαριώτου.

예수가 대답한다. "내가 빵조각을 적셔 그에게 주는 바로 저 사람이다."
그러므로 그는 빵조각을 적신 후 취하여 가룟 시몬의 아들 유다에게 준다.

27절

καὶ μετὰ τὸ ψωμίον τότε εἰσῆλθεν εἰς ἐκεῖνον ὁ σατανᾶς. λέγει οὖν αὐτῷ ὁ Ἰησοῦς· ὃ ποιεῖς ποίησον τάχιον.

그리고 빵조각 후에 사탄이 저 사람 속으로 들어갔다. 그러므로 예수는 그에게 말한다. "네가 하고 있는 것을 속히 하라."

28절

τοῦτο᾽ δὲ οὐδεὶς ἔγνω τῶν ἀνακειμένων πρὸς τί εἶπεν αὐτῷ·

그러나 식탁에 기대어 앉아있는 자들 중에 그 누구도 그가 무엇을 향하여 그에게 말했는지 알지 못했다.

29절

τινὲς γὰρ ἐδόκουν, ἐπεὶ τὸ γλωσσόκομον εἶχεν Ἰούδας, ὅτι λέγει αὐτ ῷ ὁ Ἰησοῦς· ἀγόρασον ὧν χρείαν ἔχομεν εἰς τὴν ἑορτήν, ἢ τοῖς πτωχοῖς ἵνα τι δῷ.

어떤 사람들은 유다가 돈주머니를 가지고 있었기 때문에, '우리가 명절에 필요한 것들을 사'거나 혹은 '가난한 자들에게 줄 무엇을 사'고 예수가 그에게 말한 것으로 생각하고 있었다.

30절

λαβὼν οὖν τὸ ψωμίον ἐκεῖνος ἐξῆλθεν εὐθύς. ἦν δὲ νύξ.

그러므로 저 사람은 빵조각을 받은 후 즉시 나갔다. 그런데 밤이었다.

해설

나사렛 예수로부터 포도주에 적셔진 빵조각을 받은 후 가룟 유다는 어둠 속으로 사라진다. 그것은 나사렛 예수와의 영원한 이별이다. 그는 나사렛 예수의 영광에 참여하는 축복의 자리를 버리고 스스로 자기의 장소로 간다. 그것은 그가 나사렛 예수를 무가치한 존재로 생각하고 있기 때문이다. 그는 빛으로 오신 그리스도의 제자임에도 불구하고 빛 가운데로 들어가지 않고 계속 겉돌고 있다. 그는 끝까지 빛의 아들이 되지 못한다. 대신에 그는 어둠 속에서 어둠의 일을 하고 있다. 놀라운 것은 나사렛 예수가 처음부터 그것을 알고 있다는 것이다. 나사렛 예수는 가룟 유다에게 말한다.

"네가 하고 있는 일을 속히 하라."

가룟 유다는 계산이 빠르고, 돈을 좋아하고, 물질에 관심이 많은 매우 현실적인 사람이다. 그리스도께 바쳐진 헌금을 오랜 시간 지속해서 훔치고 있었던 것이나, 스승을 거침없이 팔아넘긴 것으로 보아 그는 하나님을 두려워하는 마음이 전혀 없는 사람이다. 그에게 그리스도에 대한 복종심이나 존경심은 없다. 그는 가난한 자들에 대한 구제를 말하지만, 그것은 그의 정치적 구호일 뿐이다. 그는 자신의 이익을 위해 민중을 팔아먹는 위선자였다.

포도주에 적셔진 빵조각을 받을 때 사탄이 가룟 유다 속으로 들어간다. 포도주는 예수의 피고, 빵조각은 예수의 몸이다. 포도주에 적셔진 빵조각은 십자가 죽음의 길을 가는 예수의 몸이다. 포도주에 적셔진 빵을 먹는다는 것은 예수의 고난에 참여한다는 뜻이다. 예수의 고난에 참여하면 예수의 부활에도 참여할 것이다. 나사렛 예수는 포도주에 적신 빵조각을 통해 가룟 유다를 자신의 고난과 종말론적 부활의 영광 속으로 초청하고 있다. 그러나 포도주에 적셔진 빵조각은 가룟 유다에게 걸림돌이 된다. 포도주에 적셔진 빵조각은 가룟 유다의 분노를 폭발시킨다. 가룟 유다에게 그것은 종교적 속임수요, 정치적 패배주의일 뿐이다. 냉혹한 현실주의자였던 가룟 유다는 나사렛 예수가 초청하는 종말론적 희망의 미래를 거부한다. 그리고 그는 어둠 속에서 꾸미고 있던 일을 완성하기로 결심한다. 그것은 자신의 스승을 팔아넘기는 것이다.

나사렛 예수는 가룟 유다가 자신을 배신할 것을 처음부터 알고 있다. 나사렛 예수는 이제 그것을 모든 제자들 앞에서 공개하면서 몹시 괴로워한다. 왜냐하면 가룟 유다는 나사렛 예수의 제자이기 때문이다. 가룟 유다는 스승의 목숨을 팔아넘기는 대가로 무엇을 얻으려는가? 그 결과물이 폭력혁명가 바라바의 석방이었나? 그렇다면 그가 계속 도둑질해서 빼돌렸던 헌금은 어디로 흘러 들어간 것일까?

포도주에 적셔진 빵조각은 지금도 많은 사람을 넘어지게 하는 걸림돌이다.

새 계명

요한복음 13:31-35

31절

Ὅτε οὖν ἐξῆλθεν, λέγει Ἰησοῦς· νῦν ἐδοξάσθη ὁ υἱὸς τοῦ ἀνθρώπου καὶ ὁ θεὸς ἐδοξάσθη ἐν αὐτῷ·

그러므로 그가 나갔을 때 예수가 말한다. "지금 사람의 아들은 영광을 받았다. 그리고 하나님은 그 아들 안에서 영광을 받으셨다.

32절

εἰ ὁ θεὸς ἐδοξάσθη ἐν αὐτῷ, καὶ ὁ θεὸς δοξάσει αὐτὸν ἐν αὐτῷ, καὶ εὐθὺς δοξάσει αὐτόν.

[만약 하나님께서 아들 안에서 영광을 받으셨다면,] 하나님도 그를 자기 안에서 영화롭게 하실 것이다. 그리고 즉시 그를 영화롭게 하실 것이다.

33절

τεκνία, ἔτι μικρὸν μεθ᾽ ὑμῶν εἰμι· ζητήσετέ με, καὶ καθὼς εἶπον τοῖς Ἰουδαίοις ὅτι ὅπου ἐγὼ ὑπάγω ὑμεῖς οὐ δύνασθε ἐλθεῖν, καὶ ὑμῖν λέγω ἄρτι.

애들아, 나는 아직 잠깐 너희와 함께 있다. 너희는 내가 유대인들에게

'내가 가는 곳에 너희는 올 수 없다'고 말했던 것처럼 지금 너희에게도
말하고 있다.

34절

Ἐντολὴν καινὴν δίδωμι ὑμῖν, ἵνα ἀγαπᾶτε ἀλλήλους, καθὼς ἠγάπη
σα ὑμᾶς ἵνα καὶ ὑμεῖς ἀγαπᾶτε ἀλλήλους.

내가 너희에게 새 계명을 주노니 서로 사랑하라. 내가 너희를 사랑한
것처럼 너희도 서로 사랑하라.

35절

ἐν τούτῳ γνώσονται πάντες ὅτι ἐμοὶ μαθηταί ἐστε, ἐὰν ἀγάπην ἔχητε
ἐν ἀλλήλοις.

만약 너희가 서로 안에서 사랑을 가지고 있다면, 이 안에서 모든 사람이
너희가 나의 제자들임을 알게 될 것이다."

해설

　포도주에 적셔진 빵조각을 받은 가룟 유다는 크게 분노하며 예수 죽이는 일을 마무리 짓기 위해 나간다. 그러나 나사렛 예수는 그것을 자기의 영광이요, 자기를 보내신 아버지의 영광이라고 말한다. 나사렛 예수의 죽음은 하나님의 영광의 본질을 계시한다. 나사렛 예수의 십자가는 온 세상을 향한 하나님의 구원의 손길이요, 동시에 모든 피조물을 향한 하나님의 사랑의 손길이다. 아들의 죽음을 통해 영광을 받으시는 아버지는 아들을 다시 살리시는 부활을 통해 아들에게 더 큰 영광을 주신다. 그것은 아들이 죽기까지 아버지를 사랑했기 때문이다. 사랑은 지혜와 능력보다 더 근본적이고 위대하다.

　이제 예수는 제자들에게 새 계명을 준다. 예수는 단 하나의 계명만을 준다.

　"서로 사랑하라"

　한 분이신 하나님의 본질은 사랑이다.

예수의 길

요한복음 13:36-38

36절

Λέγει αὐτῷ Σίμων Πέτρος· κύριε, ποῦ ὑπάγεις; ἀπεκρίθη αὐτῷ Ἰησ
οῦς· ὅπου ὑπάγω οὐ δύνασαί μοι νῦν ἀκολουθῆσαι, ἀκολουθήσεις δὲ
ὕστερον.

시몬 베드로가 그에게 말한다. "주님, 어디로 가십니까?" 예수가 그에게
대답했다. "내가 가는 곳에 너는 지금은 나를 따라올 수 없다. 그러나 나중
에는 따라올 것이다."

37절

λέγει αὐτῷ ὁ Πέτρος· κύριε, διὰ τί οὐ δύναμαί σοι ἀκολουθῆσαι
ἄρτι; τὴν ψυχήν μου ὑπὲρ σοῦ θήσω.

베드로가 그에게 말한다. "어찌하여 지금은 내가 당신을 따라갈 수 없습
니까? 당신을 위해 나의 목숨을 내어놓겠습니다."

38절

ἀποκρίνεται Ἰησοῦς· τὴν ψυχήν σου ὑπὲρ ἐμοῦ θήσεις; ἀμὴν ἀμὴν
λέγω σοι, οὐ μὴ ἀλέκτωρ φωνήσῃ ἕως οὗ ἀρνήσῃ με τρίς.

예수가 대답한다. "네가 나를 위해 너의 목숨을 내어놓을 것이냐? 내가 진실로 진실로 너에게 말하건대, 네가 나를 세 번 부인할 때까지 닭이 울지 않을 것이다."

해설

베드로는 나사렛 예수에게 어디로 가느냐 묻는다. 그것은 예수의 출발점을 모르기 때문이다. 예수는 영광의 본체이신 아버지에게서 홀로 태어나 아버지의 뜻을 이루기 위해 세상에 오신 영광의 아들이다. 그는 아버지와 한 본체시고 동일한 본질을 가지고 계시는 영존하시는 하나님이시다.

나사렛 예수는 지금 다시 아버지께로 돌아가고 있다. 그 길은 그 누구도 동행할 수 없는 유일하고 영원한 대속적 죽음의 길이다. 그러기 때문에 제자들은 그와 함께 죽을 수 없다. 그러나 그들은 나중에 예수의 뒤를 따라 그가 있는 곳에 가게 될 것이다.

나사렛 예수는 그들에게 성령을 보내주시고, 성령께서는 제자들에게 나사렛 예수의 실체를 계시할 것이다. 그때 그들은 예수와 참된 생명의 관계를 갖게 될 것이고, 예수가 먼저 간 그 길을 따라 예수가 가 있는 그곳에 가게 될 것이다. 그러나 지금은 예수를 따라갈 수 없다. 예수에게는 예수의 길이 있고, 제자들에게는 제자들의 길이 있다. 모든 인간은 각자 하나님 앞에서 자신에게 주어진 길이 있다.

베드로는 예수를 위해 자신의 목숨을 내어놓으려 하지만, 그는 예수와 함께 죽을 수 없다. 왜냐하면 예수가 지금 가는 길은 유일하고 영원한 대속적 죽음의 길이기 때문이다.

영생의 길

요한복음 14:1-14

1절

Μὴ ταρασσέσθω ὑμῶν ἡ καρδία· πιστεύετε εἰς τὸν θεὸν καὶ εἰς ἐμὲ πιστεύετε.

"너희의 마음이 흔들리게 하지 말라. 하나님을 믿고 또한 나를 믿으라.

2절

ἐν τῇ οἰκίᾳ τοῦ πατρός μου μοναὶ πολλαί εἰσιν· εἰ δὲ μή, εἶπον ἂν ὑμῖν ὅτι πορεύομαι ἑτοιμάσαι τόπον ὑμῖν;

내 아버지의 집에는 많은 거처가 있다. 만약 그렇지 않다면 '내가 너희를 위해 장소를 준비하기 위해 간다'고 말했겠느냐?

3절

καὶ ἐὰν πορευθῶ καὶ ἑτοιμάσω τόπον ὑμῖν, πάλιν ἔρχομαι καὶ παραλήμψομαι ὑμᾶς πρὸς ἐμαυτόν, ἵνα ὅπου εἰμὶ ἐγὼ καὶ ὑμεῖς ἦτε.

그리고 내가 가서 너희를 위해 장소를 준비하면, 내가 다시 와서 내가 있는 곳에 너희도 있게 하기 위해 나를 향하여 너희를 영접할 것이다.

4절

καὶ ὅπου ἐγὼ ὑπάγω οἴδατε τὴν ὁδόν.

그리고 내가 가는 곳에 너희는 그 길을 알고 있다."

5절

Λέγει αὐτῷ Θωμᾶς· κύριε, οὐκ οἴδαμεν ποῦ ὑπάγεις· πῶς δυνάμεθα
τὴν ὁδὸν εἰδέναι;

도마가 그에게 말한다. "주님, 우리는 당신이 어디로 가는지 모릅니다.
그런데 어떻게 우리가 그 길을 알 수 있겠습니까?"

6절

λέγει αὐτῷ ὁ Ἰησοῦς· ἐγώ εἰμι ἡ ὁδὸς καὶ ἡ ἀλήθεια καὶ ἡ ζωή· οὐδεὶς
ἔρχεται πρὸς τὸν πατέρα εἰ μὴ δι᾽ ἐμοῦ.

예수가 그에게 말한다. "나는 길이요 진리요 생명이다. 나를 통하지 않으
면 그 누구도 아버지를 향하여 오지 않는다.

7절

εἰ ἐγνώκατέ με, καὶ τὸν πατέρα μου γνώσεσθε. καὶ ἀπ᾽ ἄρτι γινώσκετ
ε αὐτὸν καὶ ἑωράκατε αὐτόν.

만약 너희가 나를 알았다면 나의 아버지도 알 것이다. 그리고 너희는
지금부터 그를 알고 그를 이미 보았다."

8절

Λέγει αὐτῷ Φίλιππος· κύριε, δεῖξον ἡμῖν τὸν πατέρα, καὶ ἀρκεῖ ἡμῖν.

빌립이 그에게 말한다. "주님, 우리에게 아버지를 보여주세요. 그러면
우리가 만족하겠습니다."

9절

λέγει αὐτῷ ὁ Ἰησοῦς· τοσούτῳ χρόνῳ μεθ᾽ ὑμῶν εἰμι καὶ οὐκ ἔγνωκ
άς με, Φίλιππε; ὁ ἑωρακὼς ἐμὲ ἑώρακεν τὸν πατέρα· πῶς σὺ λέγεις·
δεῖξον ἡμῖν τὸν πατέρα;

예수가 그에게 말한다. "빌립, 내가 이렇게 많은 시간을 너희와 함께 있는
데 너희는 나를 몰랐느냐? 나를 본 사람은 아버지를 본 것이다. 그런데
어떻게 네가 '우리에게 아버지를 보여주세요'라고 말하느냐?

10절

οὐ πιστεύεις ὅτι ἐγὼ ἐν τῷ πατρὶ καὶ ὁ πατὴρ ἐν ἐμοί ἐστιν; τὰ ῥήματ
α ἃ ἐγὼ λέγω ὑμῖν ἀπ᾽ ἐμαυτοῦ οὐ λαλῶ, ὁ δὲ πατὴρ ἐν ἐμοὶ μένων
ποιεῖ τὰ ἔργα αὐτοῦ.

너는 내가 아버지 안에 그리고 아버지께서 내 안에 계시는 것을 믿지
않느냐? 내가 너희에게 하는 말들은 내가 스스로 이야기하는 것이 아니
고, 내 안에 거하시는 아버지께서 자기의 일들을 행하시는 것이다.

11절

πιστεύετέ μοι ὅτι ἐγὼ ἐν τῷ πατρὶ καὶ ὁ πατὴρ ἐν ἐμοί· εἰ δὲ μή,
διὰ τὰ ἔργα αὐτὰ πιστεύετε.

너희는 내가 아버지 안에 그리고 아버지께서 내 안에 계시는 것을 믿으라.
그렇지 않으면 바로 그 일들 때문에 믿으라.

12절

Ἀμὴν ἀμὴν λέγω ὑμῖν, ὁ πιστεύων εἰς ἐμὲ τὰ ἔργα ἃ ἐγὼ ποιῶ κἀκεῖν ος ποιήσει καὶ μείζονα τούτων ποιήσει, ὅτι ἐγὼ πρὸς τὸν πατέρα πορεύο μαι·

내가 진실로 진실로 너희에게 말하건대, 나를 믿는 저 사람도 내가 행하는 일들을 행할 것이고 이것들보다 더 큰 것들을 행할 것인데, 이는 내가 아버지를 향하여 가고 있기 때문이다.

13절

καὶ ὅ τι ἂν αἰτήσητε ἐν τῷ ὀνόματί μου τοῦτο ποιήσω, ἵνα δοξασθῇ ὁ πατὴρ ἐν τῷ υἱῷ.

그리고 너희가 내 이름으로 무엇을 구하면 내가 시행할 것이다, 이는 아버지께서 아들 안에서 영광을 받게 하려는 것이다.

14절

ἐάν τι αἰτήσητέ με ἐν τῷ ὀνόματί μου ἐγὼ ποιήσω.

만약 너희가 내 이름으로 무엇을 구하면 내가 시행할 것이다."

해설

나사렛 예수는 이 세상을 떠나 다시 영광의 본체이신 아버지의 품으로 돌아가려고 한다. 영광의 본체이신 아버지 안에는 거룩하고 아름다운 사랑의 공간이 펼쳐져 있다. 그곳이 바로 성도들의 처소다. 그리고 거기에는 많은 사랑의 공간들이 있다. 나사렛 예수는 그곳에 제자들을 위한 사랑의 공간을 만들기 위해 세상을 떠나 아버지께로 가고 있다.

나사렛 예수가 아버지께로 간다고 하자 제자들은 불안해하고 두려워한다. 제자들은 예수의 근본이 하나님의 영광의 본체라는 것을 알지 못한다. 그들은 나사렛 예수가 더 아름답고 영광스러운 나라를 향해 나아가고 있으며, 그것이 자신들을 위한 영생의 길인 것을 모르고 있다. 그 영원한 처소인 새 하늘과 새 땅은 옛 세상의 종말을 통해서 열리는 새로운 세계인데, 그것은 오직 만물의 창조의 근원이신 영원한 로고스의 죽음과 부활을 통해서만 가능한 일이다. 그러나 제자들은 이 하나님의 진리를 모르기 때문에 불안해하고 두려워한다.

그들은 나사렛 예수가 가는 곳이 아버지의 영광의 본체임을 모른다. 그들은 나사렛 예수의 죽음과 부활이 옛 세상의 종말이며 새 하늘과 새 땅의 창조임을 모른다. 그들은 나사렛 예수가 영광의 본체이신 아버지에게서 홀로 태어나 아버지의 뜻을 이루기 위해 세상에 오신 영광의 아들이시며 영원한 로고스이심을 모르고 있다. 그들의 불안과 두려움은 진리의 영이신 성령께서 임하실 때 제거될 것이다.

진리의 영

요한복음 14:15-31

15절

Ἐὰν ἀγαπᾶτέ με, τὰς ἐντολὰς τὰς ἐμὰς τηρήσετε·

"만약 너희가 나를 사랑한다면 나의 계명들을 지킬 것이다.

16절

κἀγὼ ἐρωτήσω τὸν πατέρα καὶ ἄλλον παράκλητον δώσει ὑμῖν, ἵνα μεθ᾽ ὑμῶν εἰς τὸν αἰῶνα ᾖ,

그러면 내가 아버지께 요청할 것이고 그분은 너희에게 다른 보혜사를 주셔서 영원히 너희와 함께 있게 하실 것이다.

17절

τὸ πνεῦμα τῆς ἀληθείας, ὃ ὁ κόσμος οὐ δύναται λαβεῖν, ὅτι οὐ θεωρεῖ αὐτὸ οὐδὲ γινώσκει· ὑμεῖς γινώσκετε αὐτό, ὅτι παρ᾽ ὑμῖν μένει καὶ ἐν ὑμῖν ἔσται.

그는 진리의 영인데, 세상은 그를 받을 수 없다. 왜냐하면 세상은 그를 보지도 못하고 알지도 못하기 때문이다. 그러나 너희가 그를 아는 것은 그가 너희 곁에 머무르고 또한 너희 안에 있기 때문이다.

18절

Οὐκ ἀφήσω ὑμᾶς ὀρφανούς, ἔρχομαι πρὸς ὑμᾶς.

나는 너희를 고아들로 내버려 두지 않고, 너희를 향하여 온다.

19절

ἔτι μικρὸν καὶ ὁ κόσμος με οὐκέτι θεωρεῖ, ὑμεῖς δὲ θεωρεῖτέ με, ὅτι ἐγὼ ζῶ καὶ ὑμεῖς ζήσετε.

아직 조금 있으면 세상은 더 이상 나를 보지 못하지만, 너희는 나를 볼 것이다. 이는 내가 살고 너희도 살 것이기 때문이다.

20절

ἐν ἐκείνῃ τῇ ἡμέρᾳ γνώσεσθε ὑμεῖς ὅτι ἐγὼ ἐν τῷ πατρί μου καὶ ὑμεῖς ἐν ἐμοὶ κἀγὼ ἐν ὑμῖν.

저 날에는 너희가 나는 나의 아버지 안에 있고 너희는 내 안에 있고 나는 너희 안에 있음을 알게 될 것이다.

21절

ὁ ἔχων τὰς ἐντολάς μου καὶ τηρῶν αὐτὰς ἐκεῖνός ἐστιν ὁ ἀγαπῶν με· ὁ δὲ ἀγαπῶν με ἀγαπηθήσεται ὑπὸ τοῦ πατρός μου, κἀγὼ ἀγαπήσω αὐτὸν καὶ ἐμφανίσω αὐτῷ ἐμαυτόν.

나의 계명들을 가지고 그것들을 지키는 저 사람이 나를 사랑하는 사람이다. 그런데 나를 사랑하는 사람은 나의 아버지에 의해 사랑받을 것이고, 나도 그를 사랑하고 그에게 나 자신을 나타낼 것이다."

22절

Λέγει αὐτῷ Ἰούδας, οὐχ ὁ Ἰσκαριώτης· κύριε, καὶ τί γέγονεν ὅτι ἡμῖν μέλλεις ἐμφανίζειν σεαυτὸν καὶ οὐχὶ τῷ κόσμῳ;

이스카리오테스가 아닌 유다가 그에게 말한다. "주님, 당신께서 우리에게는 자신을 나타내시고 세상에는 나타내시지 않으시려는 것은 무엇입니까?"

23절

ἀπεκρίθη Ἰησοῦς καὶ εἶπεν αὐτῷ· ἐάν τις ἀγαπᾷ με τὸν λόγον μου τηρήσει, καὶ ὁ πατήρ μου ἀγαπήσει αὐτὸν καὶ πρὸς αὐτὸν ἐλευσόμεθα καὶ μονὴν παρ' αὐτῷ ποιησόμεθα.

예수가 그에게 대답하며 말했다. "만약 누가 나를 사랑하면 나의 말들을 지킬 것이다. 그러면 나의 아버지께서 그를 사랑하실 것이다. 그리고 우리가 그를 향하여 와서 그의 곁에 거처를 만들 것이다.

24절

ὁ μὴ ἀγαπῶν με τοὺς λόγους μου οὐ τηρεῖ· καὶ ὁ λόγος ὃν ἀκούετε οὐκ ἔστιν ἐμὸς ἀλλὰ τοῦ πέμψαντός με πατρός.

나를 사랑하지 않는 사람은 나의 말들을 지키지 않는다. 그리고 너희가 듣는 그 말씀은 나의 것이 아니고 나를 보내신 아버지의 것이다.

25절

Ταῦτα λελάληκα ὑμῖν παρ' ὑμῖν μένων·

나는 이것들을 너희 곁에 머무를 때 말했었다.

26절

ὁ δὲ παράκλητος, τὸ πνεῦμα τὸ ἅγιον, ὃ πέμψει ὁ πατὴρ ἐν τῷ ὀνόμα
τί μου, ἐκεῖνος ὑμᾶς διδάξει πάντα καὶ ὑπομνήσει ὑμᾶς πάντα ἃ εἶπον
ὑμῖν ἐγώ.

그런데 보혜사 곧 아버지께서 내 이름으로 보내실 성령 저가 너희에게
모든 것을 가르칠 것이고 또한 내가 너희에게 말한 모든 것을 너희에게
기억나게 할 것이다.

27절

Εἰρήνην ἀφίημι ὑμῖν, εἰρήνην τὴν ἐμὴν δίδωμι ὑμῖν· οὐ καθὼς ὁ
κόσμος δίδωσιν ἐγὼ δίδωμι ὑμῖν. μὴ ταρασσέσθω ὑμῶν ἡ καρδία μηδὲ
δειλιάτω.

내가 너희에게 평화를 남겨주노니, 곧 나의 평화를 너희에게 준다. 너희
의 마음이 흔들리게 하지 말라 그리고 겁먹게 하지 말라.

28절

ἠκούσατε ὅτι ἐγὼ εἶπον ὑμῖν· ὑπάγω καὶ ἔρχομαι πρὸς ὑμᾶς. εἰ ἠγαπ
ᾶτέ με ἐχάρητε ἂν ὅτι πορεύομαι πρὸς τὸν πατέρα, ὅτι ὁ πατὴρ μείζων
μού ἐστιν.

너희는 내가 '나는 간다 그리고 너희를 향하여 온다'라고 말한 것을 들었
다. 만약 너희가 나를 사랑했다면 내가 아버지를 향하여 가는 것을 기뻐했
을 것이다. 왜냐하면 아버지는 나보다 크시기 때문이다.

29절

καὶ νῦν εἴρηκα ὑμῖν πρὶν γενέσθαι, ἵνα ὅταν γένηται πιστεύσητε.

그리고 지금 내가 그 일이 일어나기 전에 너희에게 말한 것은 그 일이 이루어졌을 때 너희가 믿게 하려는 것이다.

30절

Οὐκέτι πολλὰ λαλήσω μεθ᾽ ὑμῶν, ἔρχεται γὰρ ὁ τοῦ κόσμου ἄρχων· καὶ ἐν ἐμοὶ οὐκ ἔχει οὐδέν,

더 이상 나는 너희와 함께 많은 것을 이야기하지 않을 것이다. 왜냐하면 세상의 통치자가 오고 있기 때문이다. 그러나 그는 내 안에서 아무것도 갖지 못한다.

31절

ἀλλ᾽ ἵνα γνῷ ὁ κόσμος ὅτι ἀγαπῶ τὸν πατέρα, καὶ καθὼς ἐνετείλατό μοι ὁ πατήρ, οὕτως ποιῶ. ἐγείρεσθε, ἄγωμεν ἐντεῦθεν.

다만 내가 아버지를 사랑하고, 아버지께서 나에게 명령하신 대로 내가 행하고 있는 것을 세상이 알게 하려는 것이다. 일어나라, 여기서 나가자!"

해설

나사렛 예수는 이 세상을 떠나 아버지께로 돌아간다. 그는 아버지께 요청하여 제자들에게 다른 보혜사를 보내겠다고 약속한다. 다른 보혜사는 진리의 영이신 성령이다.

보혜사는 파라클레토스(παρακλητος)라는 단어의 번역이다.

παρακλητος = πάρα(곁에) + κλητος(부름 받은 자)

파라클레토스는 어떤 사람을 돕기 위해 그의 곁에 부름 받은 자라는 뜻이다.

성령이 다른 보혜사라면 처음에 오신 보혜사는 영광의 아들이신 예수 그리스도이시다. 영광의 하나님이신 그리스도와 성령께서 우리를 세워주시기 위해 돕는 자로 오신다는 것은 하나님의 자녀인 우리가 우주적 영광을 가진 존재라는 것을 증거하는 말씀이다.

성령은 아들이 아버지께 요청하여 아버지께서 아들의 이름으로 제자들에게 보내시는 진리의 영이다. 성령이 오시는 목적은 하나님의 아들인 나사렛 예수의 실체를 계시하시는 것이다. 헬라어로 진리는 알레데이아(αληθεια)인데 실체라는 뜻을 가지고 있다. 그러므로 성경이 말씀하는 진리란 하나님의 영광의 실체를 의미한다. 성령께서는 영광의 본체이신 성 삼위일체 하나님의 존재 구조를 통해 영광의 아들이신 예수 그리스도의 실체를 드러내신다.

성령께서는 제자들에게 예수 그리스도에 대한 모든 것을 가르치시고, 그리스도께서 세상에 계실 때 제자들에게 남겨놓으신 말씀을 다 기억나게 하시고 깨닫게 하신다. 성령께서는 제자들이 그리스도의 품으로 가는 날까지 그들을 모든 진리의 길로 인도하신다. 이 거룩하고 영광스러운 진리의 영은 그리스도의 말씀을 사랑하고 끝까지 그것을 지키는 사람에게 찾아오셔서 그에게 그리스도의 영광을 계시하시는데 그 영광은 하나님의 영광이다.

참 포도나무

요한복음 15:1-17

1절

Ἐγώ εἰμι ἡ ἄμπελος ἡ ἀληθινὴ καὶ ὁ πατήρ μου ὁ γεωργός ἐστιν.

"나는 참 포도나무이고 나의 아버지는 농부이시다.

2절

πᾶν κλῆμα ἐν ἐμοὶ μὴ φέρον καρπὸν αἴρει αὐτό, καὶ πᾶν τὸ καρπὸν φέρον καθαίρει αὐτὸ ἵνα καρπὸν πλείονα φέρῃ.

그분은 내 안에서 열매를 맺지 않는 모든 가지를 제거하신다. 그리고 열매를 맺는 모든 가지는 더 많은 열매를 맺게 하려고 그것을 깨끗하게 하신다.

3절

ἤδη ὑμεῖς καθαροί ἐστε διὰ τὸν λόγον ὃν λελάληκα ὑμῖν·

이미 너희는 내가 너희에게 이야기한 말 때문에 깨끗하다.

4절

μείνατε ἐν ἐμοί, κἀγὼ ἐν ὑμῖν. καθὼς τὸ κλῆμα οὐ δύναται καρπὸν φέρειν ἀφ᾽ ἑαυτοῦ ἐὰν μὴ μένῃ ἐν τῇ ἀμπέλῳ, οὕτως οὐδὲ ὑμεῖς ἐὰν μὴ ἐν ἐμοὶ μένητε.

내 안에 머물러 있으라. 그리하면 나도 너희 안에 거하리라. 만약 가지가 포도나무 안에 머물러 있지 않으면 스스로 열매를 맺을 수 없는 것처럼, 너희도 내 안에 거하지 않으면 그와 같으리라.

5절

ἐγώ εἰμι ἡ ἄμπελος, ὑμεῖς τὰ κλήματα. ὁ μένων ἐν ἐμοὶ κἀγὼ ἐν αὐτῷ οὗτος φέρει καρπὸν πολύν, ὅτι χωρὶς ἐμοῦ οὐ δύνασθε ποιεῖν οὐδέν.

나는 포도나무이고 너희는 가지들이다. 내 안에 거하고 내가 그 안에 거하는 이 사람은 많은 열매를 맺는다. 왜냐하면 나를 떠나서는 너희가 아무것도 할 수 없기 때문이다.

6절

ἐὰν μή τις μένῃ ἐν ἐμοί, ἐβλήθη ἔξω ὡς τὸ κλῆμα καὶ ἐξηράνθη καὶ συνάγουσιν αὐτὰ καὶ εἰς τὸ πῦρ βάλλουσιν καὶ καίεται.

만약 누가 내 안에 거하지 않으면, 그는 가지처럼 밖에 던져진다. 그러면 사람들이 그것을 모아서 불에 던질 것이다. 그리고 그것은 태워질 것이다.

7절

ἐὰν μείνητε ἐν ἐμοὶ καὶ τὰ ῥήματά μου ἐν ὑμῖν μείνῃ, ὃ ἐὰν θέλητε αἰτήσασθε, καὶ γενήσεται ὑμῖν.

만약 너희가 내 안에 거하고 나의 말들이 너희 안에 거하면 너희가 원하는 것을 구하라. 그리하면 그것이 너희에게 이루어질 것이다.

8절

ἐν τούτῳ ἐδοξάσθη ὁ πατήρ μου, ἵνα καρπὸν πολὺν φέρητε καὶ γένησ
θε ἐμοὶ μαθηταί.

이로써 나의 아버지께서 영광을 받으신 것은 너희가 많은 열매를 맺고
나의 제자들이 되게 함이다.

9절

Καθὼς ἠγάπησέν με ὁ πατήρ, κἀγὼ ὑμᾶς ἠγάπησα· μείνατε ἐν τῇ
ἀγάπῃ τῇ ἐμῇ.

아버지께서 나를 사랑하신 것처럼 나도 너희를 사랑했다. 그러니 나의
사랑 안에 거하라.

10절

ἐὰν τὰς ἐντολάς μου τηρήσητε, μενεῖτε ἐν τῇ ἀγάπῃ μου, καθὼς
ἐγὼ τὰς ἐντολὰς τοῦ πατρός μου τετήρηκα καὶ μένω αὐτοῦ ἐν τῇ ἀγάπῃ.

만약 너희가 나의 계명들을 지킨다면, 내가 나의 아버지의 계명들을 지켰
고 그의 사랑 안에 거하는 것처럼, 너희도 나의 사랑 안에 거할 것이다.

11절

Ταῦτα λελάληκα ὑμῖν ἵνα ἡ χαρὰ ἡ ἐμὴ ἐν ὑμῖν ᾖ καὶ ἡ χαρὰ ὑμῶν
πληρωθῇ.

이것들을 내가 말했던 것은 나의 기쁨이 너희 안에 있고 너희의 기쁨이

충만케 되기 위함이다.

12절

Αὕτη ἐστὶν ἡ ἐντολὴ ἡ ἐμή, ἵνα ἀγαπᾶτε ἀλλήλους καθὼς ἠγάπησα ὑμᾶς.

나의 계명은 이것이니, 내가 너희를 사랑한 것처럼 너희가 서로 사랑하라는 것이다.

13절

μείζονα ταύτης ἀγάπην οὐδεὶς ἔχει, ἵνα τις τὴν ψυχὴν αὐτοῦ θῇ ὑπὲρ τῶν φίλων αὐτοῦ.

그 누구도 이보다 더 큰 사랑을 가질 수 없으니, 이는 누가 자기의 친구들을 위해 자기의 목숨을 내어놓는 것이다.

14절

ὑμεῖς φίλοι μού ἐστε ἐὰν ποιῆτε ἃ ἐγὼ ἐντέλλομαι ὑμῖν.

만약 내가 너희에게 명령한 것들을 너희가 행하면 너희는 나의 친구들이다.

15절

οὐκέτι λέγω ὑμᾶς δούλους, ὅτι ὁ δοῦλος οὐκ οἶδεν τί ποιεῖ αὐτοῦ ὁ κύριος· ὑμᾶς δὲ εἴρηκα φίλους, ὅτι πάντα ἃ ἤκουσα παρὰ τοῦ πατρός μου ἐγνώρισα ὑμῖν.

나는 더 이상 너희를 종들이라고 말하지 않는다. 왜냐하면 종은 주인이 무엇을 하는지 알지 못하기 때문이다. 그러나 나는 너희를 친구들이라고 말했다. 왜냐하면 내가 아버지에게서 들은 것들을 너희에게 알려주었기 때문이다.

16절

οὐχ ὑμεῖς με ἐξελέξασθε, ἀλλ᾽ ἐγὼ ἐξελεξάμην ὑμᾶς καὶ ἔθηκα ὑμᾶς ἵνα ὑμεῖς ὑπάγητε καὶ καρπὸν φέρητε καὶ ὁ καρπὸς ὑμῶν μένῃ, ἵνα ὅ τι ἂν αἰτήσητε τὸν πατέρα ἐν τῷ ὀνόματί μου δῷ ὑμῖν.

너희가 나를 선택한 것이 아니라 내가 너희를 선택하여 세운 것은 너희가 내 이름으로 아버지께 구하는 것을 내가 너희에게 주기 위함이다.

17절

Ταῦτα ἐντέλλομαι ὑμῖν, ἵνα ἀγαπᾶτε ἀλλήλους.

내가 이것들을 너희에게 명하는 것은 너희가 서로 사랑하게 하려는 것이다."

해설

　예수 그리스도는 참 포도나무이고, 우리는 거기에 붙어있는 가지들이다. 예수 그리스도 안에는 성령의 진액이 흐르고 있다. 성령은 죽은 영혼(ἡ ψυχή)를 살리는 하나님의 생명의 본질이다. 영원한 생명은 성육신하신 로고스의 몸에 붙어있는 것이다. 그러면 저절로 성령의 열매를 맺게 된다. 왜냐하면 말씀(ὁ λόγος)은 성령(το πνεύμα)의 그릇이기 때문이다. 그러므로 영원한 생명은 행동이 아니라 존재의 위치가 결정한다.

　죽음은 하나님의 생명의 본질인 성령에서 분리되는 것이다. 성령이 없는 인간은 죽은 영혼(ψυχή)이다. 그리스도는 죽은 영혼(ψυχή)을 살리기 위해 성육신하신 영원한 로고스(λόγος)이시다. 영원한 생명은 예수 그리스도의 계명인 사랑 안에 거하는 것이다. 그 사랑의 계명은 그를 보내신 아버지의 계명이다. 하나님의 생명의 본질은 사랑이다.

세상의 미움

요한복음 15:18-16:4a

18절

Εἰ ὁ κόσμος ὑμᾶς μισεῖ, γινώσκετε ὅτι ἐμὲ πρῶτον ὑμῶν μεμίσηκεν.

"만약 세상이 너희를 미워한다면 너희는 세상이 너희보다 먼저 나를 미워 했다는 것을 알라.

19절

εἰ ἐκ τοῦ κόσμου ἦτε, ὁ κόσμος ἂν τὸ ἴδιον ἐφίλει· ὅτι δὲ ἐκ τοῦ κόσμου οὐκ ἐστέ, ἀλλ᾽ ἐγὼ ἐξελεξάμην ὑμᾶς ἐκ τοῦ κόσμου, διὰ τοῦτο μισεῖ ὑμᾶς ὁ κόσμος.

만약 너희가 세상에 속하였으면, 세상은 자기의 것을 사랑했을 것이다. 그러나 내가 너희를 세상으로부터 선택하였고, 이것 때문에 세상이 너희 를 미워하는 것이다.

20절

μνημονεύετε τοῦ λόγου οὗ ἐγὼ εἶπον ὑμῖν· οὐκ ἔστιν δοῦλος μείζων τοῦ κυρίου αὐτοῦ. εἰ ἐμὲ ἐδίωξαν, καὶ ὑμᾶς διώξουσιν· εἰ τὸν λόγον μου ἐτήρησαν, καὶ τὸν ὑμέτερον τηρήσουσιν.

내가 너희에게 종은 그의 주인보다 더 클 수 없다고 말한 것을 기억하라. 만약 사람들이 나를 핍박했다면, 너희도 핍박할 것이다. 만약 그들이 나의 말을 지켰다면, 너희의 말도 지킬 것이다.

21절

ἀλλὰ ταῦτα πάντα ποιήσουσιν εἰς ὑμᾶς διὰ τὸ ὄνομά μου, ὅτι οὐκ οἴδασιν τὸν πέμψαντά με.

대신에 그들이 이 모든 것을 너희에게 행하는 것은 그들이 나를 보내신 분을 알지 못하기 때문이다.

22절

Εἰ μὴ ἦλθον καὶ ἐλάλησα αὐτοῖς, ἁμαρτίαν οὐκ εἴχοσαν· νῦν δὲ πρόφασιν οὐκ ἔχουσιν περὶ τῆς ἁμαρτίας αὐτῶν.

만약 내가 와서 그들에게 이야기하지 않았다면, 그들은 죄가 없다. 그러나 지금은 그들이 그들의 죄에 대하여 핑곗거리가 없다.

23절

ὁ ἐμὲ μισῶν καὶ τὸν πατέρα μου μισεῖ.

나를 미워하는 사람은 나의 아버지도 미워한다.

24절

εἰ τὰ ἔργα μὴ ἐποίησα ἐν αὐτοῖς ἃ οὐδεὶς ἄλλος ἐποίησεν, ἁμαρτίαν οὐκ εἴχοσαν· νῦν δὲ καὶ ἑωράκασιν καὶ μεμισήκασιν καὶ ἐμὲ καὶ τὸν πατέρα μου.

만약 내가 어느 누구도 하지 못한 일들을 행하지 않았다면 그들은 죄가 없었을 것이다. 그러나 지금은 그들이 보았으면서도 나와 나를 보내신 아버지를 미워했다.

25절

ἀλλ' ἵνα πληρωθῇ ὁ λόγος ὁ ἐν τῷ νόμῳ αὐτῶν γεγραμμένος ὅτι ἐμίσησάν με δωρεάν.

그러나 그것은 그들의 율법에 기록된, '그들이 나를 이유 없이 미워했다' 는 말씀이 성취되기 위함이다.

26절

Ὅταν ἔλθῃ ὁ παράκλητος ὃν ἐγὼ πέμψω ὑμῖν παρὰ τοῦ πατρός, τὸ πνεῦμα τῆς ἀληθείας ὃ παρὰ τοῦ πατρὸς ἐκπορεύεται, ἐκεῖνος μαρτυρήσει περὶ ἐμοῦ·

내가 아버지께로부터 너희에게 보낼 보혜사 곧 아버지께로부터 나오는 진리의 영이 올 때 저가 나에 대하여 증거할 것이다.

27절

καὶ ὑμεῖς δὲ μαρτυρεῖτε, ὅτι ἀπ' ἀρχῆς μετ' ἐμοῦ ἐστε.

그리고 너희도 증거할 것이다. 이는 너희가 처음부터 나와 함께 있기 때문이다.

16장 1절

Ταῦτα λελάληκα ὑμῖν ἵνα μὴ σκανδαλισθῆτε.

내가 이것들을 이야기한 것은 너희가 걸려 넘어지지 않게 하려는 것이다.

2절

ἀποσυναγώγους ποιήσουσιν ὑμᾶς· ἀλλ᾽ ἔρχεται ὥρα ἵνα πᾶς ὁ ἀποκ τείνας ὑμᾶς δόξῃ λατρείαν προσφέρειν τῷ θεῷ.

사람들은 너희를 회당에서 추방할 것이다. 그러나 너희를 죽이는 모든 사람이 하나님께 예배를 드린다고 생각할 때가 온다.

3절

καὶ ταῦτα ποιήσουσιν ὅτι οὐκ ἔγνωσαν τὸν πατέρα οὐδὲ ἐμέ.

그리고 그들은 아버지도 모르고 나도 모르기 때문에 이것들을 행할 것이다.

4a절

ἀλλὰ ταῦτα λελάληκα ὑμῖν ἵνα ὅταν ἔλθῃ ἡ ὥρα αὐτῶν μνημονεύητε αὐτῶν ὅτι ἐγὼ εἶπον ὑμῖν.

그러나 내가 너희에게 이것들을 이야기한 것은 그것들의 시간이 왔을 때 내가 너희에게 말한 그것들을 기억나게 하려는 것이다."

해설

　나사렛 예수는 세상의 미움을 받았다. 세상은 예수를 십자가에 못 박아 죽이기까지 미워했다. 그것은 예수가 세상에 순응하지 않았기 때문이다. 오히려 예수는 세상은 악하고 음란하다고 세상을 책망했다. 예수는 세상은 어둠과 죽음이라고 세상의 실체를 폭로했다. 그는 세상의 빛으로 온 자신을 믿어야 한다고 말했다. 그것이 거룩함과 의로움으로 하나님을 섬기며 빛과 생명의 세계로 들어가는 길이라고 말했다.

　그는 육체를 입고 세상에 왔으나 그의 실존의 장소는 항상 세상 밖에 있었다. 그는 단 한 순간도 세상에 속한 적이 없다. 그는 사람들을 세상 밖으로 불러내고 있었던 종말론적 구원자였다. 세상의 혁명가들은 새로운 권력 질서를 만들기 위해 체제를 무너뜨린다. 그리고 그 새로운 체제는 욕심과 교만에 의해 타락하고 부패하여 새로운 세력의 도전을 받고 무너진다. 그러나 나사렛 예수는 세상의 모든 권력 질서와 체제를 근본적으로 거부한다. 그의 나라는 반체제적일 뿐 아니라 종말론적이다. 세상은 합심하여 그를 죽일 수밖에 없었다. 그를 그대로 내버려 두면 세상이 망할 것이기 때문이다. 그는 자신의 죽음과 부활을 통해 새 하늘과 새 땅을 창조하기 위해 나타난 영원한 로고스였다.

　그의 제자들은 그 종말론적 희망의 약속을 선포해야 한다. 그것은 세상이 원하지 않는 것이다. 그것은 세상의 미움을 받는 십자가의 길이다.

성령의 실체

요한복음 16:4b-15

4b절

Ταῦτα δὲ ὑμῖν ἐξ ἀρχῆς οὐκ εἶπον, ὅτι μεθ᾽ ὑμῶν ἤμην.

"그런데 이것들을 처음부터 내가 너희에게 말하지 않은 것은 내가 너희와 함께 있었기 때문이다.

5절

νῦν δὲ ὑπάγω πρὸς τὸν πέμψαντά με, καὶ οὐδεὶς ἐξ ὑμῶν ἐρωτᾷ με· ποῦ ὑπάγεις;

그러나 지금 나는 나를 보내신 분을 향하여 간다. 그러나 너희 중에 어느 누구도 나에게 '어디로 가십니까'라고 묻지 않는다.

6절

ἀλλ᾽ ὅτι ταῦτα λελάληκα ὑμῖν ἡ λύπη πεπλήρωκεν ὑμῶν τὴν καρδ ίαν.

오히려 내가 이것들을 너희에게 이야기했으므로 슬픔이 너희의 마음을 가득 채웠다.

7절

ἀλλ' ἐγὼ τὴν ἀλήθειαν λέγω ὑμῖν, συμφέρει ὑμῖν ἵνα ἐγὼ ἀπέλθω. ἐὰν γὰρ μὴ ἀπέλθω, ὁ παράκλητος οὐκ ἐλεύσεται πρὸς ὑμᾶς· ἐὰν δὲ πορευθῶ, πέμψω αὐτὸν πρὸς ὑμᾶς.

그러나 내가 너희에게 진실을 말하건대, 내가 떠나가는 것이 너희에게 유익이다. 왜냐하면 내가 가지 않으면, 보혜사가 너희를 향하여 오지 않기 때문이다. 그러나 내가 떠나가면 내가 그를 너희에게 보낼 것이다.

8절

Καὶ ἐλθὼν ἐκεῖνος ἐλέγξει τὸν κόσμον περὶ ἁμαρτίας καὶ περὶ δικαιοσύνης καὶ περὶ κρίσεως·

그리고 저가 오면 죄에 대하여, 그리고 의에 대하여, 그리고 심판에 대하여 세상을 책망할 것이다.

9절

περὶ ἁμαρτίας μέν, ὅτι οὐ πιστεύουσιν εἰς ἐμέ·

죄에 대해서는 사람들이 나를 믿지 않기 때문이다.

10절

περὶ δικαιοσύνης δέ, ὅτι πρὸς τὸν πατέρα ὑπάγω καὶ οὐκέτι θεωρεῖτέ με·

의에 대해서는 내가 아버지를 향하여 가고, 더 이상 너희가 나를 보지 못하기 때문이다.

11절

περὶ δὲ κρίσεως, ὅτι ὁ ἄρχων τοῦ κόσμου τούτου κέκριται.

그런데 심판에 대해서는 이 세상의 통치자가 이미 심판받았기 때문이다.

12절

Ἔτι πολλὰ ἔχω ὑμῖν λέγειν, ἀλλ᾽ οὐ δύνασθε βαστάζειν ἄρτι·

아직 내가 너희에게 말할 것이 많이 있으나 너희가 지금은 감당할 수 없다.

13절

ὅταν δὲ ἔλθη ἐκεῖνος, τὸ πνεῦμα τῆς ἀληθείας, ὁδηγήσει ὑμᾶς ἐν τῇ ἀληθείᾳ πάσῃ· οὐ γὰρ λαλήσει ἀφ᾽ ἑαυτοῦ, ἀλλ᾽ ὅσα ἀκούσει λαλήσει καὶ τὰ ἐρχόμενα ἀναγγελεῖ ὑμῖν.

그런데 저 곧 진리의 영이 올 때 그가 너희를 모든 진리 안에서 인도할 것이다. 왜냐하면 그는 스스로 이야기하지 않고 대신에 그가 듣는 것을 이야기할 것이고 오고 있는 일들을 너희에게 알릴 것이기 때문이다.

14절

ἐκεῖνος ἐμὲ δοξάσει, ὅτι ἐκ τοῦ ἐμοῦ λήμψεται καὶ ἀναγγελεῖ ὑμῖν.

저는 나를 영화롭게 할 것이다. 이는 그가 나에게서 받아 알리기 때문이다.

15절

πάντα ὅσα ἔχει ὁ πατὴρ ἐμά ἐστιν· διὰ τοῦτο εἶπον ὅτι ἐκ τοῦ ἐμοῦ λαμβάνει καὶ ἀναγγελεῖ ὑμῖν.

아버지께서 가지고 계신 것은 모두 나의 것이다. 이 때문에 내가 너희에게 그가 나에게서 받아 너희에게 알린다고 말한 것이다."

해설

나사렛 예수는 아버지께로 떠나기 직전 제자들에게 성령에 관하여 이야기한다. 그것은 이제 제자들은 더 이상 예수를 볼 수 없기 때문이다. 그들은 세상 끝 날까지 성령의 인도하심 속에 살게 될 것이다. 예수는 그들 속에 오실 성령을 소개한다.

성령은 진리의 영이시다. 성령은 세상에 숨겨진 하나님의 실체를 계시하신다. 제자들은 성령의 인도하심 속에 성 삼위일체 하나님의 실체를 보게 될 것이다.

성령은 예수의 영이시다. 성령은 나사렛 예수의 실체를 계시하시고, 예수의 이름을 영화롭게 하신다.

성령은 복종의 영이시다. 성령은 자의로 말씀하시지 않는다. 그분은 예수에게서 듣고 받는 그대로 가르쳐 주신다.

성령은 미래의 영이시다. 성령은 이 세상을 향하여 다가오고 있는 하나님의 미래를 알려주신다.

성령은 또 다른 보혜사다. 성령은 나사렛 예수가 제자들을 떠나 아버지께로 돌아가신 후 제자들을 돕기 위해 오시는 분이시다.

성령은 내재의 영이시다. 성령은 제자들 속에 계신다. 나사렛 예수는 그들과 함께 그들 곁에 계셨지만, 성령은 그들 속에 계신다.

성령은 책망의 영이시다. 성령은 세상을 책망하신다. 성령께서는 죄에 대하여 세상을 책망하시는데, 그것은 세상이 구원의 빛으로 오신 하나님의 아들을 믿지 않기 때문이다. 성령께서는 의에 대하여 세상을 책망하시는데, 그것은 예수께서 아버지께로 돌아가심으로 이 세상에는 의인이 없기 때문이다. 그러므로 스스로를 의인이라고 말하는 사람은 모두 위선자들이다. 성령께서는 심판에 대하여 세상을 책망하신다. 그것은 이 세상 통치자인 마귀 사탄이 예수의 피로 심판을 받았기 때문이다. 그러므로 사탄은 율법의 권세로 세상을 지배할 근거를 상실했다. 그러므로 인간은 율법의 정죄로부터 하나님의 은혜의 세계로 넘어가야 한다.

슬픔이 기쁨으로

요한복음 16:16-24

16절

Μικρὸν καὶ οὐκέτι θεωρεῖτέ με, καὶ πάλιν μικρὸν καὶ ὄψεσθέ με.

"조금 있으면 너희는 더 이상 나를 보지 못한다. 그리고 다시 조금 있으면 너희가 나를 볼 것이다."

17절

εἶπαν οὖν ἐκ τῶν μαθητῶν αὐτοῦ πρὸς ἀλλήλους· τί ἐστιν τοῦτο ὃ λέγει ἡμῖν· μικρὸν καὶ οὐ θεωρεῖτέ με, καὶ πάλιν μικρὸν καὶ ὄψεσθέ με; καί· ὅτι ὑπάγω πρὸς τὸν πατέρα;

그러므로 그의 제자들 중에 어떤 사람들이 서로를 향하여, "그가 우리에게 말한 '조금 있으면 너희가 나를 보지 못하고 다시 조금 있으면 나를 볼 것인데 이는 내가 아버지를 향하여 가기 때문이다'라는 이것은 무엇이냐"라고 말했다.

18절

Ἔλεγον οὖν· τί ἐστιν τοῦτό ὃ λέγει τὸ μικρόν; οὐκ οἴδαμεν τί λαλεῖ.

그러므로 그들이 말하고 있었다. "그가 이야기하는 이 조금이라는 것이 무엇이냐? 우리는 그가 이야기하는 것을 모르겠다."

19절

Ἔγνω ὁ Ἰησοῦς ὅτι ἤθελον αὐτὸν ἐρωτᾶν, καὶ εἶπεν αὐτοῖς· περὶ τούτου ζητεῖτε μετ᾽ ἀλλήλων ὅτι εἶπον· μικρὸν καὶ οὐ θεωρεῖτέ με, καὶ πάλιν μικρὸν καὶ ὄψεσθέ με;

예수는 그들이 자기에게 질문하려는 것을 알고 그들에게 말했다. "너희는 내가 너희에게, '조금 있으면 너희는 나를 보지 못하고 다시 조금 있으면 나를 볼 것이다'라고 말한 이것에 대하여 서로 토론하느냐?

20절

ἀμὴν ἀμὴν λέγω ὑμῖν ὅτι κλαύσετε καὶ θρηνήσετε ὑμεῖς, ὁ δὲ κόσμος χαρήσεται· ὑμεῖς λυπηθήσεσθε, ἀλλ᾽ ἡ λύπη ὑμῶν εἰς χαρὰν γενήσεται.

내가 진실로 진실로 너희에게 말하건대 너희는 울며 통곡할 것이나, 세상은 기뻐할 것이다. 그러나 너희의 슬픔은 기쁨으로 될 것이다.

21절

ἡ γυνὴ ὅταν τίκτῃ λύπην ἔχει, ὅτι ἦλθεν ἡ ὥρα αὐτῆς· ὅταν δὲ γεννήσῃ τὸ παιδίον, οὐκέτι μνημονεύει τῆς θλίψεως διὰ τὴν χαρὰν ὅτι ἐγεννήθη ἄνθρωπος εἰς τὸν κόσμον.

여자는 출산할 때 근심을 갖는다. 이는 그녀의 시간이 왔기 때문이다. 그러나 그녀가 아이를 낳았을 때 사람이 세상에 태어난 그 기쁨 때문에 그녀는 더 이상 마음의 괴로움을 기억하지 않는다.

22절

καὶ ὑμεῖς οὖν νῦν μὲν λύπην ἔχετε· πάλιν δὲ ὄψομαι ὑμᾶς, καὶ χαρήσε
ται ὑμῶν ἡ καρδία, καὶ τὴν χαρὰν ὑμῶν οὐδεὶς αἴρει ἀφ᾽ ὑμῶν.

그러므로 너희도 지금은 슬픔을 가지고 있다. 그러나 너희는 다시 나를
볼 것이다. 그리고 너희의 마음은 기뻐할 것이다. 그리고 그 기쁨을 그
누구도 너희에게서 빼앗지 못할 것이다.

23절

Καὶ ἐν ἐκείνῃ τῇ ἡμέρᾳ ἐμὲ οὐκ ἐρωτήσετε οὐδέν. ἀμὴν ἀμὴν λέγω
ὑμῖν, ἄν τι αἰτήσητε τὸν πατέρα ἐν τῷ ὀνόματί μου δώσει ὑμῖν.

그리고 저 날에는 너희가 나에게 아무것도 묻지 않을 것이다. 진실로
진실로 내가 너희에게 말하건대, 진정 너희가 내 이름으로 무엇을 아버지
께 구하면 그분께서 너희에게 주실 것이다.

24절

ἕως ἄρτι οὐκ ἠτήσατε οὐδὲν ἐν τῷ ὀνόματί μου· αἰτεῖτε καὶ λήμψεσθ
ε, ἵνα ἡ χαρὰ ὑμῶν ᾖ πεπληρωμένη.

너희는 지금까지 내 이름으로 아무것도 구하지 않았다. 구하라, 그러면
받을 것이다. 그리하여 너희의 기쁨이 충만케 될 것이다."

해설

　나사렛 예수는 대속의 죽음을 앞두고 있다. 그는 십자가 죽음과 부활을 통해 새 하늘과 새 땅에 먼저 들어갈 것이다. 그러나 제자들은 무슨 일이 일어나고 있는지 모르는 채 두려움과 불안에 싸여 있다. 그들은 나사렛 예수의 죽음을 슬퍼할 것이다. 왜냐하면 그것은 역사의 투쟁 현실에서 비참한 패배이기 때문이다. 그들은 크게 낙심하고 절망할 것이고 암흑 속에서 헤맬 것이다. 그러나 그들의 슬픔은 기쁨으로 바뀔 것이다. 그 기쁨은 세상이 줄 수도 없고 알 수도 없는 우주적 부활의 기쁨이다. 슬픔은 패배자의 몫이고, 기쁨은 승리자의 몫이다. 이제 그들의 눈물과 통곡은 웃음과 환호성으로 바뀔 것이다.

　나사렛 예수의 삶은 역사 속에서는 패배자로 끝나지만 그를 세상에 보내신 그의 아버지께서 그를 죽은 자들 가운데서 일으키심으로 그를 최후의 승리자로 만드신다. 그리하여 역사의 패배자는 하나님의 승리자가 되어 다시 세상에 나타날 것이다. 그 영원한 승리자는 아버지께 부탁하여 자기의 제자들에게 성령을 보낼 것이다. 제자들은 성령을 통해 그들의 스승인 나사렛 예수의 영광의 실체를 보게 될 것이다. 그리고 그들은 스승이신 예수의 이름으로 기도할 때 하나님께서 기뻐하신다는 것을 알게 될 것이다. 왜냐하면 나사렛 예수는 십자가에 죽기까지 아버지께 복종한 사랑의 아들이기 때문이다. 이제 나사렛 예수의 이름은 천국 문을 여는 열쇠가 된다.

세상을 이기는 길

요한복음 16:25-33

25절

Ταῦτα ἐν παροιμίαις λελάληκα ὑμῖν· ἔρχεται ὥρα ὅτε οὐκέτι ἐν παρ
οιμίαις λαλήσω ὑμῖν, ἀλλὰ παρρησίᾳ περὶ τοῦ πατρὸς ἀπαγγελῶ ὑμῖν.

"나는 이것들을 너희에게 비유로 이야기했다. 그러나 너희에게 더 이상
비유로 이야기하지 않고 대신에 아버지에 대하여 밝히 알려줄 시간이
온다.

26절

ἐν ἐκείνῃ τῇ ἡμέρᾳ ἐν τῷ ὀνόματί μου αἰτήσεσθε, καὶ οὐ λέγω ὑμῖν
ὅτι ἐγὼ ἐρωτήσω τὸν πατέρα περὶ ὑμῶν·

저 날에는 너희가 내 이름으로 구할 것이다. 그리고 내가 말하는 것은
내가 너희에 대하여 아버지께 구한다는 것이 아니다.

27절

αὐτὸς γὰρ ὁ πατὴρ φιλεῖ ὑμᾶς, ὅτι ὑμεῖς ἐμὲ πεφιλήκατε καὶ πεπιστ
εύκατε ὅτι ἐγὼ παρὰ τοῦ θεοῦ ἐξῆλθον.

아버지 자신이 너희를 사랑하신다. 이는 너희가 나를 사랑했고 또한 내가

하나님에게서 온 것을 믿었기 때문이다.

28절

ἐξῆλθον παρὰ τοῦ πατρὸς καὶ ἐλήλυθα εἰς τὸν κόσμον· πάλιν ἀφίημι τὸν κόσμον καὶ πορεύομαι πρὸς τὸν πατέρα.

나는 아버지에게서 나와서 세상에 왔다. 그리고 다시 세상을 떠나 아버지를 향하여 간다."

29절

Λέγουσιν οἱ μαθηταὶ αὐτοῦ· ἴδε νῦν ἐν παρρησίᾳ λαλεῖς καὶ παροιμίαν οὐδεμίαν λέγεις.

그의 제자들이 말한다. "보세요. 지금은 당신께서 밝히 이야기하시고 아무런 비유를 말씀하지 않으시네요.

30절

νῦν οἴδαμεν ὅτι οἶδας πάντα καὶ οὐ χρείαν ἔχεις ἵνα τίς σε ἐρωτᾷ· ἐν τούτῳ πιστεύομεν ὅτι ἀπὸ θεοῦ ἐξῆλθες.

이제 우리는 당신께서 모든 것을 아시고 당신은 누가 당신께 부탁할 필요가 없다는 것을 알았습니다."

31절

ἀπεκρίθη αὐτοῖς Ἰησοῦς· ἄρτι πιστεύετε;

예수가 그들에게 대답했다. "이제는 믿느냐?

32절

ἰδοὺ ἔρχεται ὥρα καὶ ἐλήλυθεν ἵνα σκορπισθῆτε ἕκαστος εἰς τὰ ἴδια κἀμὲ μόνον ἀφῆτε· καὶ οὐκ εἰμὶ μόνος, ὅτι ὁ πατὴρ μετ᾽ ἐμοῦ ἐστιν.

보라! 너희 각자가 자기의 곳으로 뿔뿔이 흩어지고 나를 혼자 내버려 둘 시간이 다가왔다. 그러나 나는 혼자가 아니다. 왜냐하면 아버지께서 나와 함께 계시기 때문이다.

33절

Ταῦτα λελάληκα ὑμῖν ἵνα ἐν ἐμοὶ εἰρήνην ἔχητε. ἐν τῷ κόσμῳ θλῖψιν ἔχετε· ἀλλὰ θαρσεῖτε, ἐγὼ νενίκηκα τὸν κόσμον.

내가 이것들을 너희에게 이야기한 것은 너희가 내 안에서 평화를 갖게 하려는 것이다. 너희가 세상에서 고난을 당할 것이다. 그러나 담대하라. 내가 세상을 이겼노라."

예수의 제자들에게 고난은 피할 수 없는 운명이다. 그것은 그들의 스승이 걸어갔고 또한 그들 자신이 가야 할 길이다. 그들이 세상을 이기는 길은 오직 예수 안에 머물러 있는 것밖에 없다. 그들의 힘으로는 세상을 이길 수 없다. 그것은 세상의 통치자인 사탄이 그들보다 강하기 때문이다. 사탄은 자기의 욕망을 위해 하나님의 말씀을 떠난 불순종과 반역의 천사다. 천사는 사람보다 지혜와 능력에 있어서 탁월한 피조물이다. 그러므로 사탄이 사람을 가지고 노는 것은 일도 아니다.

예수의 제자들은 스승을 위해 목숨까지도 내어놓겠다는 용기와 의리를 가지고 있으나 그것은 그들의 생각대로 되지 않는다. 그들은 죽음의 공포 앞에서 스승을 내버리고 각자 목숨을 부지하기 위해 뿔뿔이 도망칠 것이다. 그것은 정말 부끄러운 일이다. 그들은 이제 자신들의 연약함과 무력함을 인정하고 다른 길을 선택해야 한다.

27절에는 φιλεω(필레오)라는 동사가 나온다. φιλεω는 좋아한다는 뜻이다. 여기서 파생된 명사가 φιλος(필로스, 친구)다. 친구는 서로 좋아서 죽는 사이다. 예수는 자기의 제자들에게, 너희는 나의 친구라고 말했다. 예수도 제자들을 인간적으로 좋아했다는 것을 알 수 있다. 그런데 하나님 그분도 예수의 제자들을 좋아하시는데(αυτός γαρ ό πατήρ φιλει ύμας), 그 이유는 제자들이 예수를 좋아했기 때문이다(ότι ύμεις εμε πεφιληκατε). 하나님이 누구를 좋아하신다는 것은 놀라운 말씀이다. 하나님은 아브라함을 친구(φίλος)라고 부르셨다.

요한복음 5:20에는 이런 말씀이 있다.

ό γαρ πατήρ φιλει τον υίον και πάντα δεικνυσιν αυτω ά αυτός ποιεί.
왜냐하면 아버지께서 아들을 좋아하시고 그분 자신이 하시는 모든 것들을
아들에게 보여주시기 때문이다.

여기서도 φιλεω 동사가 등장한다. 그러나 성경에서 φιλεω 동사는
자주 쓰는 단어가 아니다. 대신에 주로 사용되는 것은 αγαπάω(아가파
오) 동사다. 그만큼 φιλεω 동사는 특별한 관계를 나타낸다.

아가파오가 신적인 사랑의 표현이라면, 필레오는 인간적 사랑의
표현이다.

예수는 왜 죽음을 앞두고 이런 인간적인 표현을 썼을까? 제자들은
나사렛 예수를 죽도록 사랑했으나, 그 사랑은 아가파오가 아니라 필
레오 사랑이었다. 그리고 그 사랑은 예수를 버리고 도망치는 실패와
좌절로 끝나는데, 베드로의 부인은 그 절정을 보여줄 것이다. 그들은
실패와 좌절의 경험을 통해 필레오 인간적 사랑으로부터 아가파오
신적 사랑의 세계로 넘어가야 한다. 그것이 예수 안에서 예수와 함께
세상을 이길 수 있는 유일한 길이다. 왜냐하면 예수는 세상을 이긴
영광의 아들이기 때문이다. 제자들은 이제 아가파오 사랑 안에서 고
난을 이기고 그리스도와 함께 하나님의 부활 현실 속으로 들어가게
될 것이다.

제자들을 위한 기도

요한복음 17:1-26

1절

Ταῦτα ἐλάλησεν Ἰησοῦς καὶ ἐπάρας τοὺς ὀφθαλμοὺς αὐτοῦ εἰς τὸν οὐρανὸν εἶπεν· πάτερ, ἐλήλυθεν ἡ ὥρα· δόξασόν σου τὸν υἱόν, ἵνα ὁ υἱὸς δοξάσῃ σέ,

예수는 이것들을 이야기했다. 그리고 그는 하늘을 향해 자기의 눈을 들고 말했다. "아버지, 시간이 왔습니다. 당신의 아들을 영화롭게 해 주세요. 그리하여 아들이 당신을 영화롭게 해 주세요.

2절

καθὼς ἔδωκας αὐτῷ ἐξουσίαν πάσης σαρκός, ἵνα πᾶν ὃ δέδωκας αὐτῷ δώσῃ αὐτοῖς ζωὴν αἰώνιον.

당신께서 아들에게 주신 모든 자들에게 아들이 영원한 생명을 주게 하시기 위하여 당신께서 아들에게 모든 육체를 다스리는 권세를 주신 것처럼 말입니다.

3절

αὕτη δέ ἐστιν ἡ αἰώνιος ζωὴ ἵνα γινώσκωσιν σὲ τὸν μόνον ἀληθινὸν θεὸν καὶ ὃν ἀπέστειλας Ἰησοῦν Χριστόν.

그런데 영원한 생명은 이것인데 그것은 당신이 유일하고 참된 하나님이
시라는 것과 당신께서 보내신 예수 그리스도를 그들이 아는 것입니다.

4절

ἐγώ σε ἐδόξασα ἐπὶ τῆς γῆς τὸ ἔργον τελειώσας ὃ δέδωκάς μοι ἵνα
ποιήσω·

나는 당신께서 내가 행하라고 나에게 주신 일을 마침으로써 땅에서 당신
을 영화롭게 하였습니다.

5절

καὶ νῦν δόξασόν με σύ, πάτερ, παρὰ σεαυτῷ τῇ δόξῃ ᾗ εἶχον πρὸ
τοῦ τὸν κόσμον εἶναι παρὰ σοί.

그리고 아버지여, 세상이 있기 전에 내가 당신 곁에서 가지고 있었던
당신의 영광으로 지금 당신께서 나를 영화롭게 해 주세요.

6절

Ἐφανέρωσά σου τὸ ὄνομα τοῖς ἀνθρώποις οὓς ἔδωκάς μοι ἐκ τοῦ
κόσμου. σοὶ ἦσαν κἀμοὶ αὐτοὺς ἔδωκας καὶ τὸν λόγον σου τετήρηκαν.

나는 당신께서 땅에서 나에게 주신 사람들에게 당신의 이름을 나타냈습
니다. 그들은 당신의 것인데 당신께서는 그들을 나에게 주셨고 그들은
당신의 말씀을 지켰습니다.

7절

νῦν ἔγνωκαν ὅτι πάντα ὅσα δέδωκάς μοι παρὰ σοῦ εἰσιν·

지금 그들은 당신께서 나에게 주신 모든 것이 당신에게서 나온 것임을 알고 있습니다.

8절

ὅτι τὰ ῥήματα ἃ ἔδωκάς μοι δέδωκα αὐτοῖς, καὶ αὐτοὶ ἔλαβον καὶ ἔγνωσαν ἀληθῶς ὅτι παρὰ σοῦ ἐξῆλθον, καὶ ἐπίστευσαν ὅτι σύ με ἀπέσ τειλας.

왜냐하면 당신께서 나에게 주신 말씀들을 나는 그들에게 주었고, 그들은 그것을 받았고, 그리고 내가 당신에게서 나왔다는 것을 알았습니다. 그리고 그들은 당신께서 나를 보내셨다는 것을 믿었습니다.

9절

Ἐγὼ περὶ αὐτῶν ἐρωτῶ, οὐ περὶ τοῦ κόσμου ἐρωτῶ ἀλλὰ περὶ ὧν δέδωκάς μοι, ὅτι σοί εἰσιν,

나는 그들에 대하여 부탁드리는 것이지 세상에 대하여 부탁하는 것은 아닙니다. 다만 당신께서 나에게 주신 자들에 대하여 부탁하는 것은 그들이 당신의 것이기 때문입니다.

10절

καὶ τὰ ἐμὰ πάντα σά ἐστιν καὶ τὰ σὰ ἐμά, καὶ δεδόξασμαι ἐν αὐτοῖς.

그리고 나의 모든 것은 당신의 것이고 당신의 것은 나의 것입니다. 그리고 나는 그들 안에서 영화롭게 되었습니다.

11절

καὶ οὐκέτι εἰμὶ ἐν τῷ κόσμῳ, καὶ αὐτοὶ ἐν τῷ κόσμῳ εἰσίν, κἀγὼ
πρὸς σὲ ἔρχομαι. πάτερ ἅγιε, τήρησον αὐτοὺς ἐν τῷ ὀνόματί σου ᾧ
δέδωκάς μοι, ἵνα ὦσιν ἓν καθὼς ἡμεῖς.

그리고 나는 더 이상 세상에 있지 않습니다. 그러나 그들은 세상에 있습니
다. 그리고 나는 당신을 향하여 갑니다. 거룩하신 아버지, 당신께서 나에
게 주신 당신의 이름으로 그들을 지켜 주세요. 그리하여 그들이 우리처럼
하나가 되게 해 주세요.

12절

ὅτε ἤμην μετ᾿ αὐτῶν ἐγὼ ἐτήρουν αὐτοὺς ἐν τῷ ὀνόματί σου ᾧ
δέδωκάς μοι, καὶ ἐφύλαξα, καὶ οὐδεὶς ἐξ αὐτῶν ἀπώλετο εἰ μὴ ὁ υἱὸς
τῆς ἀπωλείας, ἵνα ἡ γραφὴ πληρωθῇ.

내가 그들과 함께 있을 때 나는 당신께서 나에게 주신 당신의 이름으로
그들을 지켰습니다. 그리고 그들 중 멸망의 아들 외에는 어느 누구도
멸망 당하지 않았습니다. 이것은 성경이 성취되기 위함입니다.

13절

νῦν δὲ πρὸς σὲ ἔρχομαι καὶ ταῦτα λαλῶ ἐν τῷ κόσμῳ ἵνα ἔχωσιν
τὴν χαρὰν τὴν ἐμὴν πεπληρωμένην ἐν ἑαυτοῖς.

그런데 지금 나는 당신을 향하여 가고 있습니다. 그리고 내가 이것들을
세상에서 이야기하는 것은, 그들이 그들 자신 안에 나의 충만한 기쁨을
갖게 하려는 것입니다.

14절

ἐγὼ δέδωκα αὐτοῖς τὸν λόγον σου καὶ ὁ κόσμος ἐμίσησεν αὐτούς,
ὅτι οὐκ εἰσὶν ἐκ τοῦ κόσμου καθὼς ἐγὼ οὐκ εἰμὶ ἐκ τοῦ κόσμου.

나는 그들에게 당신의 말씀을 주었고 세상은 그들을 미워했습니다. 왜냐
하면 내가 세상에 속하지 않은 것처럼 그들이 세상에 속하지 않기 때문입
니다.

15절

οὐκ ἐρωτῶ ἵνα ἄρῃς αὐτοὺς ἐκ τοῦ κόσμου, ἀλλ᾽ ἵνα τηρήσῃς αὐτοὺς
ἐκ τοῦ πονηροῦ.

나는 당신께서 그들을 세상에서 데리고 가 달라고 부탁하는 것이 아니라
다만 그들을 악한 자로부터 지켜 달라는 것입니다.

16절

ἐκ τοῦ κόσμου οὐκ εἰσὶν καθὼς ἐγὼ οὐκ εἰμὶ ἐκ τοῦ κόσμου.

내가 세상에 속하지 않는 것처럼 그들은 세상에 속하지 않습니다.

17절

ἁγίασον αὐτοὺς ἐν τῇ ἀληθείᾳ· ὁ λόγος ὁ σὸς ἀλήθειά ἐστιν.

그들을 진리 안에서 거룩하게 해 주세요. 당신의 말씀은 진리입니다.

18절

καθὼς ἐμὲ ἀπέστειλας εἰς τὸν κόσμον, κἀγὼ ἀπέστειλα αὐτοὺς εἰς
τὸν κόσμον·

당신께서 나를 세상에 보내신 것처럼 나도 그들을 세상에 보냈습니다.

19절

καὶ ὑπὲρ αὐτῶν ἐγὼ ἁγιάζω ἐμαυτόν, ἵνα ὦσιν καὶ αὐτοὶ ἡγιασμένοι ἐν ἀληθείᾳ.

그리고 그들을 위해 나 자신을 거룩하게 한 것은 그들도 진리 안에서 거룩하게 되게 하기 위함입니다.

20절

Οὐ περὶ τούτων δὲ ἐρωτῶ μόνον, ἀλλὰ καὶ περὶ τῶν πιστευόντων διὰ τοῦ λόγου αὐτῶν εἰς ἐμέ,

나는 단지 이들에 대해서만 부탁하는 것이 아니고 그들의 말을 통하여 나를 믿게 될 사람들에 대해서도 부탁드립니다.

21절

ἵνα πάντες ἓν ὦσιν, καθὼς σύ, πάτερ, ἐν ἐμοὶ κἀγὼ ἐν σοί, ἵνα καὶ αὐτοὶ ἐν ἡμῖν ὦσιν, ἵνα ὁ κόσμος πιστεύῃ ὅτι σύ με ἀπέστειλας.

그리하여 아버지, 당신께서 내 안에 계시고 내가 당신 안에 있는 것처럼 그들 모두가 하나가 되게 해 주세요. 그리하여 그들도 우리 안에서 하나가 되어서 당신께서 나를 보내셨다는 것을 세상이 믿게 해 주세요.

22절

κἀγὼ τὴν δόξαν ἣν δέδωκάς μοι δέδωκα αὐτοῖς, ἵνα ὦσιν ἓν καθὼς ἡμεῖς ἕν·

나도 당신께서 나에게 주신 영광을 그들에게 주었습니다. 그것은 우리가 하나인 것처럼 그들도 하나가 되게 하기 위함입니다.

23절

ἐγὼ ἐν αὐτοῖς καὶ σὺ ἐν ἐμοί, ἵνα ὦσιν τετελειωμένοι εἰς ἕν, ἵνα γινώσκῃ ὁ κόσμος ὅτι σύ με ἀπέστειλας καὶ ἠγάπησας αὐτοὺς καθὼς ἐμὲ ἠγάπησας.

내가 그들 안에 있고 당신이 내 안에 계신 것은 그들이 하나로 온전케 되기 위함입니다. 그리하여 세상은 당신께서 나를 보내셨다는 것과 당신이 나를 사랑하신 것처럼 그들을 사랑하신다는 것을 알게 될 것입니다.

24절

Πάτερ, ὃ δέδωκάς μοι, θέλω ἵνα ὅπου εἰμὶ ἐγὼ κἀκεῖνοι ὦσιν μετ᾽ ἐμοῦ, ἵνα θεωρῶσιν τὴν δόξαν τὴν ἐμήν, ἣν δέδωκάς μοι ὅτι ἠγάπησάς με πρὸ καταβολῆς κόσμου.

아버지, 나는 당신께서 나에게 주신 저 사람들도 내가 있는 곳에 나와 함께 있게 되기를 원합니다. 이는 그들도 창세 전에 당신께서 나를 사랑하셨기 때문에 나에게 주신 나의 영광을 보게 하기 위함입니다.

25절

πάτερ δίκαιε, καὶ ὁ κόσμος σε οὐκ ἔγνω, ἐγὼ δέ σε ἔγνων, καὶ οὗτοι ἔγνωσαν ὅτι σύ με ἀπέστειλας·

의로우신 아버지, 세상은 당신을 알지 못했으나 나는 당신을 알았습니다. 그리고 이 사람들은 당신께서 나를 보내신 것을 알았습니다.

26절

καὶ ἐγνώρισα αὐτοῖς τὸ ὄνομά σου καὶ γνωρίσω, ἵνα ἡ ἀγάπη ἣν ἠγάπησάς με ἐν αὐτοῖς ᾖ κἀγὼ ἐν αὐτοῖς.

그리고 나는 그들에게 당신의 이름을 알려주었고 또 알릴 것입니다. 이는 당신께서 나를 사랑하신 그 사랑이 그들 안에 있고 또한 나도 그들 안에 있기 위함입니다."

해설

　나사렛 예수는 영광의 본체이신 아버지에게서 홀로 태어나신 영광의 아들이시다. 그는 아버지와 한 본체시며 같은 본질을 소유하고 있는 영광의 하나님이시다. 그는 만물의 창조의 근원인 영원한 로고스이시며 아버지께서는 그를 통해 만물을 창조하셨다. 그는 아버지의 뜻을 이루기 위해 육신을 입고 세상에 왔다. 그는 이제 세상에서 아버지께서 명하신 일을 마치고 다시 아버지께로 돌아가고 있다.

　그는 세상에 있는 자신의 제자들을 위해 기도하고 있는데, 그들은 본래 아버지께서 아들에게 주신 아버지의 사람들이다. 그는 자신의 모습을 통해 제자들에게 아버지의 실체를 계시하셨다. 그것은 아버지와 아들이 하나이기 때문이다. 그는 그들에게 하나님의 말씀을 가르치고, 그들은 하나님의 말씀을 듣고 끝까지 지킨다. 그 말씀은 영원한 생명이요 진리다. 아들은 그들에게 자기의 영광을 주는데, 그 영광은 이 세상이 존재하기 전에 그가 아버지와 함께 가지고 있던 영원한 영광이다. 아들은 장차 그들을 자기가 있는 영광의 나라로 데려갈 것이다. 그러나 그들은 지금은 그 아들과 함께 그곳에 갈 수 없다. 아버지께서 아들을 세상에 보내신 것처럼 아들도 그들을 세상에 보낸다. 아들은 그들에게 계명을 주는데, 그 계명은 아버지께서 아들에게 주셨던 바로 그 계명이다. 그 계명은 사랑의 계명이다. 그들은 사랑의 계명을 지킬 때 온전히 하나가 되어 아버지와 아들의 교제 속으로 들어가는 영광을 누리게 된다.

　아들은 장차 그들을 자기가 있는 곳으로 데리고 간다. 그러나 지금은 아니다. 그들은 세상에 남아서 아들에게서 받은 일을 끝마쳐야 한다. 그들은 세상의 미움을 받게 될 것이다. 그것은 그들이 죄 많은 세상에 속하지 않고 그들을 세상에서 불러내신 영광의 아들에게 속한 자들이기 때문이다. 세상을 따르지 않고 하나님의 말씀을 따르는 그들에게는 고난이 기다리고 있다. 아들은 아버지께로 가면서 그들을 위해 기도한다. 그는 그들을 데려가 달라고 부탁하는 것이 아니고 세상 끝 날까지 그들을 악한 자로부터 지켜달라고 부탁한다. 세상에서의 일을 다 마친 후에는 그들도 아들이 있는 곳으로 가서 아들의 영광 안으로 들어가게 될 것이다. 그날까지 그들은 죄 많은 세상에서 고난을 이겨내고 믿음을 지켜야 한다. 그들은 하나님의 종말론적 희망의 미래인 부활의 현실 속에서 그들의 주님이시요 스승이신 나사렛 예수와 새로운 차원에서 다시 만나게 될 것이다.

예수와 사탄의 대결

요한복음 18:1-11

1절

Ταῦτα εἰπὼν Ἰησοῦς ἐξῆλθεν σὺν τοῖς μαθηταῖς αὐτοῦ πέραν τοῦ χειμάρρου τοῦ Κεδρὼν ὅπου ἦν κῆπος, εἰς ὃν εἰσῆλθεν αὐτὸς καὶ οἱ μαθηταὶ αὐτοῦ.

예수는 이것들을 말한 후 자기 제자들과 함께 기드론 골짜기 건너편으로 나갔다. 거기에 정원이 있었는데 그와 그의 제자들은 그리로 들어갔다.

2절

Ἤιδει δὲ καὶ Ἰούδας ὁ παραδιδοὺς αὐτὸν τὸν τόπον, ὅτι πολλάκις συνήχθη Ἰησοῦς ἐκεῖ μετὰ τῶν μαθητῶν αὐτοῦ.

그런데 그를 팔아넘기는 유다도 그 장소를 알고 있었다. 왜냐하면 예수는 자기의 제자들과 함께 자주 거기서 모였기 때문이다.

3절

ὁ οὖν Ἰούδας λαβὼν τὴν σπεῖραν καὶ ἐκ τῶν ἀρχιερέων καὶ ἐκ τῶν Φαρισαίων ὑπηρέτας ἔρχεται ἐκεῖ μετὰ φανῶν καὶ λαμπάδων καὶ ὅπλων.

그러므로 유다는 보병부대와 대제사장들과 바리새인들의 하수인들을
데리고 횃불들과 등불들과 무기들과 함께 거기로 간다.

4절

Ἰησοῦς οὖν εἰδὼς πάντα τὰ ἐρχόμενα ἐπ᾽ αὐτὸν ἐξῆλθεν καὶ λέγει
αὐτοῖς· τίνα ζητεῖτε;

그러므로 예수는 자기에게 닥쳐오는 모든 것들을 알고 나가서 그들에게
말한다. "누구를 찾느냐?"

5절

ἀπεκρίθησαν αὐτῷ· Ἰησοῦν τὸν Ναζωραῖον. λέγει αὐτοῖς· ἐγώ εἰμι.
εἱστήκει δὲ καὶ Ἰούδας ὁ παραδιδοὺς αὐτὸν μετ᾽ αὐτῶν.

그들이 대답했다. "나사렛 예수다." 그가 그들에게 말한다. "나다." 그런
데 그를 팔아넘기는 유다가 그들과 함께 서 있었다.

6절

ὡς οὖν εἶπεν αὐτοῖς· ἐγώ εἰμι, ἀπῆλθον εἰς τὰ ὀπίσω καὶ ἔπεσαν
χαμαί.

그런데 예수가 그들에게 "나다"라고 말했을 때 그들은 뒤로 가서 땅에
쓰러졌다.

7절

Πάλιν οὖν ἐπηρώτησεν αὐτούς· τίνα ζητεῖτε; οἱ δὲ εἶπαν· Ἰησοῦν
τὸν Ναζωραῖον.

그러므로 예수는 다시 그들에게 물었다. "누구를 찾느냐?" 그러자 그들은 말했다. "나사렛 예수다."

8절

ἀπεκρίθη Ἰησοῦς· εἶπον ὑμῖν ὅτι ἐγώ εἰμι. εἰ οὖν ἐμὲ ζητεῖτε, ἄφετε τούτους ὑπάγειν·

예수가 대답했다. "나는 내가 그 사람이라고 말했다. 그러므로 너희가 나를 찾는다면 이 사람들을 가게 허락하라."

9절

ἵνα πληρωθῇ ὁ λόγος ὃν εἶπεν ὅτι οὓς δέδωκάς μοι οὐκ ἀπώλεσα ἐξ αὐτῶν οὐδένα.

이것은 예수가 '나는 당신께서 나에게 주신 사람들 중에 하나도 잃지 않았습니다'라고 말한 것이 성취되게 하려는 것이었다.

10절

Σίμων οὖν Πέτρος ἔχων μάχαιραν εἵλκυσεν αὐτὴν καὶ ἔπαισεν τὸν τοῦ ἀρχιερέως δοῦλον καὶ ἀπέκοψεν αὐτοῦ τὸ ὠτάριον τὸ δεξιόν· ἦν δὲ ὄνομα τῷ δούλῳ Μάλχος.

그러므로 시몬 베드로는 칼을 가지고 있다가 그것을 빼내어 대제사장의 종을 쳐서 그의 오른쪽 귀를 잘랐다. 그런데 그 종의 이름은 말코스였다.

11절

εἶπεν οὖν ὁ Ἰησοῦς τῷ Πέτρῳ· βάλε τὴν μάχαιραν εἰς τὴν θήκην·

τὸ ποτήριον ὃ δέδωκέν μοι ὁ πατὴρ οὐ μὴ πίω αὐτό;

  그러므로 예수가 베드로에게 말했다. "칼을 칼집에 넣어라. 아버지께서

  나에게 주신 잔을 내가 마셔야 하지 않겠느냐?"

해설

나사렛 예수는 자기 제자들을 위한 기도를 마친 후 11명의 제자와 함께 예루살렘 성을 나와 기드론 골짜기 건너편에 있는 올리브 나무 과수원으로 들어간다. 그곳은 올리브기름을 짜는 압착틀이 있었기 때문에 겟세마네라는 이름으로 불리고 있었다.

겟세마네라는 이름은 나사렛 예수의 삶 전체를 압축하여 표현하고 있는 계시적 의미를 가지고 있다. 왜냐하면 영원한 성전인 그의 몸이 깨어지고 부서져 죽음으로써 생명의 영이신 성령의 기름이 온 세상을 적시는 새 하늘과 새 땅이 창조될 것이기 때문이다. 배신자 가룟 유다는 그 장소를 잘 알고 있었다. 그는 천부장이 지휘하는 무장한 보병부대와 횃불과 등불을 든 유대인 하속들을 데리고 거기 나타난다. 이제 그 고요하고 평화로운 올리브 과수원은 나사렛 예수와 사탄의 대결 장소로 바뀐다.

가룟 유다가 나사렛 예수를 체포하기 위해 천부장이 지휘하는 무장한 보병부대까지 동원했다는 것은 그의 정치적 능력의 탁월함을 보여주고 있다. 먼 옛날 사탄도 자신의 지혜와 능력의 아름다움에 취하여 타락했다. 그는 뱀의 모습으로 변장하여 하나님의 동산에서 살고 있던 하나님의 형상인 인간을 거짓과 허영심으로 속여서 존재와 생명의 근본인 하나님을 떠나도록 유인하는 데 성공했다. 이제 그 사탄은 가룟 유다의 모습으로 나타나 하나님의 영광의 아들을 시험하고 있다. 그는 나사렛 예수를 기습하여 정신적으로 압도하여 굴복시키려 하고 있다. 그는 나사렛 예수가 자신의 목숨을 부지하기 위해 무릎 꿇고 싹싹 비는 비굴한 모습을 연출하기를 원하고 있다. 그는 고요한 올리브 나무 과수원에 횃불과 등불을 든 군중을 데리고 갑자기 들이닥치는 극적인 이벤트를 연출함으로써 자신이 얼마나 탁월한 재주꾼인지를 과시하고 있다. 그는 처음부터 거짓과 허영심으로 세상을 속였던 심리전의 고수였다.

그러나 거짓은 하나님의 진리를 이길 수 없고, 불의는 하나님의 의를 이길 수 없다. 에덴동산의 아담과 하와는 그들 존재의 근본인 하나님의 말씀에서 이탈함으로써 실패했다. 그러나 나사렛 예수는 처음부터 끝까지 하나님의 말씀을 지키고 그 안에 머물러 있음으로 사탄의 공격을 이길 수 있었다. 나사렛 예수는 자신의 시간이 왔음을 알고 용감하게 앞으로 나간다. 그것은 하나님의 종말론적 희망의 약속인 부활의 미래를 향한 죽음의 행진이다. 이제 영원한 로고스의 죽음을 통해 사탄이 왕 노릇을 하는 세상은 심판받고 종말을 고할 것이다. 그리고 하나님의 의와 영광으로 가득 찬 새 하늘과 새 땅이 창조될 것이다.

베드로의 좌절

요한복음 18:12-27

12절

Ἡ οὖν σπεῖρα καὶ ὁ χιλίαρχος καὶ οἱ ὑπηρέται τῶν Ἰουδαίων συνέλαβ ον τὸν Ἰησοῦν καὶ ἔδησαν αὐτὸν

그러므로 보병부대와 천인대장과 유대인 하속들은 예수를 붙잡아 그를 묶었다.

13절

καὶ ἤγαγον πρὸς Ἄνναν πρῶτον· ἦν γὰρ πενθερὸς τοῦ Καϊάφα, ὃς ἦν ἀρχιερεὺς τοῦ ἐνιαυτοῦ ἐκείνου·

그리고 그들은 먼저 한나스를 향하여 끌고 갔다. 왜냐하면 그는 저 해의 대제사장이었던 가야바의 장인이었기 때문이다.

14절

ἦν δὲ Καϊάφας ὁ συμβουλεύσας τοῖς Ἰουδαίοις ὅτι συμφέρει ἕνα ἄνθρωπον ἀποθανεῖν ὑπὲρ τοῦ λαοῦ.

그런데 가야바는 유대인들에게 한 사람이 백성을 대신하여 죽는 것이 유익이라고 충고했던 사람이다.

15절

Ἠκολούθει δὲ τῷ Ἰησοῦ Σίμων Πέτρος καὶ ἄλλος μαθητής. ὁ δὲ μαθητὴς ἐκεῖνος ἦν γνωστὸς τῷ ἀρχιερεῖ καὶ συνεισῆλθεν τῷ Ἰησοῦ εἰς τὴν αὐλὴν τοῦ ἀρχιερέως,

그런데 시몬 베드로와 다른 제자는 예수를 따라가고 있었다. 그런데 저 제자는 대제사장과 아는 사이였다. 그래서 그는 예수와 함께 대제사장의 안뜰로 들어갔다.

16절

ὁ δὲ Πέτρος εἱστήκει πρὸς τῇ θύρᾳ ἔξω. ἐξῆλθεν οὖν ὁ μαθητὴς ὁ ἄλλος ὁ γνωστὸς τοῦ ἀρχιερέως καὶ εἶπεν τῇ θυρωρῷ καὶ εἰσήγαγεν τὸν Πέτρον.

그런데 베드로는 바깥 문 곁에 서 있었다. 그러므로 대제사장과 아는 사이인 그 다른 제자가 문지기 여인에게 말해서 베드로를 데리고 들어 갔다.

17절

λέγει οὖν τῷ Πέτρῳ ἡ παιδίσκη ἡ θυρωρός· μὴ καὶ σὺ ἐκ τῶν μαθητῶν εἶ τοῦ ἀνθρώπου τούτου; λέγει ἐκεῖνος· οὐκ εἰμί.

그러자 문지기 여종이 베드로에게 말한다. "너도 이 사람의 제자들 중 하나가 아니냐?" 저 사람이 말한다. "나는 아니다."

18절

εἱστήκεισαν δὲ οἱ δοῦλοι καὶ οἱ ὑπηρέται ἀνθρακιὰν πεποιηκότες, ὅτι ψῦχος ἦν, καὶ ἐθερμαίνοντο· ἦν δὲ καὶ ὁ Πέτρος μετ᾽ αὐτῶν ἑστὼς καὶ θερμαινόμενος.

그런데 종들과 하인들은 날씨가 추웠기 때문에 숯불을 피우고 서서 불을 쬐고 있었다. 그런데 베드로도 그들과 함께 서서 불을 쬐고 있었다.

19절

Ὁ οὖν ἀρχιερεὺς ἠρώτησεν τὸν Ἰησοῦν περὶ τῶν μαθητῶν αὐτοῦ καὶ περὶ τῆς διδαχῆς αὐτοῦ.

그러므로 대제사장은 예수에게 그의 제자들과 그의 교훈에 대해 질문했다.

20절

ἀπεκρίθη αὐτῷ Ἰησοῦς· ἐγὼ παρρησίᾳ λελάληκα τῷ κόσμῳ, ἐγὼ πάντοτε ἐδίδαξα ἐν συναγωγῇ καὶ ἐν τῷ ἱερῷ, ὅπου πάντες οἱ Ἰουδαῖοι συνέρχονται, καὶ ἐν κρυπτῷ ἐλάλησα οὐδέν.

예수가 그에게 대답했다. "나는 세상에 드러내어 이야기했다. 나는 항상 모든 유대인이 모여드는 회당과 성전에서 가르쳤고, 아무것도 감추어서 이야기하지 않았다.

21절

τί με ἐρωτᾷς; ἐρώτησον τοὺς ἀκηκοότας τί ἐλάλησα αὐτοῖς· ἴδε οὗτοι οἴδασιν ἃ εἶπον ἐγώ.

그런데 왜 나에게 묻느냐? 내가 그들에게 무엇을 이야기했는지 들은 사람들에게 물어보라. 보라, 이 사람들이 내가 말한 것들을 알고 있다."

22절

ταῦτα δὲ αὐτοῦ εἰπόντος εἷς παρεστηκὼς τῶν ὑπηρετῶν ἔδωκεν ῥάπισμα τῷ Ἰησοῦ εἰπών· οὕτως ἀποκρίνῃ τῷ ἀρχιερεῖ;

그런데 그가 이것들을 말할 때 곁에 서 있던 하인들 중 하나가 예수를 손바닥으로 때리며 말했다. "대제사장에게 이런 식으로 대답하느냐!"

23절

ἀπεκρίθη αὐτῷ Ἰησοῦς· εἰ κακῶς ἐλάλησα, μαρτύρησον περὶ τοῦ κακοῦ· εἰ δὲ καλῶς, τί με δέρεις;

그러자 예수가 대답했다. "만약 내가 잘못 이야기했으면, 그 잘못에 대해 증거해라. 그러나 내가 잘했으면 왜 나를 때리느냐?"

24절

ἀπέστειλεν οὖν αὐτὸν ὁ Ἄννας δεδεμένον πρὸς Καϊάφαν τὸν ἀρχιερέα.

그러므로 한나스는 그를 묶은 채로 대제사장 가야바를 향하여 보냈다.

25절

Ἦν δὲ Σίμων Πέτρος ἑστὼς καὶ θερμαινόμενος. εἶπον οὖν αὐτῷ· μὴ καὶ σὺ ἐκ τῶν μαθητῶν αὐτοῦ εἶ; ἠρνήσατο ἐκεῖνος καὶ εἶπεν· οὐκ εἰμί.

그런데 베드로는 서서 불을 쬐고 있었다. 그러자 사람들이 그에게 말했다. "너도 그의 제자들 중 하나 아니냐?" 저가 부인하며 말했다. "나는 아니다."

26절

λέγει εἷς ἐκ τῶν δούλων τοῦ ἀρχιερέως, συγγενὴς ὢν οὗ ἀπέκοψεν

Πέτρος τὸ ὠτίον· οὐκ ἐγώ σε εἶδον ἐν τῷ κήπῳ μετ᾽ αὐτοῦ;

그런데 대제사장의 종들 중 하나 곧 베드로가 귀를 자른 사람의 친척이

말한다. "내가 너를 그와 함께 과수원에 있는 것을 보지 않았느냐?"

27절

πάλιν οὖν ἠρνήσατο Πέτρος, καὶ εὐθέως ἀλέκτωρ ἐφώνησεν.

그러자 베드로는 다시 부인했다. 그리고 즉시 닭이 울었다.

나사렛 예수가 이리저리 끌려다니며 심문을 받는 동안 베드로는 하속들 틈에 끼어서 숯불을 쬐고 있다가 일생일대의 큰 좌절을 경험한다. 그것은 그가 전적으로 하나님을 의지하는 믿음이 아니라 자기 자신의 신념을 의지했기 때문이다. 베드로는 제자들이 모두 예수를 버리고 떠나갈 때 "당신께 하나님의 말씀이 있는데 우리가 어디로 가겠습니까"라고 말함으로써 흔들리고 있던 예수 조직을 위기에서 지켜낸 하나님 나라 운동의 수호자였다.

그는 또한 십자가 죽음의 길을 가는 나사렛 예수에게 "내가 당신을 위하여 내 목숨을 내어놓겠습니다"라고 나사렛 예수에 대한 사랑과 헌신을 고백한 충성스러운 심복이었다. 그는 예수 운동이 흔들릴 때마다 용감하게 앞장서서 그것을 지켜낸 용사였다. 그는 예수가 결박되어 대제사장에게 끌려가 심문을 받을 때 대제사장의 관저 안뜰에까지 들어가 태연히 숯불을 쬐고 있을 만큼 대담한 성격의 소유자였다. 그것만으로도 그는 기독교 역사상 전무후무한 영웅의 표상이다.

그러나 그의 신앙적 영웅주의는 허망하게 무너진다. 그것도 보잘것없는 하속들과 여종에게 불의의 기습을 받고 한방에 쓰러진다. 이것은 기독교 신앙은 영웅주의와는 거리가 멀다는 것을 가르쳐 주는 본보기가 되었다. 기독교 신앙은 철학적 신념 체계나 어떤 이데올로기가 아니다. 기독교 신앙의 본질은 천지 만물을 창조하시고 다스리시는 하나님의 말씀을 전적으로 의지하는 것이다. 그것을 온몸으로 보여준 것이 바로 나사렛 예수의 삶과 죽음이다. 예수는 자기 육체를 의지하지 않았다. 그의 육체는 고통과 슬픔, 죽음의 가능성을 간직한 연약함 속에 있었다. 그는 성육신하신 로고스이지만 자기 자신을 거룩하게 하고, 항상 아버지의 말씀과 계명 안에 머물러 있었다. 그것이 그가 세상을 이기는 지혜와 능력의 원천이었다. 베드로의 실패와 좌절은 몇 가지 교훈을 주고 있다. 첫째, 인간의 자기 인식이다. 인간은 자신의 연약함을 알아야 한다. 인간은 신이 아니다. 인간은 전능자가 아니라 연약한 육체일 뿐이다. 둘째, 인간의 세계 인식이다. 인간은 세상이 얼마나 무서운지 알아야 한다. 세상은 사람의 마음대로 움직이지 않는다. 세상에는 하나님의 허락을 받고 일시적으로 활동하고 있는 강력한 지배자인 사탄이 있다. 인간은 사탄을 우습게 보면 안 된다. 셋째, 인간의 신 인식이다. 인간은 하나님의 위대함을 알아야 한다. 나사렛 예수는 그것을 아는 것이 영원한 생명이라고 말했다. 인간은 하나님의 능력의 위대함을 알고 그 속으로 들어가야 한다. 그것이 무서운 세상을 이길 수 있는 유일한 길이다.

이 본문은 몇 가지 의문점을 남겨놓고 있다. 첫째, 예수를 잡기 위해 가룟 유다가 데리고 온 보병부대와 천인 대장의 정체에 관한 것이다. 그들은 로마 제국의 군단에 속한 군대인가? 만약 그렇다면 예수의 죽음에 대한 정치적 판단을 내린 최종적 주체는 로마 제국이다. 둘째, 대제사장 가야바와 아는 사이였던 다른 제자의 정체에 관한 것이다. 그는 대제사장과 어떤 관계였으며, 그의 정치적 역할은 과연 무엇인가? 이것은 나사렛 예수의 공동체는 우리가 알고 있는 것보다 훨씬 더 정치적인 집단이었다는 것을 암시하고 있다.

예수와 빌라도

요한복음 18:28-40

28절

Ἄγουσιν οὖν τὸν Ἰησοῦν ἀπὸ τοῦ Καϊάφα εἰς τὸ πραιτώριον· ἦν δὲ πρωΐ· καὶ αὐτοὶ οὐκ εἰσῆλθον εἰς τὸ πραιτώριον, ἵνα μὴ μιανθῶσιν ἀλλὰ φάγωσιν τὸ πάσχα.

그러므로 사람들이 예수를 가야바에게서 총독 관저로 데리고 갔다. 이는 그들이 더럽혀지지 않고 유월절 음식을 먹기 위해서였다.

29절

Ἐξῆλθεν οὖν ὁ Πιλᾶτος ἔξω πρὸς αὐτοὺς καὶ φησίν· τίνα κατηγορίαν φέρετε κατὰ τοῦ ἀνθρώπου τούτου;

그러므로 빌라도가 그들을 향하여 밖으로 나와서 엄숙히 말했다. "너희는 이 사람에 대하여 어떤 고발 내용을 가지고 왔느냐?"

30절

ἀπεκρίθησαν καὶ εἶπαν αὐτῷ· εἰ μὴ ἦν οὗτος κακὸν ποιῶν, οὐκ ἄν σοι παρεδώκαμεν αὐτόν.

사람들은 그에게 대답하며 말했다. "만약 이 사람이 잘못한 것이 없었다면 우리가 그를 당신께 넘기지 않았을 것이다."

31절

εἶπεν οὖν αὐτοῖς ὁ Πιλᾶτος· λάβετε αὐτὸν ὑμεῖς καὶ κατὰ τὸν νόμον ὑμῶν κρίνατε αὐτόν. εἶπον αὐτῷ οἱ Ἰουδαῖοι· ἡμῖν οὐκ ἔξεστιν ἀποκτεῖν αι οὐδένα·

그러자 빌라도가 그들에게 말했다. "너희가 그를 데려다가 너희의 율법을 따라 그를 재판하라." 그러자 유대인들이 그에게 말했다. "우리에게는 어떤 사람도 죽일 권한이 없습니다."

32절

ἵνα ὁ λόγος τοῦ Ἰησοῦ πληρωθῇ ὃν εἶπεν σημαίνων ποίῳ θανάτῳ ἤμελλεν ἀποθνήσκειν.

이것은 예수가 어떠한 죽음으로 죽게 될 것인지를 나타내며 말했던 예수의 말씀이 성취되기 위함이었다.

33절

Εἰσῆλθεν οὖν πάλιν εἰς τὸ πραιτώριον ὁ Πιλᾶτος καὶ ἐφώνησεν τὸν Ἰησοῦν καὶ εἶπεν αὐτῷ· σὺ εἶ ὁ βασιλεὺς τῶν Ἰουδαίων;

그러므로 빌라도는 다시 총독 관저로 들어가서 예수를 부른 후 그에게 말했다. "네가 유대인들의 왕이냐?"

34절

ἀπεκρίθη Ἰησοῦς· ἀπὸ σεαυτοῦ σὺ τοῦτο λέγεις ἢ ἄλλοι εἶπόν σοι περὶ ἐμοῦ;

예수가 대답했다. "네가 스스로 이것을 말하는 것이냐, 아니면 다른 사람
들이 나에 대하여 말한 것이냐?"

35절

ἀπεκρίθη ὁ Πιλᾶτος· μήτι ἐγὼ Ἰουδαῖός εἰμι; τὸ ἔθνος τὸ σὸν καὶ
οἱ ἀρχιερεῖς παρέδωκάν σε ἐμοί· τί ἐποίησας;

빌라도가 대답했다. "내가 유대인이란 말이냐? 너의 민족과 대제사장들
이 너를 나에게 넘겼다. 너는 무엇을 했느냐?"

36절

ἀπεκρίθη Ἰησοῦς· ἡ βασιλεία ἡ ἐμὴ οὐκ ἔστιν ἐκ τοῦ κόσμου τούτου·
εἰ ἐκ τοῦ κόσμου τούτου ἦν ἡ βασιλεία ἡ ἐμή, οἱ ὑπηρέται οἱ ἐμοὶ ἠγωνίζο
ντο ἂν ἵνα μὴ παραδοθῶ τοῖς Ἰουδαίοις· νῦν δὲ ἡ βασιλεία ἡ ἐμὴ οὐκ
ἔστιν ἐντεῦθεν.

예수가 대답했다. "나의 나라는 이 세상에 속해 있지 않다. 만약 나의 나라
가 이 세상에 속하여 있으면 나의 종들이 내가 유대인들에게 넘겨지지
않도록 싸웠을 것이다. 그러나 지금 내 나라는 여기에 있지 않다."

37절

εἶπεν οὖν αὐτῷ ὁ Πιλᾶτος· οὐκοῦν βασιλεὺς εἶ σύ; ἀπεκρίθη ὁ Ἰησο
ῦς· σὺ λέγεις ὅτι βασιλεύς εἰμι. ἐγὼ εἰς τοῦτο γεγέννημαι καὶ εἰς τοῦτο
ἐλήλυθα εἰς τὸν κόσμον, ἵνα μαρτυρήσω τῇ ἀληθείᾳ· πᾶς ὁ ὢν ἐκ τῆς
ἀληθείας ἀκούει μου τῆς φωνῆς.

그러므로 빌라도가 그에게 말했다. "그러면 너는 왕이란 말이냐?" 예수가 대답했다. "나는 이것을 위해 태어났고 이것을 위해 세상에 왔으니, 이는 내가 진리에 대해 증거하기 위함이다. 진리에 속한 모든 사람은 나의 음성을 듣는다."

38절

λέγει αὐτῷ ὁ Πιλᾶτος· τί ἐστιν ἀλήθεια; Καὶ τοῦτο εἰπὼν πάλιν ἐξῆλθεν πρὸς τοὺς Ἰουδαίους καὶ λέγει αὐτοῖς· ἐγὼ οὐδεμίαν εὑρίσκω ἐν αὐτῷ αἰτίαν.

빌라도가 그에게 말한다. "진리가 무엇이냐?" 그리고 그는 이것을 말한 후 다시 유대인들을 향하여 나와서 그들에게 말했다. "나는 이 사람에게서 어떤 죄목도 발견하지 못했다.

39절

ἔστιν δὲ συνήθεια ὑμῖν ἵνα ἕνα ἀπολύσω ὑμῖν ἐν τῷ πάσχα· βούλεσθε οὖν ἀπολύσω ὑμῖν τὸν βασιλέα τῶν Ἰουδαίων;

그런데 너희에게는 유월절에 내가 너희에게 한 사람을 석방하는 관례가 있다. 그러면 너희는 내가 너희에게 유대인들의 왕을 석방하기를 원하느냐?"

40절

ἐκραύγασαν οὖν πάλιν λέγοντες· μὴ τοῦτον ἀλλὰ τὸν Βαραββᾶν. ἦν δὲ ὁ Βαραββᾶς λῃστής.

그러자 그들은 고함을 지르며 다시 말했다. "이 사람이 아니라 바라바를."

그런데 바라바는 강도였다.

해설

　나사렛 예수와 빌라도의 만남은 하나님 나라와 인간 나라의 만남이다. 예수는 어둠의 세상에 빛으로 온 진리의 왕이다. 빌라도는 진리의 왕이신 예수에게 "진리가 무엇이냐"라는 어리석은 질문을 던진다. 빌라도의 질문은 로마 제국의 정치 철학을 대변하고 있다. 그들은 대제국을 건설했지만, 그 제국은 하나님 없는 인간의 제국이다. 그 인간의 제국은 여전히 어둠 속에 있다. 왜냐하면 만물의 창조의 근원이신 하나님의 실체를 모르기 때문이다. 나사렛 예수는 그 하나님의 실체를 보여주기 위해 세상에 온 영광의 아들이다. 빌라도는 나사렛 예수 안에서 하나님의 실체를 보아야 했다. 그러나 그는 그것을 보지 못했다. 그것은 유대인들도 마찬가지다.

　빌라도는 자기 앞에 붙잡혀 온 나사렛 예수의 정체에 대해 호기심을 품고 있다. 더 나아가 빌라도는 나사렛 예수에 대한 알 수 없는 묘한 매력을 느끼고 있다. 그는 나사렛 예수가 유대인들에게 가장 잘 어울리는 왕으로 생각한다. 그가 나사렛 예수에게 "당신이 유대인들의 왕이냐"라고 물은 것은 의미심장하다. 그는 내심 예수를 그렇게 생각한 것이다. 그러나 나사렛 예수에 대한 인간적 호기심이나 인간적 끌림이 구원을 주지는 못한다. 구원은 하나님이 세상에 보내신 영광의 아들을 주님으로 모시는 믿음으로 얻는 것이기 때문이다. 빌라도는 그 생각을 끝까지 추적했어야 했다. 그러나 그는 하나님의 진리보다 세상의 권력을 더 사랑한다. 그는 나사렛 예수의 문제를 목숨 걸고 사랑해야 할 진리의 문제로 보지 않고, 제국의 정치 철학이

해결해야 할 골치 아픈 종교 문제로 인식한다. 그는 끝까지 나사렛 예수에 대한 호의를 갖고 그를 지켜 주려고 한다. 그러나 그것이 자신의 권력과 사회적 지위를 위협하는 순간 그는 미련 없이 그것을 던져 버린다.

예수의 사형판결

요한복음 19:1-16

1절

Τότε οὖν ἔλαβεν ὁ Πιλᾶτος τὸν Ἰησοῦν καὶ ἐμαστίγωσεν.

그러자 그때 빌라도가 예수를 잡아 채찍질했다.

2절

καὶ οἱ στρατιῶται πλέξαντες στέφανον ἐξ ἀκανθῶν ἐπέθηκαν αὐτοῦ τῇ κεφαλῇ καὶ ἱμάτιον πορφυροῦν περιέβαλον αὐτὸν

그리고 군인들은 가시로 면류관을 엮어서 그의 머리 위에 얹었다. 그리고 그에게 자주색 옷을 입혔다.

3절

καὶ ἤρχοντο πρὸς αὐτὸν καὶ ἔλεγον· χαῖρε ὁ βασιλεὺς τῶν Ἰουδαίων· καὶ ἐδίδοσαν αὐτῷ ῥαπίσματα.

그리고 그들은 예수를 향해 가서 말하고 있었다. "안녕하십니까, 유대인들의 왕이여." 그리고 그를 손바닥으로 때렸다.

4절

Καὶ ἐξῆλθεν πάλιν ἔξω ὁ Πιλᾶτος καὶ λέγει αὐτοῖς· ἴδε ἄγω ὑμῖν αὐτὸν ἔξω, ἵνα γνῶτε ὅτι οὐδεμίαν αἰτίαν εὑρίσκω ἐν αὐτῷ.

그리고 빌라도는 다시 밖으로 나가서 유대인들에게 말한다. "보라, 내가 너희에게 그를 밖으로 데리고 오겠다. 그러면 너희는 내가 그 안에서 어떤 죄목도 발견하지 못했다는 것을 알게 될 것이다."

5절

ἐξῆλθεν οὖν ὁ Ἰησοῦς ἔξω, φορῶν τὸν ἀκάνθινον στέφανον καὶ τὸ πορφυροῦν ἱμάτιον. καὶ λέγει αὐτοῖς· ἰδοὺ ὁ ἄνθρωπος.

그러므로 예수는 가시 면류관과 자주색 옷을 두른 채 밖으로 나왔다. 그러자 빌라도가 그들에게 말한다. "보라, 그 사람이다."

6절

Ὅτε οὖν εἶδον αὐτὸν οἱ ἀρχιερεῖς καὶ οἱ ὑπηρέται ἐκραύγασαν λέγοντες· σταύρωσον σταύρωσον. λέγει αὐτοῖς ὁ Πιλᾶτος· λάβετε αὐτὸν ὑμεῖς καὶ σταυρώσατε· ἐγὼ γὰρ οὐχ εὑρίσκω ἐν αὐτῷ αἰτίαν.

대제사장들과 하속들은 예수를 보았을 때 고함을 지르며 말했다. "십자가에 못 박으라! 십자가에 못 박으라!" 빌라도가 그들에게 말한다. "너희가 그를 데려다가 십자가에 못 박으라. 나는 그에게서 죄목을 찾아내지 못했다."

7절

ἀπεκρίθησαν αὐτῷ οἱ Ἰουδαῖοι· ἡμεῖς νόμον ἔχομεν καὶ κατὰ τὸν νόμον ὀφείλει ἀποθανεῖν, ὅτι υἱὸν θεοῦ ἑαυτὸν ἐποίησεν.

유대인들이 그에게 대답했다. "우리는 율법을 가지고 있고, 율법에 따르면 그는 반드시 죽어야 한다. 왜냐하면 그가 자기 자신을 신의 아들로 만들었기 때문이다."

8절

Ὅτε οὖν ἤκουσεν ὁ Πιλᾶτος τοῦτον τὸν λόγον, μᾶλλον ἐφοβήθη,

그러자 빌라도는 이 말을 들었을 때 더욱 두려워했다.

9절

καὶ εἰσῆλθεν εἰς τὸ πραιτώριον πάλιν καὶ λέγει τῷ Ἰησοῦ· πόθεν εἶ σύ; ὁ δὲ Ἰησοῦς ἀπόκρισιν οὐκ ἔδωκεν αὐτῷ.

그리고 다시 관저 안으로 들어가 예수에게 말한다. "너는 어디서 왔느냐?" 그러나 예수는 그에게 답변을 주지 않았다.

10절

λέγει οὖν αὐτῷ ὁ Πιλᾶτος· ἐμοὶ οὐ λαλεῖς; οὐκ οἶδας ὅτι ἐξουσίαν ἔχω ἀπολῦσαί σε καὶ ἐξουσίαν ἔχω σταυρῶσαί σε;

그러자 빌라도가 그에게 말한다. "네가 나에게 이야기하지 않느냐? 너는 내가 너를 석방할 권세를 가지고 있고 또한 너를 십자가에 못 박을 권세도 가지고 있다는 것을 알지 못하느냐?"

11절

ἀπεκρίθη αὐτῷ Ἰησοῦς· οὐκ εἶχες ἐξουσίαν κατ᾽ ἐμοῦ οὐδεμίαν εἰ

μὴ ἦν δεδομένον σοι ἄνωθεν· διὰ τοῦτο ὁ παραδούς μέ σοι μείζονα
ἁμαρτίαν ἔχει.

예수가 그에게 대답했다. "만약 위에서부터 너에게 주어진 것이 아니라
면 너는 나에 대하여 아무런 권세도 없다. 이 때문에 나를 너에게 넘겨준
사람은 더 큰 죄가 있다."

12절

Ἐκ τούτου ὁ Πιλᾶτος ἐζήτει ἀπολῦσαι αὐτόν· οἱ δὲ Ἰουδαῖοι ἐκραύγ
ασαν λέγοντες· ἐὰν τοῦτον ἀπολύσῃς, οὐκ εἶ φίλος τοῦ Καίσαρος· πᾶς
ὁ βασιλέα ἑαυτὸν ποιῶν ἀντιλέγει τῷ Καίσαρι.

이로부터 빌라도는 그를 풀어주려고 노력하고 있었다. 그러나 유대인들
은 고함을 지르며 말했다. "만약 당신이 이 사람을 풀어주면, 당신은 카이
사르의 친구가 아니다. 자기 자신을 왕으로 만드는 모든 사람은 카이사르
에게 반역하는 것이다."

13절

ὁ οὖν Πιλᾶτος ἀκούσας τῶν λόγων τούτων ἤγαγεν ἔξω τὸν Ἰησοῦν
καὶ ἐκάθισεν ἐπὶ βήματος εἰς τόπον λεγόμενον Λιθόστρωτον, Ἑβραϊστὶ
δὲ Γαββαθα.

그러자 빌라도는 이 말들을 듣고 예수를 밖으로 데리고 나와서 돌을 깔아
놓은 곳이라 불리는 장소인 재판석에 앉았는데, 그 장소는 히브리어로
가빠다라고 한다.

14절

ἦν δὲ παρασκευὴ τοῦ πάσχα, ὥρα ἦν ὡς ἕκτη. καὶ λέγει τοῖς Ἰουδαίοι
ς· Ἴδε ὁ βασιλεὺς ὑμῶν.

그런데 그날은 유월절 준비일이었는데, 6시쯤 되었다. 그리고 그는 유대
인들에게 말한다. "보라, 너희들의 왕이다."

15절

ἐκραύγασαν οὖν ἐκεῖνοι· ἆρον ἆρον, σταύρωσον αὐτόν. λέγει αὐτ
οῖς ὁ Πιλᾶτος· τὸν βασιλέα ὑμῶν σταυρώσω; ἀπεκρίθησαν οἱ ἀρχιερεῖ
ς· οὐκ ἔχομεν βασιλέα εἰ μὴ Καίσαρα.

그러자 저들은 고함을 질렀다. "없애버려라, 없애버려라. 그를 십자가에
못 박아라." 빌라도가 그들에게 말한다. "내가 너희들의 왕을 십자가에
못 박을 것이냐?" 대제사장들이 대답했다. "우리에게는 카이사르 외에는
왕이 없다."

16절

Τότε οὖν παρέδωκεν αὐτὸν αὐτοῖς ἵνα σταυρωθῇ. Παρέλαβον οὖν
τὸν Ἰησοῦν,

그러므로 그때 빌라도는 예수가 십자가에 못 박히도록 그들에게 그를
넘겨주었다. 그러므로 그들은 예수를 데리고 갔다.

해설

    나사렛 예수를 심문한 결과 아무런 죄가 없다는 것을 확인한 빌라도는 유월절 명절에 유대인들이 원하는 죄수 하나를 석방하는 관례에 따라 예수를 풀어주려고 한다. 그러나 유대인들이 거세게 저항하자 갑자기 태도를 바꾸어 예수를 붙잡아 채찍으로 때린다. 그리고 나서 유대인들에게 예수를 데려다가 그들의 율법에 따라 재판할 것을 요구한다. 그러나 사람을 죽일 수 있는 권한이 없는 유대인들은 빌라도를 압박하면서 나사렛 예수가 반드시 죽어야 하는 이유를 제시한다. 그것은 예수가 자신을 신의 아들로 참칭했다는 것이다. 그것은 로마인들에게는 아무런 죄가 될 수 없는 철학적 신념이지만 유대인들의 율법으로는 용납할 수 없는 신성모독이었다. 그런 점에서 볼 때 이방인인 로마인들이 오히려 신에 대한 인식이 더 개방적이고 친근하다고 할 수 있을 것이다.

    반면에 유대인들의 신 인식은 범접할 수 없는 거룩성과 유일성에 초점이 맞추어져 있다. 유대인들이 예수를 신성 모독죄로 고발하자 빌라도는 다시 두려움을 느끼기 시작한다. 그는 예수에게 두 번째 질문을 한다. "너는 어디서 왔느냐?" 이 질문 속에는 나사렛 예수의 실체에 대한 신비로운 경외심이 들어있다. 그러나 예수는 답변하지 않는다. 왜냐하면 다신론적 세계관을 가지고 있는 이 로마인에게 신은 거룩하고 의로운 영광의 본체가 아니라 온갖 잡신들 중 하나이기 때문이다. 나사렛 예수는 그 문제에 대한 철학적 토론을 할 생각도 없고 시간도 없다. 그러자 빌라도는 자기가 예수를 풀어줄 권세도 있고 십자가에 못 박아 죽일 권세도 있다고 말한다. 그것은 로마 제국의 권세다. 그러나 하나님 없는 나의 권세, 하나님 없는 제국의 권세는 반역적인 것이고 거짓된 것이다. 이 변덕스러운 로마인은 사탄의 허영심에 사로잡혀 있다. 그는 자기 발 앞에 하나님의 영광의 아들을 굴복시키려 하고 있다. 그러나 그것은 제국의 무지와 어리석음을 드러낼 뿐이다. 나사렛 예수는 위에서부터 주어진 권세가 아니면 사람은 아무것도 할 수 없다고 하면서 제국의 권력도 하나님의 통치 질서 아래 있음을 선언한다. 나사렛 예수의 신비한 매력에 끌리고 있던 빌라도는 예수를 풀어주려고 노력한다.

그러자 빌라도의 의도를 눈치챈 유대인들은 나사렛 예수를 풀어주면 카이사르의 친구가 아니며, 또한 자기 스스로를 왕으로 참칭하는 것은 카이사르에게 반역하는 것이라면서 자기들의 요구를 거부하면 빌라도를 고발하겠다고 협박한다. 자신의 권력과 신변에 위험을 느낀 빌라도는 이 골치 아픈 문제에 대한 결론을 내리기 위해 재판석에 앉는다. 그는 유대인들에게 자기가 보기에 나사렛 예수는 유대인들의 왕인데 왜 자기들의 왕을 죽이려 하느냐라고 질문한다. 그러자 대제사장들은 카이사르 외에는 자기들에게 다른 왕은 없다는 충격적인 대답을 한다. 이 말은 그들의 반역성을 스스로 폭로하고 있다. 그들은 오직 한 분이신 하나님이 그들의 참되고 유일한 왕이라는 것을 부인하고 있다. 빌라도는 유대교 대제사장들의 말을 듣는 순간 예수에게 사형판결을 내리기로 결심한다. 왜냐하면 나사렛 예수는 자기 백성에게 버림받은 왕이기 때문이다. 이 로마인은 자기 백성에게 버림받은 유대인의 왕을 위해 자신의 권력과 목숨을 잃어야 할 이유가 없었던 것이다.

로고스의 죽음

요한복음 19:17-37

17절

καὶ βαστάζων ἑαυτῷ τὸν σταυρὸν ἐξῆλθεν εἰς τὸν λεγόμενον Κρα
νίου Τόπον, ὃ λέγεται Ἑβραϊστὶ Γολγοθα,

그리고 예수는 자기 스스로 십자가를 지고 해골이라는 곳으로 나갔는데,
그것은 히브리어로는 골고다라고 불린다.

18절

ὅπου αὐτὸν ἐσταύρωσαν, καὶ μετ᾽ αὐτοῦ ἄλλους δύο ἐντεῦθεν καὶ
ἐντεῦθεν, μέσον δὲ τὸν Ἰησοῦν.

거기서 그들은 그를 십자가에 못 박았다. 그리고 그와 함께 다른 두 사람을
이쪽저쪽에 그리고 예수는 그들 가운데 있었다.

19절

Ἔγραψεν δὲ καὶ τίτλον ὁ Πιλᾶτος καὶ ἔθηκεν ἐπὶ τοῦ σταυροῦ· ἦν
δὲ γεγραμμένον·

Ἰησοῦς ὁ Ναζωραῖος ὁ βασιλεὺς τῶν Ἰουδαίων.

그런데 빌라도는 죄목도 써서 십자가 위에 두었다. 그런데 그것은 "나사

렛 예수 유대인들의 왕"이라고 기록되어 있었다.

20절

τοῦτον οὖν τὸν τίτλον πολλοὶ ἀνέγνωσαν τῶν Ἰουδαίων, ὅτι ἐγγὺς
ἦν ὁ τόπος τῆς πόλεως ὅπου ἐσταυρώθη ὁ Ἰησοῦς· καὶ ἦν γεγραμμένον
Ἑβραϊστί, Ῥωμαϊστί, Ἑλληνιστί.

그러므로 유대인들 중의 많은 사람이 이 죄목을 읽었다. 왜냐하면 예수가
십자가에 못 박힌 장소가 도시에서 가까웠기 때문이다. 그리고 죄목은
히브리어, 라틴어, 헬라어로 기록되어 있었다.

21절

ἔλεγον οὖν τῷ Πιλάτῳ οἱ ἀρχιερεῖς τῶν Ἰουδαίων· μὴ γράφε· ὁ βασι
λεὺς τῶν Ἰουδαίων, ἀλλ᾽ ὅτι ἐκεῖνος εἶπεν· βασιλεύς εἰμι τῶν Ἰουδαίων.

그러자 유대인의 대제사장들이 빌라도에게 말하고 있었다. "유대인들
의 왕이라고 쓰지 말고 대신에, '저 사람은 나는 유대인들의 왕이라고
말했다'라고 쓰라."

22절

ἀπεκρίθη ὁ Πιλᾶτος· ὃ γέγραφα, γέγραφα.

빌라도는 말했다. "내가 쓴 것은 쓴 것이다."

23절

Οἱ οὖν στρατιῶται, ὅτε ἐσταύρωσαν τὸν Ἰησοῦν, ἔλαβον τὰ ἱμάτια
αὐτοῦ καὶ ἐποίησαν τέσσαρα μέρη, ἑκάστῳ στρατιώτῃ μέρος, καὶ τὸν

χιτῶνα. ἦν δὲ ὁ χιτὼν ἄραφος, ἐκ τῶν ἄνωθεν ὑφαντὸς δι᾽ ὅλου.

그런데 군인들은 예수를 십자가에 못 박은 후에 그의 옷을 취하여 네 부분으로 만들어서 군인 각자에게 한 부분씩 나누었다. 그런데 속옷은 위에서부터 꿰매지 않고 통째로 짰다.

24절

εἶπαν οὖν πρὸς ἀλλήλους· μὴ σχίσωμεν αὐτόν, ἀλλὰ λάχωμεν περὶ αὐτοῦ τίνος ἔσται· ἵνα ἡ γραφὴ πληρωθῇ ἡ λέγουσα·

διεμερίσαντο τὰ ἱμάτιά μου ἑαυτοῖς

καὶ ἐπὶ τὸν ἱματισμόν μου ἔβαλον κλῆρον.

Οἱ μὲν οὖν στρατιῶται ταῦτα ἐποίησαν.

그래서 그들은 서로를 향하여 말했다. "그것을 찢지 말고 대신에 그것이 누구의 것이 될지 우리가 그것에 대해 제비를 뽑자." 이것은 "그들이 나의 옷을 자신들에게 분배하였고 나의 옷에 제비를 던졌다"라고 말씀하신 성경이 성취되기 위함이다. 그래서 군인들이 이 일들을 행한 것이다.

25절

Εἱστήκεισαν δὲ παρὰ τῷ σταυρῷ τοῦ Ἰησοῦ ἡ μήτηρ αὐτοῦ καὶ ἡ ἀδελφὴ τῆς μητρὸς αὐτοῦ, Μαρία ἡ τοῦ Κλωπᾶ καὶ Μαρία ἡ Μαγδαληνή.

그런데 예수의 십자가 곁에는 그의 어머니와 그의 어머니의 자매, 클로파스의 아내인 마리아와 막달라 마리아가 서 있었다.

26절

Ἰησοῦς οὖν ἰδὼν τὴν μητέρα καὶ τὸν μαθητὴν παρεστῶτα ὃν ἠγάπα, λέγει τῇ μητρί· γύναι, ἴδε ὁ υἱός σου.

그러므로 예수는 어머니와 그가 사랑한 제자가 곁에 서 있는 것을 보고 어머니에게 말한다. "여자여, 보세요, 당신의 아들입니다."

27절

εἶτα λέγει τῷ μαθητῇ· ἴδε ἡ μήτηρ σου. καὶ ἀπ᾽ ἐκείνης τῆς ὥρας ἔλαβεν ὁ μαθητὴς αὐτὴν εἰς τὰ ἴδια.

그리고 나서 그 제자에게 말한다. "보라, 너의 어머니다." 그리고 저 시간 부터 그 제자는 그녀를 자기의 집으로 모셨다.

28절

Μετὰ τοῦτο εἰδὼς ὁ Ἰησοῦς ὅτι ἤδη πάντα τετέλεσται, ἵνα τελειωθῇ ἡ γραφή, λέγει· διψῶ.

이 일들 후에 예수는 이미 모든 것이 완성되었다는 것을 알고 성경이 완성되기 위해 말한다. "내가 목이 마르다."

29절

σκεῦος ἔκειτο ὄξους μεστόν· σπόγγον οὖν μεστὸν τοῦ ὄξους ὑσσώπῳ περιθέντες προσήνεγκαν αὐτοῦ τῷ στόματι.

신 포도주가 가득 담긴 그릇이 놓여 있었다. 그러므로 그들은 스폰지(바 다솜)를 신 포도주에 적셔서 우슬초에 매달아 그의 입에 가져다주었다.

30절

ὅτε οὖν ἔλαβεν τὸ ὄξος ὁ Ἰησοῦς εἶπεν· τετέλεσται, καὶ κλίνας τὴν κεφαλὴν παρέδωκεν τὸ πνεῦμα.

그런데 예수는 신 포도주를 받고 나서 말했다. "끝났다." 그리고 머리를 숙이고 영혼을 넘겼다.

31절

Οἱ οὖν Ἰουδαῖοι, ἐπεὶ παρασκευὴ ἦν, ἵνα μὴ μείνῃ ἐπὶ τοῦ σταυροῦ τὰ σώματα ἐν τῷ σαββάτῳ, ἦν γὰρ μεγάλη ἡ ἡμέρα ἐκείνου τοῦ σαββ άτου, ἠρώτησαν τὸν Πιλᾶτον ἵνα κατεαγῶσιν αὐτῶν τὰ σκέλη καὶ ἀρθῶσιν.

그런데 유대인들은 그날이 준비일이었기 때문에, 안식일에 십자가에 시체들이 남아있지 않게 하려고 그들의 뼈들을 꺾어서 치워지도록 해달 라고 빌라도에게 요구했다.

32절

ἦλθον οὖν οἱ στρατιῶται καὶ τοῦ μὲν πρώτου κατέαξαν τὰ σκέλη καὶ τοῦ ἄλλου τοῦ συσταυρωθέντος αὐτῷ·

그러므로 군인들은 가서 첫 번째 사람의 뼈들을 꺾었다. 그리고 그와 함께 십자가에 못 박힌 다른 사람의 뼈들을 꺾었다.

33절

ἐπὶ δὲ τὸν Ἰησοῦν ἐλθόντες, ὡς εἶδον ἤδη αὐτὸν τεθνηκότα, οὐ κατέ αξαν αὐτοῦ τὰ σκέλη,

그런데 그들이 예수에게 왔을 때 그가 이미 죽은 것을 보고 그의 뼈들은 겪지 않았다.

34절

ἀλλ᾽ εἷς τῶν στρατιωτῶν λόγχῃ αὐτοῦ τὴν πλευρὰν ἔνυξεν, καὶ ἐξῆλθεν εὐθὺς αἷμα καὶ ὕδωρ.

대신에 군인들 중 하나가 창으로 그의 옆구리를 찔렀다. 그러자 즉시 피와 물이 나왔다.

35절

καὶ ὁ ἑωρακὼς μεμαρτύρηκεν, καὶ ἀληθινὴ αὐτοῦ ἐστιν ἡ μαρτυρία, καὶ ἐκεῖνος οἶδεν ὅτι ἀληθῆ λέγει, ἵνα καὶ ὑμεῖς πιστεύσητε.

그리고 목격한 사람이 증언했다. 그리고 그의 증언은 진실하다. 그리고 저 사람은 자기가 참되게 말하고 있는 것을 알고 있다. 이는 너희도 믿게 하려는 것이다.

36절

ἐγένετο γὰρ ταῦτα ἵνα ἡ γραφὴ πληρωθῇ· ὀστοῦν οὐ συντριβήσεται αὐτοῦ.

왜냐하면 이 일들이 일어난 것은, "그의 뼈가 부서지지 않을 것이다"라는 성경 말씀이 성취되기 위함이다.

37절

καὶ πάλιν ἑτέρα γραφὴ λέγει· ὄψονται εἰς ὃν ἐξεκέντησαν.

그리고 다시 다른 성경 말씀은 말한다. "그들은 자기들이 찌른 자를 보게 될 것이다."

해설

　빌라도의 군사들은 나사렛 예수를 골고다 사형장으로 데리고 가서 그를 십자가에 못 박는다. 빌라도는 예수의 십자가 위에 '나사렛 예수 유대인들의 왕'이라는 죄목을 히브리어, 라틴어, 헬라어로 써서 붙여놓는다. 이것으로 이 로마의 정치가가 지적 수준이 높은 인물이라는 것을 알 수 있다. 그러자 대제사장들은 그렇게 쓰지 말고 '나는 자칭 유대인의 왕이다'라고 고쳐 쓸 것을 요구한다. 그러나 빌라도는 그들의 요구를 거부한다. 그는 "내가 쓴 것은 쓴 것이다"라고 하면서 더 이상 딴 소리하지 말라는 강력한 메시지를 준다. 그것이 바로 나사렛 예수에 대한 빌라도의 최종적 판단이었다. 유대인들에게 버림받은 나사렛 예수는 이 로마인에 의해 유대인의 왕으로 부활하고 있는 것이다. 이제 영원한 로고스의 우주적 축복은 유대인들에게서 이방인들에게 넘어갈 것이다.

　군인들은 십자가에 매달려 있는 나사렛 예수의 입에 신 포도주를 적신 스펀지를 가져다주었는데, 그것은 사형수에게 제공되는 진통제로 보인다. 나사렛 예수의 사형을 집행했던 군인들은 예수의 옷을 찢어서 나누어 가졌는데, 그것은 사형수의 유품이 재앙을 막아준다는 미신 때문이다.

　나사렛 예수는 십자가 위에서 마지막으로 사랑하는 어머니와 작별 인사를 한다. 그리고 가엾은 어머니를 자기의 사랑하는 제자에게 맡긴다. 그 시간 이후로 이 제자는 예수님의 어머니 마리아를 자신의 어머니로 모시게 된다. 훗날 마리아는 에베소에서 죽는데, 그것은 예수의 사랑하는 제자가 그녀를 모시고 에베소에서 가서 목회했기 때문이다.

나사렛 예수는 모든 것이 아버지의 뜻대로 이루어진 것을 보고 "다 끝났다"라는 말을 남기고 숨을 거둔다.

유대인들은 유월절 안식일에 시체들이 십자가에 매달려 있는 것을 원하지 않았기 때문에 빌라도에게 가서 빨리 죄수들의 뼈를 꺾어서 죽이고 시체를 치워달라고 요구한다. 그러나 군인들이 나사렛 예수에게 갔을 때 그들은 그가 이미 죽은 것을 확인하게 된다. 대신에 한 군인이 자기의 창으로 예수의 옆구리를 찌르자 물과 피가 쏟아진다. 이로써 이 세상을 찾아온 영원한 로고스의 죽음은 부인할 수 없는 역사적 사실이 된다.

그러나 그 로고스의 죽음이 새 하늘과 새 땅을 여는 종말론적 사건이라는 것을 아는 자는 아무도 없었다. 그런 의미에서 로고스의 죽음은 하나의 우주적 고독사였다.

예수의 장례식

요한복음 19:38-42

38절

Μετὰ δὲ ταῦτα ἠρώτησεν τὸν Πιλᾶτον Ἰωσὴφ ὃ ἀπὸ Ἁριμαθαίας,
ὢν μαθητὴς τοῦ Ἰησοῦ κεκρυμμένος δὲ διὰ τὸν φόβον τῶν Ἰουδαίων,
ἵνα ἄρῃ τὸ σῶμα τοῦ Ἰησοῦ· καὶ ἐπέτρεψεν ὁ Πιλᾶτος. ἦλθεν οὖν καὶ
ἦρεν τὸ σῶμα αὐτοῦ.

그런데 이 일들 후에 아리마대 출신인 요셉이 빌라도에게 예수의 몸을
가져가겠다고 요구했다. 그는 유대인들에 대한 두려움 때문에 숨어있던
예수의 제자였다. 그리고 빌라도는 허락했다. 그러므로 그는 가서 예수
의 몸을 가져갔다.

39절

ἦλθεν δὲ καὶ Νικόδημος, ὁ ἐλθὼν πρὸς αὐτὸν νυκτὸς τὸ πρῶτον,
φέρων μίγμα σμύρνης καὶ ἀλόης ὡς λίτρας ἑκατόν.

그런데 전에 밤중에 예수를 향하여 왔었던 니고데모도 몰약과 알로에가
섞인 것을 100리트라(32.7kg) 정도 가지고 왔다.

40절

Ἔλαβον οὖν τὸ σῶμα τοῦ Ἰησοῦ καὶ ἔδησαν αὐτὸ ὀθονίοις μετὰ τῶν ἀρωμάτων, καθὼς ἔθος ἐστὶν τοῖς Ἰουδαίοις ἐνταφιάζειν.

그래서 그들은 유대인들에게 장례를 치르는 관습대로 예수의 몸을 취하여 그것을 향료와 함께 삼베로 묶었다.

41절

ἦν δὲ ἐν τῷ τόπῳ ὅπου ἐσταυρώθη κῆπος, καὶ ἐν τῷ κήπῳ μνημεῖον καινὸν ἐν ᾧ οὐδέπω οὐδεὶς ἦν τεθειμένος·

그런데 예수가 십자가에 못 박힌 곳에는 동산이 있었다. 그리고 그 동산에는 아직 그 누구도 안치되지 않은 새 무덤이 있었다.

42절

ἐκεῖ οὖν διὰ τὴν παρασκευὴν τῶν Ἰουδαίων, ὅτι ἐγγὺς ἦν τὸ μνημεῖον, ἔθηκαν τὸν Ἰησοῦν.

그러므로 그들은 무덤이 가까웠고 유대인들의 준비일이기 때문에 거기에 예수를 안치했다.

해설

 유대인 공의회 회원이었던 아리마대 요셉은 대담하게 빌라도를 찾아가 예수의 시신을 내어달라고 요구한다. 빌라도의 허락을 받은 그는 니고데모와 함께 사형장으로 가서 예수의 시신을 수습하여 유대인들의 관습을 따라 간단한 장례를 치른다. 그것은 대단히 위험한 일이다. 그들은 유대교 회당뿐 아니라 모든 유대인 사회로부터 추방되고 격리되는 사회적 죽음의 길을 가게 될 것이다. 그들은 세상이 추구하는 사회적 명성과 지위를 잃어버린다는 두려움에서 해방되어 하늘의 자유와 평화 속으로 들어간다. 그들은 이제 그리스도의 참 제자가 된 것이다.

 영원한 로고스이신 그리스도의 죽음에 참여한 그들은 장차 그의 부활의 영광에 참여하게 될 것이다. 그것은 아름다운 보석으로 지어진 거룩한 성 새 예루살렘에 들어가는 영원한 생명의 길이다. 그들은 거기서 하나님의 영광 중에 그리스도를 만나게 될 것이다.

부활의 주님

요한복음 20:1-23

1절

Τῇ δὲ μιᾷ τῶν σαββάτων Μαρία ἡ Μαγδαληνὴ ἔρχεται πρωῒ σκοτ ίας ἔτι οὔσης εἰς τὸ μνημεῖον καὶ βλέπει τὸν λίθον ἠρμένον ἐκ τοῦ μνημείου.

그런데 안식일 후 첫날 새벽 아직 어두울 때 막달라 마리아는 무덤으로 간다. 그리고 그녀는 무덤에서 돌이 치워진 것을 본다.

2절

τρέχει οὖν καὶ ἔρχεται πρὸς Σίμωνα Πέτρον καὶ πρὸς τὸν ἄλλον μαθητὴν ὃν ἐφίλει ὁ Ἰησοῦς καὶ λέγει αὐτοῖς· ἦραν τὸν κύριον ἐκ τοῦ μνημείου καὶ οὐκ οἴδαμεν ποῦ ἔθηκαν αὐτόν.

그러므로 그녀는 시몬 베드로와 예수가 사랑하던 제자를 향하여 달려가 그들에게 말한다. "사람들이 주님을 무덤에서 가져갔는데, 나는 그들이 그분을 어디에 두었는지 모르겠어요."

3절

Ἐξῆλθεν οὖν ὁ Πέτρος καὶ ὁ ἄλλος μαθητὴς καὶ ἤρχοντο εἰς τὸ μνημε ῖον.

그러므로 베드로와 다른 제자는 나가서 무덤으로 가고 있었다.

4절

ἔτρεχον δὲ οἱ δύο ὁμοῦ· καὶ ὁ ἄλλος μαθητὴς προέδραμεν τάχιον τοῦ Πέτρου καὶ ἦλθεν πρῶτος εἰς τὸ μνημεῖον,

그런데 둘이 같이 뛰어가고 있었는데 다른 제자가 베드로보다 빨리 앞서 달려서 먼저 무덤으로 갔다.

5절

καὶ παρακύψας βλέπει κείμενα τὰ ὀθόνια, οὐ μέντοι εἰσῆλθεν.

그리고 그는 옆으로 구부리고 베옷들이 놓여 있는 것을 보지만, 그러나 들어가지는 않았다.

6절

ἔρχεται οὖν καὶ Σίμων Πέτρος ἀκολουθῶν αὐτῷ καὶ εἰσῆλθεν εἰς τὸ μνημεῖον, καὶ θεωρεῖ τὰ ὀθόνια κείμενα,

그런데 그를 따라오던 베드로도 왔고 그는 무덤 안으로 들어갔다. 그리고 베옷들이 놓여 있는 것을 본다.

7절

καὶ τὸ σουδάριον, ὃ ἦν ἐπὶ τῆς κεφαλῆς αὐτοῦ, οὐ μετὰ τῶν ὀθονίων κείμενον ἀλλὰ χωρὶς ἐντετυλιγμένον εἰς ἕνα τόπον.

그리고 그의 머리 위에 있던 수건은 베옷들과 함께 놓여 있지 않고 따로

한 곳에 개어져 있었다.

8절

τότε οὖν εἰσῆλθεν καὶ ὁ ἄλλος μαθητὴς ὁ ἐλθὼν πρῶτος εἰς τὸ μνημε
ῖον καὶ εἶδεν καὶ ἐπίστευσεν·

그러므로 그때야 먼저 온 다른 제자도 무덤 안으로 들어가서 보고 믿었다.

9절

οὐδέπω γὰρ ᾔδεισαν τὴν γραφὴν ὅτι δεῖ αὐτὸν ἐκ νεκρῶν ἀναστῆναι.

왜냐하면 그들은 아직까지 그가 반드시 죽은 자들 가운데서 일어날 것이
라는 성경을 깨닫지 못했기 때문이다.

10절

ἀπῆλθον οὖν πάλιν πρὸς αὐτοὺς οἱ μαθηταί.

그러므로 그 제자들은 자신들의 동료들을 향하여 떠나갔다.

11절

Μαρία δὲ εἱστήκει πρὸς τῷ μνημείῳ ἔξω κλαίουσα. ὡς οὖν ἔκλαιεν,
παρέκυψεν εἰς τὸ μνημεῖον

그러나 마리아는 밖에 무덤 곁에서 울면서 서 있으면서 무덤 안으로 몸을
구부렸다.

12절

καὶ θεωρεῖ δύο ἀγγέλους ἐν λευκοῖς καθεζομένους, ἕνα πρὸς τῇ κεφα λῇ καὶ ἕνα πρὸς τοῖς ποσίν, ὅπου ἔκειτο τὸ σῶμα τοῦ Ἰησοῦ.

그리고 그녀는 흰옷을 입은 두 천사가 앉아있는 것을 보았는데, 예수의 몸이 놓여 있던 곳에서 하나는 머리 곁에 그리고 하나는 발 곁에 있었다.

13절

καὶ λέγουσιν αὐτῇ ἐκεῖνοι· γύναι, τί κλαίεις; λέγει αὐτοῖς ὅτι ἦραν τὸν κύριόν μου, καὶ οὐκ οἶδα ποῦ ἔθηκαν αὐτόν.

그리고 저들은 그녀에게 말한다. "여자여, 왜 우느냐?" 그녀가 그들에게 말한다. "사람들이 나의 주님을 가져갔는데, 나는 그들이 그분을 어디에 두었는지 모르겠어요."

14절

Ταῦτα εἰποῦσα ἐστράφη εἰς τὰ ὀπίσω καὶ θεωρεῖ τὸν Ἰησοῦν ἑστῶτα καὶ οὐκ ᾔδει ὅτι Ἰησοῦς ἐστιν.

그녀는 이것들을 말한 후 뒤를 돌아 예수가 서 있는 것을 본다. 그러나 그녀는 그가 예수인 것을 깨닫지 못했다.

15절

λέγει αὐτῇ Ἰησοῦς· γύναι, τί κλαίεις; τίνα ζητεῖς; ἐκείνη δοκοῦσα ὅτι ὁ κηπουρός ἐστιν λέγει αὐτῷ· κύριε, εἰ σὺ ἐβάστασας αὐτόν, εἰπέ μοι ποῦ ἔθηκας αὐτόν, κἀγὼ αὐτὸν ἀρῶ.

예수가 그녀에게 말한다. "여자여, 왜 우느냐?" 저 여자는 그가 동산지기라고 생각하고 그에게 말한다. "주여, 만약 당신이 그분을 가져갔다면 당신이 그분을 어디에 두었는지 나에게 말해 주세요. 그러면 내가 그분을 가져오겠어요."

16절

λέγει αὐτῇ Ἰησοῦς· Μαριάμ. στραφεῖσα ἐκείνη λέγει αὐτῷ Ἑβραϊστί·
ραββουνι, ὃ λέγεται διδάσκαλε.

예수가 그녀에게 말한다. "마리아." 저 여자가 돌이켜 그에게 히브리어로
말한다. "라뿌니(그것은 선생님이라는 뜻이다)."

17절

λέγει αὐτῇ Ἰησοῦς· μή μου ἅπτου, οὔπω γὰρ ἀναβέβηκα πρὸς τὸν
πατέρα· πορεύου δὲ πρὸς τοὺς ἀδελφούς μου καὶ εἰπὲ αὐτοῖς· ἀναβαίνω
πρὸς τὸν πατέρα μου καὶ πατέρα ὑμῶν καὶ θεόν μου καὶ θεὸν ὑμῶν.

예수가 그녀에게 말한다. "나를 만지지 말라. 왜냐하면 아직 나는 나의
아버지를 향하여 올라간 것이 아니기 때문이다. 그리고 너는 그들에게,
나는 나의 아버지와 너희의 아버지, 나의 하나님과 너희의 하나님을 향하
여 올라간다고 말해라."

18절

Ἔρχεται Μαριὰμ ἡ Μαγδαληνὴ ἀγγέλλουσα τοῖς μαθηταῖς ὅτι ἑώρ
ακα τὸν κύριον, καὶ ταῦτα εἶπεν αὐτῇ.

막달라 마리아는 "내가 그분을 보았고 그분이 이것들을 자기에게 말했
다"라고 제자들에게 알리기 위해 간다.

19절

Οὔσης οὖν ὀψίας τῇ ἡμέρᾳ ἐκείνῃ τῇ μιᾷ σαββάτων καὶ τῶν θυρῶν κεκλεισμένων ὅπου ἦσαν οἱ μαθηταὶ διὰ τὸν φόβον τῶν Ἰουδαίων, ἦλθεν ὁ Ἰησοῦς καὶ ἔστη εἰς τὸ μέσον καὶ λέγει αὐτοῖς· εἰρήνη ὑμῖν.

안식일 후 저 첫날 저녁이 되었고 제자들이 있는 곳의 문들은 유대인들에 대한 두려움 때문에 잠겨져 있을 때 예수가 와서 한 가운데 서서 그들에게 말한다. "너희에게 평화가."

20절

καὶ τοῦτο εἰπὼν ἔδειξεν τὰς χεῖρας καὶ τὴν πλευρὰν αὐτοῖς. ἐχάρησαν οὖν οἱ μαθηταὶ ἰδόντες τὸν κύριον.

그리고 그는 이것을 말하고 나서 그들에게 손들과 옆구리를 보여주었다. 그러자 제자들은 주님을 보고서 기뻐했다.

21절

εἶπεν οὖν αὐτοῖς ὁ Ἰησοῦς πάλιν· εἰρήνη ὑμῖν· καθὼς ἀπέσταλκέν με ὁ πατήρ, κἀγὼ πέμπω ὑμᾶς.

예수가 다시 그들에게 말한다. "너희에게 평화가. 아버지께서 나를 보내신 것처럼 나도 너희를 보낸다."

22절

καὶ τοῦτο εἰπὼν ἐνεφύσησεν καὶ λέγει αὐτοῖς· λάβετε πνεῦμα ἅγιον·

그리고 그는 이것을 말한 후 숨을 내쉬며 그들에게 말한다. "성령을 받으라.

23절

ἄν τινων ἀφῆτε τὰς ἁμαρτίας ἀφέωνται αὐτοῖς, ἄν τινων κρατῆτε κεκράτηνται.

진정 너희가 어떤 사람의 죄들을 용서하면 그것들이 그들에게 용서될 것이요, 어떤 너희가 어떤 사람들의 죄를 붙잡고 있으면 그것들은 붙잡혀 있을 것이다."

나사렛 예수는 성경에 기록된 말씀대로 부활한다. 그의 부활은 영원한 로고스의 부활이다. 그의 부활은 새 하늘과 새 땅의 시작이다.

부활한 예수는 맨 먼저 막달라 마리아에게 나타난다. 그것은 그녀가 세상에서 예수를 가장 사랑하는 사람이었다는 증거다. 그러나 그녀는 예수를 알아보지 못한다. 예수는 다른 차원의 세계로 넘어갔기 때문이다. 예수는 마리아에게 "나를 만지지 말라"라고 경고한다. 그는 인간적 접촉의 대상이 아니다. 그는 두려움과 떨림 속에서 경배해야 할 초월적 존재다. 그는 자신의 부활의 몸을 아버지께 먼저 보여드려야 한다. 그의 부활은 첫 열매이기 때문이다.

그는 두려움 속에서도 자기 말을 끝까지 지키고 있는 제자들을 찾아간다. 그는 제자들에게 자신의 평화를 준다. 그것은 부활한 승리자의 영원한 평화이며 내세로부터 오는 초월적 평화다. 그는 제자들에게 자신의 두 손과 옆구리를 보여준다. 그의 손들은 못 박혔던 손들이고 그의 옆구리는 창으로 찔렸던 옆구리다. 부활의 주님은 십자가에 못 박힌 바로 그 예수다. 그는 숨을 내쉬면서 "성령을 받으라[Λαβετε πνεύμα άγιον]"라고 말한다. 성령은 부활한 예수의 숨결이며 예수 생명의 본질이다. 성령은 부활한 예수의 몸에서 나와서 제자들 속으로 들어간다. 그들은 내세의 능력을 공급받는다.

참된 믿음

요한복음 20:24-31

24절

Θωμᾶς δὲ εἷς ἐκ τῶν δώδεκα, ὁ λεγόμενος Δίδυμος, οὐκ ἦν μετ’ αὐτῶν ὅτε ἦλθεν Ἰησοῦς.

그런데 열둘 중의 하나이며 쌍둥이라 불리는 도마는 예수가 왔을 때 그들과 함께 있지 않았다.

25절

ἔλεγον οὖν αὐτῷ οἱ ἄλλοι μαθηταί· ἑωράκαμεν τὸν κύριον. ὁ δὲ εἶπεν αὐτοῖς· ἐὰν μὴ ἴδω ἐν ταῖς χερσὶν αὐτοῦ τὸν τύπον τῶν ἥλων καὶ βάλω τὸν δάκτυλόν μου εἰς τὸν τύπον τῶν ἥλων καὶ βάλω μου τὴν χεῖρα εἰς τὴν πλευρὰν αὐτοῦ, οὐ μὴ πιστεύσω.

그러므로 다른 제자들이 그에게 말하고 있었다. "우리가 주님을 보았다." 그러자 그가 그들에게 말했다. "만약 내가 그의 손들에서 못 자국을 보고 그 못 자국 속에 나의 손가락을 넣어보고 나의 손을 그의 옆구리에 넣어보지 않는다면, 결코 나는 그를 믿지 않을 것이다."

26절

Καὶ μεθ᾽ ἡμέρας ὀκτὼ πάλιν ἦσαν ἔσω οἱ μαθηταὶ αὐτοῦ καὶ Θωμᾶς μετ᾽ αὐτῶν. ἔρχεται ὁ Ἰησοῦς τῶν θυρῶν κεκλεισμένων καὶ ἔστη εἰς τὸ μέσον καὶ εἶπεν· εἰρήνη ὑμῖν.

그리고 8일 후 다시 그의 제자들과 도마가 그들과 함께 안에 있었다. 문들이 잠겨있을 때 예수가 와서 한 가운데 서서 그들에게 말했다. "너희에게 평화가."

27절

εἶτα λέγει τῷ Θωμᾷ· φέρε τὸν δάκτυλόν σου ὧδε καὶ ἴδε τὰς χεῖράς μου καὶ φέρε τὴν χεῖρά σου καὶ βάλε εἰς τὴν πλευράν μου, καὶ μὴ γίνου ἄπιστος ἀλλὰ πιστός.

그러고 나서 그는 도마에게 말한다. "너의 손가락을 여기에 가져와라 그리고 나의 손들을 보라 그리고 너의 손을 가져와라 그리고 나의 옆구리에 넣어봐라. 그리고 믿음 없는 자가 되지 말고 믿는 자가 되라."

28절

ἀπεκρίθη Θωμᾶς καὶ εἶπεν αὐτῷ· ὁ κύριός μου καὶ ὁ θεός μου.

도마가 그에게 대답하며 말했다. "나의 주님과 나의 하나님!"

29절

λέγει αὐτῷ ὁ Ἰησοῦς· ὅτι ἑώρακάς με πεπίστευκας; μακάριοι οἱ μὴ ἰδόντες καὶ πιστεύσαντες.

예수가 그에게 말한다. "네가 나를 보았기 때문에 믿었느냐? 보지 않고 믿는 자들이 행복하다."

30절

Πολλὰ μὲν οὖν καὶ ἄλλα σημεῖα ἐποίησεν ὁ Ἰησοῦς ἐνώπιον τῶν μαθητῶν αὐτοῦ, ἃ οὐκ ἔστιν γεγραμμένα ἐν τῷ βιβλίῳ τούτῳ·

진정 예수는 자기의 제자들 앞에서 다른 많은 표적을 행했으나, 그것들은 이 책에는 기록되어 있지 않다.

31절

ταῦτα δὲ γέγραπται ἵνα πιστεύσητε ὅτι Ἰησοῦς ἐστιν ὁ χριστὸς ὁ υἱὸς τοῦ θεοῦ, καὶ ἵνα πιστεύοντες ζωὴν ἔχητε ἐν τῷ ὀνόματι αὐτοῦ.

그런데 이것들이 기록된 것은 너희가 예수는 그리스도시요 하나님의 아들이심을 믿고, 너희가 그의 이름을 믿어서 생명을 얻게 하려는 것이다.

해설

    도마는 부활하신 주님의 손에 있는 못 자국과 창에 찔린 옆구리를 눈과 손으로 확인한 후 나의 주님, 나의 하나님이라고 외친다. 그러나 그는 주님께 책망받는다. 믿음의 본질은 그런 것이 아니기 때문이다. 믿음은 하나님의 말씀을 듣고, 그 말씀 속에 들어있는 하나님의 약속의 미래를 향해 가는 것이다. 그것은 물질적 소재를 통한 경험적 인식이 아니다. 손으로 만져보고 눈으로 확인해야 믿는 사람은 끊임없이 새로운 증거들을 요구한다. 그들의 믿음은 일시적인 단발성 이벤트로 끝난다. 그들 속에는 성령의 생수가 터져 흐르지 않는다. 말씀이 그들 속에서 인격화되지 않았기 때문이다.

    말씀이 육체로 바뀌는 성육신의 과정을 통해 우리의 몸은 하나님의 영이 거하시는 성전이 된다. 그것은 언어를 통한 마음의 작용이다. 그의 마음은 하나님의 꿈과 희망을 담는 성령의 샘이 된다. 그는 하나님과 함께 하나님의 영광의 미래를 바라보며 나아가는 하나님의 친구요 동지가 된다. 하나님께서는 그에게 자기 뜻과 계획을 알려주시고 그를 자신의 영광 속으로 데려가신다. 예수 그리스도는 우리 안에서 그 일을 이루기 위해 오신 영광의 아들이다.

절망의 바다

요한복음 21:1-14

1절

Μετὰ ταῦτα ἐφανέρωσεν ἑαυτὸν πάλιν ὁ Ἰησοῦς τοῖς μαθηταῖς ἐπὶ τῆς θαλάσσης τῆς Τιβεριάδος· ἐφανέρωσεν δὲ οὕτως.

이 일들 후에 다시 예수는 디베랴 바다에서 제자들에게 자신을 나타냈다. 그런데 이렇게 나타냈다.

2절

Ἦσαν ὁμοῦ Σίμων Πέτρος καὶ Θωμᾶς ὁ λεγόμενος Δίδυμος καὶ Ναθαναὴλ ὁ ἀπὸ Κανὰ τῆς Γαλιλαίας καὶ οἱ τοῦ Ζεβεδαίου καὶ ἄλλοι ἐκ τῶν μαθητῶν αὐτοῦ δύο.

시몬 베드로와 쌍둥이라 불리는 도마와 갈릴리 가나 출신인 나타나엘과 세베대의 아들들과 그의 제자들 중 다른 둘이 함께 있었다.

3절

λέγει αὐτοῖς Σίμων Πέτρος· ὑπάγω ἁλιεύειν. λέγουσιν αὐτῷ· ἐρχόμεθα καὶ ἡμεῖς σὺν σοί. ἐξῆλθον καὶ ἐνέβησαν εἰς τὸ πλοῖον, καὶ ἐν ἐκείνῃ τῇ νυκτὶ ἐπίασαν οὐδέν.

시몬 베드로가 그들에게 말한다. "나는 물고기 잡으러 간다." 그들이 그에게 말한다. "우리도 너와 함께 가겠다." 그들은 나가서 배에 올라갔다. 그러나 그들은 저 밤에 아무것도 잡지 못했다.

4절

Πρωῖας δὲ ἤδη γενομένης ἔστη Ἰησοῦς εἰς τὸν αἰγιαλόν, οὐ μέντοι ᾔδεισαν οἱ μαθηταὶ ὅτι Ἰησοῦς ἐστιν.

그런데 벌써 새벽이 되었을 때 예수가 바닷가에 서 있었다. 그러나 그들은 그가 예수라는 것을 알지 못했다.

5절

λέγει οὖν αὐτοῖς ὁ Ἰησοῦς· παιδία, μή τι προσφάγιον ἔχετε; ἀπεκρίθησαν αὐτῷ· οὔ.

그러므로 예수가 그들에게 말한다. "얘들아, 무슨 먹을 것을 가지고 있느냐?" 그들이 그에게 대답했다. "없다."

6절

ὁ δὲ εἶπεν αὐτοῖς· βάλετε εἰς τὰ δεξιὰ μέρη τοῦ πλοίου τὸ δίκτυον, καὶ εὑρήσετε. ἔβαλον οὖν, καὶ οὐκέτι αὐτὸ ἑλκύσαι ἴσχυον ἀπὸ τοῦ πλήθους τῶν ἰχθύων.

그러자 그가 그들에게 말했다. "배의 오른쪽 부분으로 그물을 던져라. 그러면 얻을 것이다." 그러므로 그들은 던졌다. 그리고 그들은 물고기들의 떼로 인하여 더 이상 그물을 끌어당길 수 없게 되었다.

7절

λέγει οὖν ὁ μαθητὴς ἐκεῖνος ὃν ἠγάπα ὁ Ἰησοῦς τῷ Πέτρῳ· ὁ κύριός ἐστιν. Σίμων οὖν Πέτρος ἀκούσας ὅτι ὁ κύριός ἐστιν τὸν ἐπενδύτην διεζώσατο, ἦν γὰρ γυμνός, καὶ ἔβαλεν ἑαυτὸν εἰς τὴν θάλασσαν,

그러므로 예수가 사랑했던 저 제자가 베드로에게 말한다. "주님이시다." 그러자 시몬 베드로는 주님이시라는 말을 듣고 겉옷을 허리에 둘렀다. 왜냐하면 그는 벌거벗은 상태였기 때문이다. 그리고 그는 바닷속으로 자기 자신을 던졌다.

8절

οἱ δὲ ἄλλοι μαθηταὶ τῷ πλοιαρίῳ ἦλθον, οὐ γὰρ ἦσαν μακρὰν ἀπὸ τῆς γῆς ἀλλ᾽ ὡ ς ἀπὸ πηχῶν διακοσίων, σύροντες τὸ δίκτυον τῶν ἰχθύω ν.

그러나 다른 제자들은 배로 갔다. 왜냐하면 육지에서 멀지 않고 대신에 약 200큐빗(100m, 큐빗=50cm) 정도였기 때문에 그들은 물고기들이 들어있는 그물을 끌고 갔다.

9절

Ὡς οὖν ἀπέβησαν εἰς τὴν γῆν βλέπουσιν ἀνθρακιὰν κειμένην καὶ ὀψάριον ἐπικείμενον καὶ ἄρτον.

그런데 그들은 육지에 올라갔을 때 숯불이 놓여 있고 물고기와 빵이 얹혀 있는 것을 보았다.

10절

λέγει αὐτοῖς ὁ Ἰησοῦς· ἐνέγκατε ἀπὸ τῶν ὀψαρίων ὧν ἐπιάσατε νῦν.

예수가 그들에게 말한다. "너희가 지금 잡은 물고기들 중에서 가져와라."

11절

ἀνέβη οὖν Σίμων Πέτρος καὶ εἵλκυσεν τὸ δίκτυον εἰς τὴν γῆν μεστὸν ἰχθύων μεγάλων ἑκατὸν πεντήκοντα τριῶν· καὶ τοσούτων ὄντων οὐκ ἐσχίσθη τὸ δίκτυον.

그러므로 시몬 베드로가 배에 올라가서 153마리의 큰 물고기들이 가득 찬 그물을 육지로 끌어당겼다. 그런데 이렇게 많은 물고기가 있었으나 그물은 찢어지지 않았다.

12절

Λέγει αὐτοῖς ὁ Ἰησοῦς· δεῦτε ἀριστήσατε. οὐδεὶς δὲ ἐτόλμα τῶν μαθητῶν ἐξετάσαι αὐτόν· σὺ τίς εἶ; εἰδότες ὅτι ὁ κύριός ἐστιν.

예수가 그들에게 말한다. "와서 아침을 먹으라." 그런데 그 누구도 감히, "당신이 누구냐"라고 그에게 물어보지 못했다. 왜냐하면 그들은 그가 주님이시라는 것을 알고 있었기 때문이다.

13절

Ἔρχεται Ἰησοῦς καὶ λαμβάνει τὸν ἄρτον καὶ δίδωσιν αὐτοῖς, καὶ τὸ ὀψάριον ὁμοίως.

예수가 가서 빵을 취하여 그들에게 준다. 그리고 마찬가지로 물고기도.

14절

τοῦτο ἤδη τρίτον ἐφανερώθη Ἰησοῦς τοῖς μαθηταῖς ἐγερθεὶς ἐκ νεκρ
ῶν.

이것은 벌써 예수가 죽은 자들로부터 일으켜진 후 세 번째로 제자들에게
나타난 것이다.

해설

　이 이야기의 내용은 충격적이다. 주님께서는 사망을 이기고 부활
하사 영원한 승리자가 되셨지만, 그의 제자들은 지금 암흑 속에서
헤매고 있다. 그들은 예루살렘을 떠나 갈릴리에 가 있다. 그들은 주님
을 만나기 전의 옛사람의 삶으로 돌아가 있다. 그들에게서 세상을
버리고 그리스도의 제자로 따라나섰던 결단과 용기는 볼 수 없다.
그들은 패잔병처럼 고향으로 돌아가 있다. 밤새도록 바다에 그물을
던지고 있는 그들의 마음은 깊은 어둠에 잠겨있는 절망의 바다다.
주님의 부르심을 받고 주님 곁에서 주님의 영광의 빛 가운데 주님과
동행하던 것은 지나간 옛 시절의 이야기가 되었다. 주님은 부활하셨
지만, 그분의 승리가 그들의 승리가 된 것은 아니다. 그들이 그렇게
된 것은 주님의 부재 현상 때문이다. 부활하신 주님은 가끔 나타날
뿐이다. 그들은 대부분의 시간을 주님 없는 시간으로 보내고 있다.
그들은 방치되어 있다.
　더 큰 문제는 부활하신 주님과의 관계다. 부활하신 주님은 그들에
게 낯선 존재다. 부활하신 주님을 처음 만난 막달라 마리아는 주님을
알아보지 못했다. 유대인들에 대한 공포 때문에 문을 꽁꽁 잠그고
벌벌 떨고 있는 그들에게 갑자기 벽을 뚫고 나타난 주님은 신비롭고
낯선 존재다. 주님과 그들은 더 이상 스승과 제자의 친밀한 인간적
관계가 아니다. 그들의 관계는 신과 인간의 본래적 관계로 돌아가
있다. 깊고 깊은 절망의 바다에 생각 없이 던지는 그물에 물고기들이
잡힐 리가 없다. 왜냐하면 그들의 마음을 가득 채우고 있는 것은 물고

기가 아니기 때문이다.

밤새도록 헛 그물 치고 있는 그들에게 부활의 주님이 찾아오신다. 제자들은 유구무언이다. 그러나 그분은 주님의 부활을 믿지 않고 있는 제자들을 찾아가 호통치며 책망하는 엄격하고 무서운 마가복음의 예수가 아니다. 요한복음의 예수는 절망하고 있는 제자들의 마음을 부드럽게 어루만지며 치유하는 섬세하고 감성적인 존재다. 그것은 같은 역사적 실체를 바라보고 있는 마가와 요한의 관점이 다르기 때문일 것이다. 요한의 예수는 밤새도록 허탕 치는 제자들을 위해 숯불을 피우고 빵과 물고기를 준비하고 있는 사랑의 주님이시다. 우리는 요한을 통해 신비에 싸인 초월적 로고스의 영원한 사랑 이야기를 듣고 있다.

필레오[φιλεω]와 아가파오[αγαπάω]

요한복음 21:15-19

15절

Ὅτε οὖν ἠρίστησαν λέγει τῷ Σίμωνι Πέτρῳ ὁ Ἰησοῦς· Σίμων Ἰωάννου, ἀγαπᾷς με πλέον τούτων; λέγει αὐτῷ· ναὶ κύριε, σὺ οἶδας ὅτι φιλῶ σε. λέγει αὐτῷ· βόσκε τὰ ἀρνία μου.

그런데 아침을 먹은 후 예수는 시몬 베드로에게 말한다. "요한의 아들 시몬, 네가 이 사람들보다 더 나를 사랑하느냐?" 베드로가 그에게 말한다. "네, 주님, 내가 당신을 좋아하는 것을 당신은 아십니다." 예수가 그에게 말한다. "나의 어린 양들을 먹이라."

16절

λέγει αὐτῷ πάλιν δεύτερον· Σίμων Ἰωάννου, ἀγαπᾷς με; λέγει αὐτῷ· ναὶ κύριε, σὺ οἶδας ὅτι φιλῶ σε. λέγει αὐτῷ· ποίμαινε τὰ πρόβατά μου.

예수가 그에게 다시 두 번째 말한다. "요한의 아들 시몬, 네가 나를 사랑하느냐?" 베드로가 그에게 말한다. "네, 주님, 내가 당신을 좋아하는 것을 당신이 아십니다." 예수가 그에게 말한다. "나의 양 떼를 치라."

17절

λέγει αὐτῷ τὸ τρίτον· Σίμων Ἰωάννου, φιλεῖς με; ἐλυπήθη ὁ Πέτρος ὅτι εἶπεν αὐτῷ τὸ τρίτον· φιλεῖς με; καὶ λέγει αὐτῷ· κύριε, πάντα σὺ οἶδας, σὺ γινώσκεις ὅτι φιλῶ σε. λέγει αὐτῷ ὁ Ἰησοῦς· βόσκε τὰ πρόβατά μου.

예수가 세 번째 그에게 말한다. "요한의 아들 시몬, 네가 나를 좋아하느냐?" 베드로는 예수가 자기에게 세 번째는 '네가 나를 좋아하느냐'고 말했기 때문에 슬퍼했다. 그리고 그에게 말한다. "주님, 당신께서는 모든 것을 알고 계십니다. 내가 당신을 좋아하는 것을 당신이 아십니다." 예수가 그에게 말한다. "나의 양들을 먹이라."

18절

Ἀμὴν ἀμὴν λέγω σοι, ὅτε ἦς νεώτερος, ἐζώννυες σεαυτὸν καὶ περιεπάτεις ὅπου ἤθελες· ὅταν δὲ γηράσῃς, ἐκτενεῖς τὰς χεῖράς σου, καὶ ἄλλος σε ζώσει καὶ οἴσει ὅπου οὐ θέλεις.

"내가 진실로 너에게 말하건대, 네가 젊었을 때는 네 스스로 허리를 묶고 네가 원하는 곳으로 돌아다녔다. 그러나 네가 늙었을 때는 너의 손들을 내밀고 다른 사람이 너를 묶고 네가 원하지 않는 곳으로 데려갈 것이다."

19절

τοῦτο δὲ εἶπεν σημαίνων ποίῳ θανάτῳ δοξάσει τὸν θεόν. καὶ τοῦτο εἰπὼν λέγει αὐτῷ· ἀκολούθει μοι.

그런데 예수는 그가 어떠한 죽음으로 하나님을 영화롭게 할 것인지 나타내며 이것을 말한 것이다. 그리고 예수는 이것을 말한 후에 그에게 말한다. "나를 따르라."

해설

　이 이야기는 주님께서 베드로의 마음을 치유하시는 장면이다. 베드로는 주님의 고난에 참여하지 못하고 세 번이나 부인한 죄책감으로 괴로워하고 있다. 그것은 그가 벌거벗은 채 물고기를 잡고 있다가, '주님이시다'라는 말을 듣고 겉옷을 허리에 두르고 바다에 뛰어들어 헤엄쳐 주님을 향하여 나아가는 과도한 행동에서 잘 드러난다. 육지에 올라간 그는 숯불 위에 놓인 빵과 물고기를 바라보며 주님께서 차려주신 간단한 아침 식사를 한다. 그 숯불은 그의 아픈 상처를 건드린다. 그는 대제사장의 관저 뜰에서 하인들과 함께 숯불을 쪼이고 있다가 주님을 세 번이나 부인했던 것이다.

　파도 소리 들리는 이른 아침, 디베랴 바닷가에서 주님과 마주 앉은 제자들은 말이 없다. 그들은 모두 마음의 깊은 상처를 갖고 있다. 그들에게는 치유와 함께 새로운 출발이 필요하다. 그리고 주님께서는 그들의 고통을 잘 알고 있다.

　아침 식사가 끝난 후 주님께서는 베드로에게 물으신다. "네가 이 사람들 보다 나를 사랑하느냐?" 베드로는 대답한다. "네, 주님, 내가 당신을 좋아하는 것을 당신은 아십니다." 주님께서는 αγαπαω(아가파오) 동사로 질문하시지만, 베드로는 αγαπαω 동사를 피하고 φιλεω(필레오) 동사를 쓴다. 요한복음의 기자는 이 이야기 속에서 그 두 단어의 미묘한 차이에 초점을 맞추고 있다. 여기서 αγαπαω는 신적 사랑의 표현이고, φιλεω는 인간적 사랑의 표현으로 사용되고 있다. 주님을 향한 베드로의 사랑은 아직 인간적 사랑의 차원에 머무르고 있다.

주님께서는 베드로를 향하여 두 번째 물으신다. "네가 나를 사랑하느냐?" 베드로는 다시 대답한다. "네, 주님, 내가 당신을 좋아하는 것을 당신이 아십니다." 그는 이번에도 αγαπαω 동사를 피하고 φιλεω 동사를 쓴다. 그는 주님과의 관계를 계속해서 φιλεω의 인간적 관계 속에 머물러 있으려고 한다. 그러자 주님께서 세 번째는 다르게 물으신다. "네가 나를 좋아하느냐?" 주님께서 세 번째는 αγαπαω를 버리시고 φιλεω로 묻자, 베드로는 슬퍼한다. 그러면서도 그는 끝까지 φιλεω를 고집한다. "주님, 당신께서 모든 것을 알고 계십니다. 내가 당신을 좋아하는 것을 당신은 아십니다." 결국 양보하고 물러서는 것은 주님이다. 베드로는 아직 αγαπαω 신적인 사랑의 세계를 이해하지 못하고 있다. 그럼에도 불구하고 주님께서는 그에게 자신의 양 떼를 맡기신다. 그리고 훗날 베드로도 주님이 말씀하신 αγαπαω 사랑을 이해하게 되고 주님을 위해 죽음의 길을 가는 순교의 영광 속으로 들어간다.

한신 77학번 이태영 목사는 자신의 요한복음 주석에서 이것을 성육신의 관점에서 해석했는데, 그것은 매우 탁월하고도 예리한 통찰력이다. 어쩌면 목회의 현실은 αγαπαω가 아니라 φιλεω의 현장인지도 모른다. 우리는 교인들에게 주님을 향한 αγαπαω를 요구하지만, 교인들의 관점은 αγαπαω가 아니라 φιλεω다. 그들은 어떤 종교적 위안 혹은 도덕적 고결성 혹은 현세적 문제해결이나 세상적 축복과 번영의 관점에서 주님을 만나고 있다. 그런 점에서 αγαπαω를 버리고 베드로의 수준에 맞추어 φιλεω로 바꾸시는 주님의 방향 전환을 통해 목회의 지혜를 배워야 할지도 모른다.

예수가 사랑한 제자

요한복음 21:20-25

20절

Ἐπιστραφεὶς ὁ Πέτρος βλέπει τὸν μαθητὴν ὃν ἠγάπα ὁ Ἰησοῦς ἀκολ
ουθοῦντα, ὃς καὶ ἀνέπεσεν ἐν τῷ δείπνῳ ἐπὶ τὸ στῆθος αὐτοῦ καὶ εἶπεν·
κύριε, τίς ἐστιν ὁ παραδιδούς σε;

> 베드로는 돌아서서 예수가 사랑하던 제자 곧 만찬 때 주님의 품에 기대어
> 앉아서 "주님, 당신을 팔아넘기는 자가 누구입니까"라고 말한 사람이
> 따라오는 것을 본다.

21절

τοῦτον οὖν ἰδὼν ὁ Πέτρος λέγει τῷ Ἰησοῦ· κύριε, οὗτος δὲ τί;

> 그러므로 베드로는 그를 보고서 예수에게 말한다. "주님, 그런데 이 사람
> 은 어떻게 되나요?"

22절

λέγει αὐτῷ ὁ Ἰησοῦς· ἐὰν αὐτὸν θέλω μένειν ἕως ἔρχομαι, τί πρὸς
σέ; σύ μοι ἀκολούθει.

> 예수가 그에게 말한다. "내가 만약 내가 올 때까지 그를 남겨 두려고 할지

라도 그게 너에게 무슨 상관이냐?"

23절

ἐξῆλθεν οὖν οὗτος ὁ λόγος εἰς τοὺς ἀδελφοὺς ὅτι ὁ μαθητὴς ἐκεῖνος οὐκ ἀποθνήσκει· οὐκ εἶπεν δὲ αὐτῷ ὁ Ἰησοῦς ὅτι οὐκ ἀποθνήσκει ἀλλ᾽· ἐὰν αὐτὸν θέλω μένειν ἕως ἔρχομαϊ, τί πρὸς σέ;

그러므로 저 제자는 죽지 않을 것이라는 이 말이 형제들에게 퍼졌다. 그러나 예수는 그가 죽지 않을 것이라고 말한 것이 아니라 다만, "내가 올 때까지 그를 머물러 있게 할지라도 그것이 너에게 무슨 상관이냐?"라고 말한 것이다.

24절

Οὗτός ἐστιν ὁ μαθητὴς ὁ μαρτυρῶν περὶ τούτων καὶ ὁ γράψας ταῦτα, καὶ οἴδαμεν ὅτι ἀληθὴς αὐτοῦ ἡ μαρτυρία ἐστίν.

이 사람이 이것들에 대하여 증거하고 있는 그 제자이고 이것들을 기록한 사람이다. 그리고 우리는 그의 증언이 진실하다는 것을 알고 있다.

25절

Ἔστιν δὲ καὶ ἄλλα πολλὰ ἃ ἐποίησεν ὁ Ἰησοῦς, ἅτινα ἐὰν γράφηται καθ᾽ ἕν, οὐδ᾽ αὐτὸν οἶμαι τὸν κόσμον χωρῆσαι τὰ γραφόμενα βιβλία.

그런데 예수가 행한 다른 많은 것들도 있으나, 그것들이 일일이 기록된다면 세상 자체가 기록된 책들을 감당할 수 없을 것이라고 나는 생각한다.

해설

이 글을 통하여 우리는 몇 가지 사실을 알 수 있다.

1. 베드로는 남의 일에 참견하며 기웃거리기 좋아하는 사람이다.

2. 주님께서 사랑하셨던 제자는 굉장히 오래 살았다.

3. 이 책은 주님께서 사랑하셨던 그 제자의 증언을 토대로 후대 사람들이 기록한 것이다.

4. 이 책은 다수의 편집자가 많은 자료 중에서 자신들의 신학적 관점에 맞는 것들만 선택하여 편집한 것이다.

5. 이 책의 내용은 반드시 시간적 순서에 따라 배열된 것은 아니다. 그것은 이 책의 관심사가 아니다.

6. 이 책은 공관복음서와는 전혀 다른 관점에서 나사렛 예수의 사건을 해석하고 있는 새로운 시대의 신학 혁명이다.

7. 이 책은 기독교가 헬라화 세계화되어 가는 과정을 보여주고 있다.

8. 이 책의 주제는 λόγος(로고스)와 σαρξ(사르크스), 말씀과 육체의 변증법이다.

삼위일체(三位一體) 사랑의 신학

삼위일체론은 하나님의 영광의 본체에 대한 신학적 해설이다.

아버지 = 본체
아들 = 형상, 로고스
성령 = 본질, 프뉴마

삼위일체론의 독특함은 본체와 형상과 본질이 각각 독립적 의지를 가진 인격체이며 서로 아가페 사랑으로 결속해 있다는 것이다. 이 아가페 사랑의 에너지가 창조의 근원이며, 지금도 우주 만물을 비추고 있는 생명의 빛이다.

물질은 성 삼위일체 하나님께서 자기를 비우심과 내어주심을 통해 이루어진 거룩한 사랑의 에너지 덩어리들이다. 본체는 형상과 본질로 분리되는데 이것은 본체가 자기 자신을 해체시킬 때 일어나는 사건이다.

영광의 본체이신 아버지께서 자기를 비우심으로 아버지의 형상인 아들의 영광이 계시된다. 그리고 아버지의 형상이신 아들이 자기를 비우심으로 영광의 본질이신 성령이 계시된다.

성령께서 자신을 비우시고 생성과 소멸의 운명을 지닌 물질 속에 자신을 내어주심으로 피조물들의 세계가 펼쳐진다. 우리는 광대하고 아름다운 물질세계 속에서 성 삼위일체 하나님의 자기 해체를 통한 사랑의 위대성을 본다. 이렇게 절대 주권자이신 하나님께서는 관계성의 구조 속에 자신을 내어주심으로 상대화되고 역사화된다.

그리고 그분의 능력과 성실성은 역사적 과정 속에서 공적으로 검증되고 판단받는다.

롬 3:4

Ὁπως αν δικαιωθης εν τοις λογοις σου
και νικήσεις εν τω κρινεσθαι σε.

**이와같이 당신께서 당신의 말씀들 속에서 의롭다 함을 받으시고
당신께서 판단 받으심 속에서 이기실 것이다**

이렇게 영광의 하나님께서 낮아지심은 그분의 본질이 사랑이기 때문이다. 그분은 자신의 본질인 사랑 때문에 자기를 비우시고 비천함을 입으신다. 그것은 배신과 반역의 위험성을 동반한다.

그러나 아들은 근본 하나님의 영광의 본체(μορφη, 모르페)이지만 아버지의 영광을 탈취하려는 야망 대신에 자기의 영광을 버리고 종의 형체(μορφη, 모르페)인 육체를 입고 세상에 나타나 십자가에 죽기까지 복종한다. 그는 십자가 죽음을 통해 세상을 향한 아버지의 사랑의 성실성을 증거하고 아버지의 이름을 영화롭게 한다.

성령은 하나님의 영광의 본질이지만 그것을 움켜쥐고 절대권력을 행사하려는 욕심을 품지 않고 자기를 비우신 그리스도에게 철저히

복종하며 그리스도의 영광을 계시한다. 그리고 성령은 하나님의 성실성으로 자기를 낮추사 성도들의 연약함을 도우시고, 세상의 죄악에 대하여 탄식하시며, 고통당하고 신음하는 피조물들의 고난에 참여하며, 그들과 함께 구속의 날을 기다리신다.

하나님의 영광의 본체 안에는 거룩하고 아름다운 사랑의 공간이 있다.

신명기 33:27
영원하신 하나님이 네 처소가 되시나니

시편 90:1-2
주여 주는 대대로 우리의 거처가 되셨나이다

영원한 로고스이신 아들은 논리적 초연함 속에서 세계를 관조하는 우주적 이성이 아니라, 연약함과 죽음의 가능성을 지닌 육체로 나타나 투쟁하는 역사적 실체다. 그는 대적자들의 공격에 맞서 물러서지 않고 반격할 뿐 아니라 오히려 그것을 자신의 영광의 실체를 계시하는 변증법적 발전 과정으로 전환시킨다. 그는 자신이 태초부터 계시는 영원한 로고스이시며, 아버지와 한 본체를 이루고 있는 같은 본질을 소유한 영원한 하나님이심을 선언한다.

그러나 세상은 그의 증언을 받아들이지 않는다. 세상은 그를 무가치하고 쓸모없는 역사의 쓰레기로 판단하고 십자가에 못 박아 죽여버린다.

아들이신 로고스의 죽음과 부활은 옛 세상의 종말이며 새하늘과

새땅의 창조다. 그것은 로고스의 살과 피로 창조되었으며 로고스의
영이 만물 안에서 숨 쉬는 새로운 물질 세계다.

골로새서 3:11

τα πάντα και εν πασιν ὁ Χριστός

"그리스도는 만유시요 만유 안에 계시도다"

그 새로운 물질세계가 하나님께서 그리스도 예수 안에서 약속하
신 종말론적 희망의 미래인 새하늘과 새땅이다.
로고스의 성육신의 목적은 우리를 그곳으로 데려가는 것이다.
믿음은 우리의 구속자이신 그리스도 예수의 이름으로 그 속에
들어가 하나님의 영광의 본질에 참여하는 것이다.